D1929665

Thomas M. Siebel
Pat House

Cyber Rules

Thomas M. Siebel
Pat House

Cyber Rules

Die neuen Regeln für Spitzenerfolg im E-Business

Aus dem Amerikanischen von Frank Grave

mi verlag moderne industrie

Die Deutsche Bibliothek – CIP-Einheitsaufnahme

Siebel, Thomas M.:
Cyber rules : die neuen Regeln für Spitzenerfolge im E-Business /
Thomas M. Siebel/Pat House. Aus dem Amerikan. von Frank
Grave. – 2. Auflage – Landsberg/Lech : mi, Verl. Moderne Industrie, 2000
ISBN 3-478-24520-6

2. Auflage 2000

© 2000 verlag moderne industrie, 86895 Landsberg/Lech
http://www.mi-verlag.de
Alle Rechte, insbesondere das Recht der Vervielfältigung sowie der Übersetzung, vorbehalten. Kein Teil des Werkes darf in irgendeiner Form (durch Fotokopie, Mikrofilm oder ein anderes Verfahren) ohne schriftliche Genehmigung des Verlages reproduziert oder unter Verwendung elektronischer Systeme gespeichert, verarbeitet, vervielfältigt oder verbreitet werden.
Umschlaggestaltung: Weinold, Schwabmünchen
Satz: mi-Verlag, S. Linder
Druck: Himmer, Augsburg
Bindearbeiten: Thomas, Augsburg
Printed in Germany 240 520/040003
ISBN 3-478-24520-7

Inhalt

Vorwort

Wir leben im Zeitalter der unglaublich rasanten Veränderungen. Neue Hochtechnologien gewinnen rasch an Bedeutung und beeinflussen immer stärker das Leben eines jeden Einzelnen von uns. Das Internet, der vielleicht eindrücklichste Beleg für diese Entwicklung, hat die Art und Weise revolutioniert, in der Menschen und Unternehmen miteinander kommunizieren. Sein Wachstum war bislang deshalb so explosiv, weil es uns den Zugriff auf gewaltige Informationsmengen erlaubt und unser Leben erleichtert. Diese Tatsache hat ihrerseits dazu geführt, dass vom Internet revolutionäre Impulse für das gesamte Wirtschaftsgeschehen ausgehen.

Doch das Wachstum des E-Business beruht auf einem interessanten Paradox: Wie Tom Siebel und Pat House in diesem faszinierenden Buch deutlich machen, wurde E-Business zwar erst durch Technologie ermöglicht, doch seine Einsatzmöglichkeiten gehen *weit über die reine Technologie hinaus.* Im E-Business geht es um genau das, was das stetige Wachstum jedes Unternehmens ausmacht: die Befriedigung des Bedarfs der einzelnen Kunden. Auf dieses Ziel haben wir in unserem Unternehmen seit jeher hingearbeitet und es steht auch im Zentrum der Anstrengungen von Siebel Systems, der Firma der Autoren.

Häufig werde ich gefragt, wie das Internet den Ablauf unserer Geschäftsaktivitäten bei Charles Schwab verändert hat. Meine vielleicht überraschende Antwort darauf lautet: „Überhaupt nicht." Das Internet hat unser Unternehmen nicht grundlegend *verändert.* Stattdessen hat es die betrieblichen Verfahren *bereichert*, die wir angewendet haben, seit ich das Unternehmen im Jahre 1971 gründete. Zu jener Zeit befand sich das Kreditgeschäft fast völlig in der Hand von alteingesessenen Banken, Bausparkassen und Finanzmaklern. Die Abläufe innerhalb dieser Institutionen waren so festgefahren, dass sie ihren wertvollsten Aktivposten aus den Augen verloren hatten – den individuellen Kunden. Jeder, der eine Investition tätigen wollte, musste sich nach dem Terminkalender seines Sachbearbeiters richten – und Kunden, die nicht über sehr viel Eigenkapital verfügten, hatten Schwierigkeiten, überhaupt einen Termin zu bekommen. Wir bei Schwab dagegen waren entschlossen, durch erstklassigen Kundenservice Investitionen für jeden zugänglich und erschwinglich zu machen. Wir boten den Kunden attraktive Konditionen, unterschiedliche Möglichkeiten, die Kredite in Anspruch zu nehmen, eine große Auswahl an Investitionsmodellen und ein hohes Maß an begleitender Investitionskontrolle.

Das Internet hat uns bei der Erreichung dieses Ziels ein gutes Stück weitergebracht, weil es ermöglichte, Online-Dienstleistungen zugleich kostengünstig und zugänglich für jedermann zu machen, überall und jederzeit. So bieten wir bei Charles Schwab unseren Kunden bereits seit fast zehn Jahren die Möglichkeit, online unsere Dienstleistungen in Anspruch zu nehmen. Heute, da jeder auf dem Sprung ins Internet ist, führen wir mehr als 1,9 Millionen Online-Konten, setzen pro Woche zwei Milliarden US-Dollar um und bekommen mehr als 50 Prozent unserer Kundenaufträge per Internet.

Doch dieser Erfolg wurde nicht durch die Technologie verursacht, sondern erst durch sie *ermöglicht*. Wir konnten mithilfe des Internets wachsen, weil wir dieses völlig neue Kommunikationsmittel unter strategischen Gesichtspunkten betrachteten, als eine natürliche Ausweitung unseres Hauptgeschäftsbereichs. Wir haben stets versucht, Investoren zu unterstützen. Jetzt können wir die Geschwindigkeit des Internets, seine geringen Kosten und die globale Präsenz mit den Offline-Kanälen kombinieren, über die wir den Kunden unsere Dienstleistungen auch weiterhin anbieten werden.

Bei Siebel Systems wird eine parallele Strategie verfolgt. Tom Siebel und Pat House verstehen es nicht nur, die Internettechnologie höchst wirkungsvoll einzusetzen, sondern sie sind auch entschlossen, ihre Kunden zum Erfolg zu führen. Im Management der Beziehungen zwischen Unternehmen und Kunden und den damit verbundenen Technologien haben sie Pionierarbeit geleistet. Sie gründeten eine Softwarefirma mit dem Ziel, die Macht der Informationen zum Aufbau von Kundenbeziehungen zu nutzen. Diese Strategie verschafft ihnen die Poleposition in der Welt des E-Business.

In *Cyber Rules* erläutern Tom und Pat die grundlegenden Prinzipien aus der Sicht des Insiders und weisen auf die Schlüsselrisiken und -chancen in dieser aufregenden neuen Arena hin. Sie beschreiben ihre Version von einer Welt, in der das Internet sämtliche Bereiche der Wirtschaft und deshalb auch sämtliche Bereiche unseres Lebens beeinflusst. Doch sie führen dem Leser auch immer wieder eindrucksvoll vor Augen, dass diese Transformation nur für einige Unternehmen stattfinden wird. Denn überleben werden nur die Firmen, die sich auf die Dienstleistung am einzelnen Kunden konzentrieren – den wichtigsten Aktivposten jeder wirtschaftlich tätigen Organisation.

Dass dem tatsächlich so ist, hat die Erfahrung in unseren beiden Unternehmen wiederholt gezeigt. Und als einer der ersten, die mit dem Internet gearbeitet haben, kann ich dies nicht deutlich genug unterstreichen. Hoffentlich wird die Lektüre dieses Buches für Sie ebenso lehrreich und unterhaltsam sein, wie sie es für mich war.

Charles R. Schwab
Gründer und Chairman der
The Charles Schwab Corporation

Einleitung

Der digitale Epochenwandel

In allen Zeiten gab es Ereignisse, deren ökonomische Auswirkungen enormes Aufsehen erregten. Ein solches Ereignis, das die Bedingungen für unser ökonomisches Handeln neu definiert, wollen wir mit einem Epochenwandel vergleichen. Damit meinen wir einen abrupten und unwiderruflichen Wendepunkt; eine Marke, die eine historische Richtungsänderung signalisiert; einen Zeitpunkt, zu dem etablierte Geschäftspraktiken ihre Geltung verlieren und durch ein neues wirtschaftliches Paradigma ersetzt werden. An genau einem solchen Punkt befinden wir uns gegenwärtig, da das World Wide Web zu einem kometenhaften Aufstieg ansetzt.

Das Entstehen des Webs war ein beispielloses Ereignis, dessen Konsequenzen sich gerade erst auszuwirken beginnen. Nicht nur die Interaktion zwischen uns und den Computern wird sich radikal verändern, sondern auch, wie wir miteinander, mit privaten und öffentlichen Institutionen, mit Geschäftspartnern und Kunden auf der ganzen Welt kommunizieren. In der vernetzten Welt der nahen Zukunft wird das Internet jeden Haushalt, jedes Unternehmen, jede Behörde und jede noch so entlegene Datenbank an ein komplexes Netz des Informationsaustauschs anbinden. Wir werden in einer Welt leben, in der Entfernung keine Rolle mehr spielt und Kommunikation und Datenübertragung praktisch ohne Zeitverzögerung stattfindet. Dies wird den Ablauf von Transaktionen so sehr verändern, dass wirtschaftliche Aktivität *ohne* das Web undenkbar sein wird. Zwar hat sich immer wieder einmal ein solcher Epochenwandel vollzogen, doch waren es in der Geschichte der Wirtschaft vielleicht nicht mehr als zehn oder zwanzig. Das erste Beispiel in dieser Reihe ist wohl die Erfindung der Schrift, mit deren Hilfe die Getreidehändler des antiken Mesopotamiens ihre Lagerbestände kontrollieren konnten. Dann tauchten die ersten Metallwährungen in Lydien auf – sie besiegelten vor mehreren tausend Jahren das Ende des Tauschhandels im östlichen Mittelmeerraum. Weitere epochale Veränderungen folgten: die Verwendung der arabischen Ziffer Null, die doppelte Buchführung und schließlich die Aktiengesellschaft. Sie alle definierten die Bedingungen für unternehmerisches Handeln neu.

Umwälzung in rasantem Tempo

Mit dem Internet verhält es sich ebenso – nur die Entwicklung verläuft diesmal sehr viel rascher. Die Geschwindigkeit, mit der es sich zu epochaler Bedeutung auswächst, verleiht ihm in der Geschichte der Wirtschaft eine wohl einzigartige Stellung. Wir sprechen hier nicht von Übertragungsraten, auf die sich sein Ruf berechtigterweise auch gründet. Es geht um das Tempo, mit dem Unternehmen das Potenzial des Internets erkennen, sich seine Technologie zunutze machen und ihr Revier in diesem ökonomischen Neuland abstecken. Dieses Tempo lässt Investmentberater heute genau diejenigen Internetunternehmen als Wunderkinder der internationalen Börsen bezeichnen, für die sie noch vor zwei oder drei Jahren nur Spott übrig hatten. Kein vorangegangener Epochenwandel erlebte eine solche Welle der Zustimmung.

Obwohl das Internet als militärisches Experiment bereits seit etwa 1960 existiert, trat sein wirtschaftliches Potenzial erst 1993 zutage. Damals wurden die ersten kommerziellen Webseiten eingerichtet. Das ist erst sieben Jahre her und doch hat das Net seitdem den Quantensprung von einer technologischen Kuriosität zum Erfolg des Jahrhunderts geschafft. In diesem Sinne lässt sich das Net als ein urplötzlicher Epochenwandel begreifen. Es scheint, als sei es wie Athene, komplett entwickelt und gerüstet, eines Gottes Braue entsprungen. Diese Wahrnehmung ist – wie Sie sehen werden – in gewisser Hinsicht eine Illusion. Doch sie revolutioniert die Märkte in einem irrwitzigen Tempo, so dass sich die Welt schon heute in „Netizens“ und „Netwits“* teilt und wir die Illusion als Tatsache akzeptieren sollten.

* Wortspiel aus Net, Citizen (dt.: Bürger) und Nitwit (dt.: Schwachkopf)

Sie finden, „irrwitzig“ ist ein zu starkes Wort? Nehmen Sie folgende Statistiken führender Analysten der technologischen Industrie zur Kenntnis.

- Laut Parallax-Gruppe besaßen im Jahre 1998 geschätzte 30 Millionen amerikanische Haushalte Computer und wahrscheinlich die Hälfte verfügte über einen Internetzugang per Modem. Diese Zahlen werden sich bis zum Ende des Jahrhunderts voraussichtlich verdoppeln.
- Schätzung von Find/SVP Inc. zufolge wird sich die Zahl der regelmäßigen Nutzer des Webs von 8,4 Millionen in 1996 auf 28 Millionen zwei Jahre später erhöhen. Für das Jahr 2000 geht man von über 200 Millionen aus.
- Die Schätzungen des amerikanischen Wirtschaftsministeriums gehen noch weiter. In der kürzlich veröffentlichten Studie *The Emerging Digital Economy* wird die Zahl der Webnutzer in den USA mit 60 Millionen und in Übersee mit weiteren 40 Millionen veranschlagt. Für das Jahr 2005 werden 1 Milliarde Nutzer weltweit prognostiziert.
- Eine aktuelle Umfrage des Instituts für Grafik, Visualisierung und Anwendung der Georgia Tech University ergab, dass das durchschnittliche Einkommen der Webnutzer 63000 US-Dollar (p.a.) beträgt. Zehn Prozent aller Nutzer gaben ihr Einkommen mit über 100 000 US-Dollar (p.a.) an. BancAmerica schätzt, dass sich die durchschnittlichen Ausgaben pro Webnutzer und Jahr von 24 US-Dollar bis Ende des Jahrhunderts vervierfachen werden.
- Von der Begeisterung für das „Infotainment“ abgesehen, ist die Nutzung des Internets vor allem geschäftlich motiviert. Response Analysis Corporation ermittelte, dass die Mehrheit der Haushalte mit Internetanschluss über ein Büro innerhalb der eigenen vier Wände verfügt.
- Die Präsenz großer Unternehmen lässt sich an der Zunahme der registrierten Internetadressen ablesen, die von 26 000 in 1993 auf heute 1,5 Millionen angestiegen ist. Monatlich entstehen im World Wide Web etwa 5000 neue kommerzielle Seiten. Das ist ein neuer potenzieller Geschäftspartner alle neun Minuten.

- Forrester Research beziffert das in 1997 online getätigte Transaktionsvolumen auf 9 Milliarden US-Dollar; der größte Teil davon – 7,5 Milliarden – stammt aus Verkäufen von Unternehmen an Unternehmen. Einer der Vorreiter in diesem Bereich, Cisco Systems, Inc., erzielte online Einkünfte in Höhe von 3,2 Milliarden US-Dollar. Das US-Wirtschaftsministerium schätzt das Transaktionsvolumen aus online angebahnten Verkäufen von Unternehmen an Unternehmen für das Jahr 2002 auf 300 Milliarden.
- Zwischen 1995 und 1997, so besagt eine Studie von Price Waterhouse, stieg das Risikokapital, das in entstehende Online-Unternehmen investiert wurde, von 134 Millionen US-Dollar auf 1,88 Milliarden US-Dollar.

Noch eine Bemerkung zu diesem letzten Punkt. Während Risikokapitalgeber noch immer eher traditionelle Empfänger bevorzugen – vor allem Firmen in den Bereichen Kommunikation und allgemeine Software –, entwickelt sich das Net immer schneller zu einem heiß umworbenen Sektor. Musste das E-Business im Jahre 1995 noch mit einem Minimum an finanzieller Unterstützung auskommen, belief es sich 1997 bereits auf 14 Prozent des gesamten investierten Risikokapitals.

Beeindruckende Zahlen. Doch wenn Sie ein Gespür für das noch beeindruckendere Potenzial dieses neuen Mediums entwickeln wollen, betrachten Sie diese bereits galoppierenden Statistiken über das Net nicht lediglich als Beispiele für sein Wachstum, sondern für sein *brachliegendes Potenzial.*

Machen Sie sich beispielsweise nur einmal bewusst, dass die 30 Millionen an das Internet angeschlossenen Haushalte nur einen Bruchteil aller Haushalte Nordamerikas repräsentieren; oder, dass laut einer Untersuchung mit dem Titel *Nielsen Internet Demographics Survey* die Online-Geschäfte mit einem Umfang von 9 Milliarden US-Dollar nur von 14 Prozent der Webnutzer getätigt wurden. Und die ernüchterndste Tatsache (oder ist sie ermutigend?): Das E-Business macht trotz seines explosiven Wachstums bislang nur einen winzigen Bruchteil des US-amerikanischen Bruttosozialprodukts aus. Jupiter Communications ermittelte, dass im

Jahre 1997, als online beeindruckende 9 Milliarden US-Dollar umgesetzt wurden, über gedruckte Kataloge Waren im Wert von 70 Milliarden US-Dollar verkauft wurden und die Einnahmen des gesamten Einzelhandels über 2 Billionen US-Dollar betrugen.

Wir sehen, die Wachstumsraten des Internethandels sind zwar atemberaubend, doch wir stehen erst am Anfang. Wir befinden uns gegenwärtig am Rande eines riesigen Goldfeldes, dessen Reichtum wir erst zu erahnen beginnen.

Nicht jeder wird Goldgräber

Wir bedienen uns des Vergleichs mit einem Goldfeld aus zwei Gründen. Einerseits soll er zeigen, was Sie berechtigterweise erwarten dürfen – andererseits soll er Sie zur Vorsicht ermahnen.

Denn obwohl im E-Business gewaltige Profite zu erzielen sind – sie werden sich nicht einfach wie Goldstücke vom Boden auflesen lassen. Jeder, der erwägt, Geschäfte im World Wide Web zu tätigen, sollte sich zu seinem eigenen Vorteil an die Goldgräbergeschichte *Der Schatz der Sierra Madre* erinnern.

In John Hustons großartigem Film begibt sich Fred C. Dobbs, gespielt von Humphrey Bogart, auf Goldsuche. Voll ungetrübter Zuversicht glaubt er, dass das Gold vom Boden nur so in seine Taschen springen wird. Doch als er anfängt zu schürfen, wird ihm schnell klar, dass sich der Reichtum nicht automatisch einstellt. Denn dazu braucht es eine Kombination aus Urteilsvermögen, Geduld und Schweiß – und, nicht zuletzt, die Zusammenarbeit mit verlässlichen Partnern zum Schutz vor Naturkatastrophen und Banditen.

Diese Lektionen lassen sich direkt auf die Goldmine Internet übertragen. Um im E-Business erfolgreich zu sein, brauchen Sie Durchhaltevermögen, gute Partner und eine solide Geschäftsstrategie – und vielleicht ein wenig Glück. Glück können wir Ihnen nicht verschaffen, aber bei dem Rest können wir Ihnen behilflich sein. Aus diesem Grund haben wir dieses Buch geschrieben. Es wird Ihnen in knapper und verständlicher Form zeigen, wie Sie die Schätze der elektronischen Goldmine heben können; wie Sie sich vor Banditen schützen, um in dieser absolut neuen Umgebung zu überleben und wie Sie ein solides und profitables Unternehmen aufbauen können.

Absolut neu. Dieser Punkt ist von zentraler Bedeutung. Im E-Business geht es natürlich immer noch um rentables Wirtschaften. Doch der neue Handelsplatz, den das Net hervorgebracht hat, funktioniert nach zwei unterschiedlichen Regelsätzen. Die eine Sorte von Regeln kennen Sie bereits, andernfalls wären Sie nicht mehr im Geschäft: Sie umfasst erprobte Verfahren wie die Identifikation von Zielgruppen, die Bewertung und Befriedigung des Kundenbedarfs, die Verlässlichkeit der Dienstleistungen und andere mehr. Die zweite Kategorie von Regeln ist zwar mindestens ebenso wichtig, aber weniger vertraut, und – wie alle Regeln während eines epochalen Wandels – sie entspricht weniger dem gesunden Menschenverstand. Viele dieser Überlebensregeln für den Cyberspace scheinen sogar im direkten Gegensatz zu althergebrachten Praktiken zu stehen. Manager der alten Schule betrachten sie deshalb häufig als zumindest ungewöhnlich.

Als Beispiel mag ein faszinierender Artikel von Kevin Kelly dienen, dem Chefredakteur des Magazins *Wired.* Kelly schreibt, dass in der entstehenden verflochtenen Ökonomie eine zunehmende Vernetzungsdichte den Wert direkt steigert. So erhöht sich dem „Gesetz der Masse“ zufolge der Wert eines jeden Faxgerätes jedes Mal, wenn ein zusätzliches Faxgerät an das Netz angeschlossen wird: Die synergistischen Effekte führen zu einem verbesserten Informationsfluss zwischen sämtlichen Teilnehmern. Dieser Effekt widerspricht nun aber dem Axiom des Industriezeitalters, dass der Wert von der Knappheit abhängt – dem alten Lehrsatz von Angebot und Nachfrage. Die Herausforderung im E-Business besteht darin, solche neuen Ideen mit den etablierten ökonomischen Prinzipien, die seit Generationen Anwendung finden, in Einklang zu bringen.

Die Gesetze von Moore und Metcalf

Eric Schmidt, Chairman und CEO des Software-Marktführers Novell, ergänzt diese Argumentation in interessanter Weise, indem er die relative Bedeutung der Gesetze von Moore und Metcalf vergleicht. Moores Gesetz, das seinen Namen Gordon Moore von Intel verdankt, besagt, dass sich die Rechenkapazität (bemessen nach der Geschwindigkeit der Mikroprozessoren) durchschnittlich alle 18 Monate verdoppelt. Diese Beobachtung ist für sich genommen schon erstaunlich genug, bedenkt man etwa die Zeit, die es für einen technologischen Generationswechsel in der Schwerindustrie braucht. Doch Eric weist auf ein „Gesetz" hin, dessen Konsequenzen noch sehr viel weitreichender sind. Es wurde nach Robert Metcalf benannt, dem Gründer von 3Com. Metcalfs Gesetz – eine moderne Version des alten Gesetzes der zunehmenden Skalenerträge – besagt, dass sich der Wert eines Netzwerks proportional zum Quadrat der daran angeschlossenen Geräte erhöht. Ist dieses Gesetz statistisch zu verifizieren? Nein. Doch mit seiner Hilfe lässt sich eine wichtige Botschaft formulieren: die Botschaft vom so genannten Netzwerkeffekt. Kellys Gesetz der Masse ist nur eine andere Version des gleichen Sachverhalts. Ob sich die Erhöhung des Werts mit der Potenz 2 nun mathematisch beweisen lässt oder nicht, ist unerheblich. Worauf es ankommt, ist, dass wir eine Vorstellung von der ungefähren Größenordnung bekommen; davon, wie sich die Erträge erhöhen.

Heute beruhen die wichtigsten Überlebensregeln auf diesen beiden Prinzipien: Moores und Metcalfs Gesetze. Doch Moores Gesetz stößt mit der natürlichen Beschaffenheit des Siliziums an seine Grenzen. Wenn die Größe eines Schaltkreises eines Mikroprozessors einen bestimmten Wert unterschreitet – etwa ein Mikron oder ein Milliardstel Zentimeter, – lässt sich die Geschwindigkeit nicht mehr erhöhen und Moores Gesetz verliert seine Gültigkeit. Dies wird in etwa zehn oder wenig mehr Jahren der Fall sein. In der Zwischenzeit aber werden überall Netzwerke dramatisch wachsen und sehr viel wichtigere, exponentielle Effekte hervorrufen.

Und was schließlich die ökonomischen Prozesse angeht, so wird es nicht annähernd so interessant sein, dass mein Tabellenkalkulationsprogramm alle 18 Monate doppelt so schnell rechnet, als dass mein Netzwerk mit denen meiner Freunde verbunden wird. Die so entstehenden Vorteile werden für mich viel wichtiger als die bloße Geschwindigkeit sein. Der Netzwerkeffekt wird schließlich das Gesetz Moores aufheben.

Wie Erics Beobachtungen zeigen, liegt der Schlüssel zur Kraft jeden Netzwerks – einschließlich des größten Netzwerks der Welt, dem Internet – in seinem Potenzial zur totalen Vernetzung. In diesem Buch werden wir Ihnen zeigen, welche Pforten dieser Schlüssel für Sie öffnen kann, ohne dass wir ins Fachchinesisch abdriften oder in jene mystische Begeisterung für die „vernetzte Welt", die auch „Net-Rausch" genannt wird.

Mit anderen Worten: Um wirklichen Enthusiasmus zu entwickeln, brauchen Sie sich nicht erst berauschen zu lassen. Haben wir uns diese epochale Technologie erst einmal vollkommen zu Eigen gemacht – und bis dahin wird es nur einige Jahre, nicht etwa Jahrzehnte dauern –, dann wird sich nicht nur unser Verständnis von wirtschaftlichem Handeln grundlegend verändern. Wir werden auch mit unseren Kunden auf neuen Wegen kommunizieren müssen, damit unsere Unternehmen profitabel bleiben.

Das Zauberwort „Virtualität"

Im Kern dieser Umwälzungen steht „Virtualität": die Fähigkeit, Transaktionen auf globaler Ebene durchzuführen, ohne die geringste zeitliche Verzögerung und ungeachtet aller physischen Standorte. In der virtuellen Welt des E-Business *ist physische Entfernung irrelevant.* Dies bedeutet, dass die Zeitspanne zwischen Anfrage und Auftrag auf nahe Null verkürzt wird und es für alle praktischen Zwecke *keine Wartezeiten* mehr gibt. Allein diese Tatsache verändert die Art und Weise, wie Kunden heute im Cyberspace einkaufen, wie sie in Zukunft einkaufen werden und wie wir uns positionieren müssen, um ihre Aufmerksamkeit zu binden.

Falls Sie ein Kunde sind – und Kunde kann hier sowohl Individuum als auch multinationaler Konzern bedeuten –, dann heißt Virtualität, dass Ihnen, sobald Sie online sind, per Mausklick eine fast unbegrenzte Vielfalt von Produkten und Dienstleistungen zur Verfügung steht. Sie können Vergleiche beinahe mit Lichtgeschwindigkeit anstellen, obwohl der eine potenzielle Lieferant vielleicht in Honolulu sitzt und ein anderer in Venedig. Sie können Produkte bestellen, die Sie selbst zusammenstellen, die nach Ihren detaillierten Spezifikationen gefertigt werden, und Sie können die

Zahlungs- und Liefermodalitäten sofort arrangieren. Und all dies ohne Papierkram, komfortabel und bequem von zu Hause aus. Das Internet, mehr als jede frühere Technologie, *stärkt* den Kunden.

Unternehmen werden darauf reagieren müssen. Falls Sie ein Manager im Zeitalter des Internets sind, müssen Sie der Tatsache ins Auge sehen, dass, praktisch über Nacht, die Größe Ihrer potenziellen Käuferschaft explodiert ist. Hinzu kommt, dass diese Kunden nun aus einer riesigen Produktpalette auswählen können und plötzlich von Hunderten neuer Konkurrenten umworben werben. Um in einer solchen Welt Erfolg zu haben, *müssen* Sie online sein.

Der Zeitpunkt dafür ist gekommen. „Going digital" ist im digitalen Zeitalter obligatorisch. Es geht nicht darum, sich eine leicht verbesserte Gewinnmarge zu sichern. Auch für den kleinsten Familienbetrieb im entlegensten Dorf gilt: Der Erfolg im E-Business ist überlebenswichtig. Deshalb möchten wir mit dem vorliegenden Buch eine allgemeine Einführung geben, wie in diesem elektronischen Goldfeld Profitabilität zu erreichen ist und wie Sie die Irrtümer vermeiden, denen schon viele Unternehmen erlegen sind.

Was dieses Buch Ihnen bietet

Wie können Sie nun im Einzelnen von *Cyber Rules* profitieren? Die Antwort darauf hängt im Wesentlichen davon ab, wer Sie sind. Damit Sie besser einschätzen können, ob dieses Buch für Sie geeignet ist, folgt ein kurzer Überblick.

Die Bestandsaufnahme

Teil I ist eine Bestandsaufnahme. Er beschreibt die ersten fünf Jahre des E-Business, würdigt einige der großen Erfolgsgeschichten der Branche und fasst die Lektionen zusammen, die uns die „erste Generation" erteilt hat. Falls Ihr Unternehmen im Online-Sektor bereits stark engagiert ist und Sie Erfahrung mit Internet-Literatur haben, dann können Sie den ersten Teil auslassen und ohne Verständnisschwierigkeiten mit Teil II beginnen. Wenn Sie sich eher als Anfänger im E-Business bezeichnen würden, wenn Sie sich erst kundig machen wollen, bevor Sie größere Summen investieren, oder wenn Sie sich noch einmal schnell in Erinnerung rufen wollen, wie alles angefangen hat, dann wird Teil I Ihnen eine interessante Momentaufnahme der aktuellen Situation präsentieren.

In Kapitel 1 stellen wir Ihnen den „virtuellen Handelsplatz" vor, den das World Wide Web heute darstellt. Die Erfahrungen von Managern, die seit den Anfängen in diesem Geschäft sind, werden Ihnen demonstrieren, was das Internet ist und was es nicht ist. Wir hinterfragen die anfänglichen übertriebenen Behauptungen und zeigen Ihnen, wie sich das tatsächliche Potenzial des Webs von dem unterscheidet, für das wir es einst gehalten haben.

Die aufregende Welt des E-Business birgt Probleme und sie bietet Chancen. Kapitel 2 geht auf die zwei Bereiche ein, über die sich Manager bezüglich des World Wide Webs die größten Sorgen machen: das so genannte Bandbreitenproblem und die Frage der Sicherheit.

Kapitel 3 liefert die Grundlagen für wirtschaftliches Agieren im Net. In diesem Abschnitt erläutern wir einige der Grundprinzipien, mit denen Sie vertraut sein sollten, bevor Sie online gehen. Mit diesem Basiswissen geben wir Ihnen eine Art Landkarte des elektronischen Goldfeldes an die Hand, auf der Sie sowohl die sicherste Reiseroute als auch das unwegsame Gelände erkennen können.

Die Trends

In Teil II verlassen wir die unmittelbare Vergangenheit und wenden uns der Zukunft zu. Dieser Teil konzentriert sich auf Trends, die heute gerade erst entstehen, aber deren Bedeutung für die „zweite Generation" im Internet zunehmen wird.

Kapitel 4 behandelt den Sprung vom „Infotainment", das bislang das Internet scheinbar dominierte, auf die nächsthöhere Ebene – dorthin, wo die Kapazitäten für globale Unternehmungen angelegt sind.

Kapitel 5 erklärt, wie solche Online-Pioniere wie Amazon.com und Preview Travel ihre Branchen von Grund auf verändern werden – und warum sie nicht zwangsläufig deren Marktführer bleiben müssen.

In Kapitel 6 korrigieren wir das weit verbreitete Vorurteil, dass traditionelle und Online-Vertriebswege einander ausschließen und erklären, wie sich beide in Marketingkonzepten ergänzen können.

Kapitel 7 diskutiert das Auftauchen erweiterter Unternehmen oder „Para-Unternehmen“ und geht darauf ein, wie das Internet die traditionellen Beziehungen zwischen Konzernen, Einzelhändlern und Endverbrauchern radikal verändert hat.

Kapitel 8 nimmt sich dieser Endverbraucher an und zeigt, wie das Internet ihren Einfluss vergrößert hat. Diese Entwicklung wird sich in Zukunft verstärken und wir machen deutlich, wie Unternehmen deshalb ihre Produkte für „Ein-Personen-Märkte“ gestalten müssen.

Die logische Schlussfolgerung daraus präsentieren wir in Kapitel 9 und zeigen, wie Managementmodelle der Internet-Beziehungen zwischen Unternehmen und Kunden „hundertprozentige Kundenzufriedenheit“ zum Maßstab der Zukunft machen werden.

Die Praxis

Der dritte und letzte Teil von *Cyber Rules* bietet eine praktische Anleitung für den Erfolg im E-Business.

Kapitel 10, das sich an Manager großer Unternehmen richtet, entwirft eine digitale Strategie, mit der sich Mindestgewinne realisieren lassen.

Kapitel 11 behandelt das gleiche Thema für kleine Unternehmen: Sie erfahren, wie Sie online gehen und eine profitable Webseite betreiben. Das Buch endet mit Kapitel 12 und der Aufforderung, zur Tat zu schreiten. In unserer Schlussbetrachtung legen wir dar, warum der Erfolg im E-Business in den Zielkatalog eines jeden Unternehmens gehört, das in der nächsten Generation des Webs überleben will.

„Net“-freie Nischen wird es nicht geben

„Überleben“ ist ein starkes Wort und wir sind uns dessen bewusst, dass es für den einen oder anderen extravagant klingen mag. Noch schauen viele Wirtschaftsprofis vor allem auf die aktuellen Unzulänglichkeiten des Internets und zeigen sich demonstrativ unbeeindruckt von den Verheißungen dieses Mediums. Einige Führungskräfte brauchten so lange, um den „postanalogen" Kapitalismus als Realität zu akzeptieren, dass sie sich den Spitznamen „Internots" erwarben. In der Wirtschaftswelt gibt es sicherlich genügend Skeptiker, die glauben, so etwas wie die „Net-Gemeinde" sei nur eine Erfindung der Medien.

Vielleicht sind auch Sie versucht, den Skeptikern zuzustimmen. Dann sollten Sie zunächst die unübersehbaren Zeichen des bevorstehenden Paradigmenwechsels zur Kenntnis nehmen. Auf einige dieser Zeichen haben wir in unseren Statistiken über das Net bereits hingewiesen. Weitere werden wir Ihnen in diesem Buch in Form von Geschichten präsentieren. Müssen wir darüber hinaus noch Vorkehrungen treffen, bevor die „Vernetzung" abgeschlossen ist? Auf jeden Fall. Doch wenn Sie glauben, dass der Siegeszug des Internets nur eine flüchtige Modeerscheinung ist; wenn Sie glauben, dass es ein Zurück in die prädigitale Ökonomie gibt, dann sind Ihre Brüder im Geiste jene „Realisten", die Orville und Wilbur Wright auslachten. *Denn das Net, ob Sie es wollen oder nicht, hat abgehoben.*

Die Auswirkungen auf die Märkte sind revolutionär. Um im E-Business Schritt halten zu können, werden erfolgreiche Manager ihr Vorgehen an ein elektronisches, dezentrales Echtzeitmodell anpassen müssen. Sie werden gezwungen sein, über Kunden in neuen Kategorien nachzudenken. Sie müssen ihre Produktions-, Marketing- und Distributionsszenarien ändern. Und sie werden neue Strategien brauchen, um die Zufriedenheit ihrer Kunden zu gewährleisten. Einige werden diese Herausforderung meistern, viele werden scheitern. Doch niemand – selbst die „Internots" nicht – wird von diesem Wandel unberührt bleiben.

Uns allen steht eine ungewisse Reise bevor, in deren Verlauf die etablierten ökonomischen Regeln umgeschrieben und neue aufgestellt werden. Diese Reise birgt manche Gefahr, aber es wird auch eine spannende Reise sein und wir möchten Sie ermutigen, sie als das zu betrachten, was sie ist – eine beispiellose Gelegenheit. „Going digital" ist keine Hürde, die genommen werden muss; es ist die Chance des Jahrtausends, in eine neue ökonomische Dimension vorzustoßen. *Cyber Rules* soll Ihnen dabei helfen.

Teil I

DIE ERSTEN FÜNF JAHRE

1. Der virtuelle Marktplatz

Das Internet und seine grafische Repräsentation, das World Wide Web, haben die kollektive Fantasie der ökonomischen Gemeinde beflügelt. Nur zu Recht. Denn sie signalisieren den Beginn einer wirtschaftlichen Revolution, in deren Verlauf sich die gesamte Geschäftswelt vollkommen verändern wird. Doch was wird uns diese Revolution bringen? Über die Einzelheiten dieses Wandels können auch Visionäre nur spekulieren.

Dies galt allerdings schon immer während technologischer Umwälzungen. Wie brillant eine Technologie auch sein mag, ihre sozialen Effekte kommen erst zum Tragen, wenn sie von einer kritischen Masse von Menschen angenommen wird. Solange dies nicht geschieht, bleibt auch das mächtigste Medium der Welt nur eine technische Spielerei. Ein Beispiel dafür sind Geldautomaten. Heute gibt es mehr Geldautomaten als Banken selbst. Man findet sie auf der ganzen Welt an Straßenecken, in Supermärkten und auf Flughäfen. Während Bankgeschäfte früher nur innerhalb der allgemeinen Öffnungszeiten möglich waren, können Kunden heute an sieben Tagen in der Woche rund um die Uhr weltweit Geld abheben. Für das Bankgewerbe von heute sind Geldautomaten von zentraler Bedeutung und nicht mehr wegzudenken. Müssten die Banken all ihre Geldautomaten durch ausgebildete Schalterangestellte und Sicherheitspersonal ersetzen, sie gingen bankrott.

Die Einführung dieses automatischen Systems ging indes nicht automatisch vonstatten. Obwohl die Geldautomaten kürzere Schlangen, weniger Fehler und privatere Transaktionen versprachen, machten die meisten Menschen zunächst einen großen Bogen um sie. Die Kunden misstrauten den Maschinen, da sie sie als fremd und unpersönlich empfanden. Zudem funktionierten die Geräte langsam, nur zu bestimmten Zeiten und waren schwer zu finden. Erst als die zugrunde liegende Technologie ausgereift war, wurden die Geldautomaten zuverlässiger – und beinahe allgegenwärtig. Erst da begannen die Kunden zu begreifen, dass sich ihnen mit diesen Maschinen verbesserter Service zu vernünftigen Preisen bot.

Heute kann man sich eine Bank, die keine Geldautomaten einsetzt, nur noch schwer vorstellen. Und doch wurde diese Technologie nicht sofort angenommen. Vielleicht hat auch das heutige E-Business per Internet – von vielen beargwöhnt und häufig langsam und ineffizient – mit seiner „gereiften" Version der Zukunft nur wenig gemeinsam. Alle sozialen Revolutionen nehmen ungeahnte Wendungen. Daher sind Prognosen darüber, wie das Internet in fünf oder zehn Jahren aussehen wird, nur informierte Spekulation.

Wir haben nichts gegen Spekulationen – und werden einige in späteren Kapiteln anstellen –, doch wirtschaftliche Entscheidungen sollten auf der Grundlage sichtbarer Fakten getroffen werden, nicht anhand exotischer Erwartungen. Beginnen wir also mit einer Beschreibung dessen, was gegenwärtig geschieht. Wir werden Ihnen zeigen, wie Unternehmen bereits heute ansehnliche Gewinne im Internet erwirtschaften und inwieweit sich das Internet von dem unterscheidet, wofür es die frühen Analysten gehalten haben.

Der Aufstieg des virtuellen Marktes

Das jähe Wachstum der Geschäfte im Internet war wohl bei denjenigen Unternehmen am verblüffendsten, die schon vor dem Auftauchen des Nets die Kommunikationsbranche anführten. Zu diesen gehört der Telekommunikationsgigant MCI, der vor kurzem mit einem anderen Global Player zu MCI-Worldcom fusionierte. Mike Betzer, einer der Vice Presidents für Informationstechnologie im neuen Konzern, beobachtete binnen der letzten zwei Jahre einen dramatischen Wandel in der Wahrnehmung des Internets – und in seiner Akzeptanz bei den Investoren:

„Noch vor zwei Jahren war unser Forschungsetat für die Geschäftsanbahnung mit anderen Unternehmen per Internet denkbar gering. Vereinzelte Teams stellten Untersuchungen in diesem Bereich an, experimentierten und die ganze Entwicklung steckte noch in den Kinderschuhen. In diesem Jahr

werden wir für den Bereich Internet – für Internetsysteme, Online-Kundenservice und Produkte – mehr ausgeben als für jede andere Technologie in unserem Unternehmen. Das sind mehrere Hundert Millionen US-Dollar. Wenn Sie erkannt haben, wie schnell diese Technologie reift, dann werden Sie auch wissen, dass Unternehmen wie unseres diese Strategie fortsetzen und die Etats noch erhöhen werden. Nichts scheint das Wachstum der Geschäfte im Internet aufhalten zu können. Außer vielleicht, dass einige von uns das Denken neu lernen müssen. Die Technologie selbst ist unglaublich mächtig."

John White, ehemaliger Chief Information Officer der Firma Compaq in Houston, stimmt dem zu. Als Veteran der Computerbranche hat er die Geburt des Internets miterlebt, das damals aus dem militärischen Projekt ARPANET hervorging. Als Ingenieur bei Texas Instruments war er an der Entwicklung eines paketvermittelten Datennetzwerks beteiligt und arbeitete an einem gemeinschaftlichen internen System zur Nachrichtenübermittlung, das, wie er sich erinnert, „von den gleichen Voraussetzungen ausging wie das World Wide Web". Johns Einschätzung zufolge sind die Auswirkungen des Internets in der Geschichte der Kommunikationstechnologie ohne Beispiel:

„Das Internet entwickelt sich zum am weitesten verbreiteten, kosteneffektivsten und pünktlichsten Mechanismus für den Austausch von Informationen in der Geschichte der Menschheit. In Kombination mit anderen Medien macht es schon heute Dinge möglich, die mit früheren Technologien nicht einmal vorstellbar waren. Auch Telefon und Fernsehen erwiesen sich als produktive Werkzeuge in der Abwicklung aller möglichen Geschäfte, doch das Internet stellt sie in den Schatten. Mit seiner Hilfe können wir erstmals gemeinschaftlich visuelle und auditive Informationen austauschen. Und die Tatsache, dass es so allgegenwärtig ist und jeder auf jede Form von Informationen Zugriff hat, macht es wahrscheinlich zur faszinierendsten Technologie, mit der wir es je zu tun

hatten. Ob es um das Lesen von Büchern geht, den Verkauf von Produkten oder das Verstehen der Vorgänge im Sport oder an der Börse – das Internet bietet uns allen einzigartige, aufregende Möglichkeiten.

Worin bestehen diese Möglichkeiten? Wie schon Johns Anspielung auf die Allgegenwart des Mediums zeigt, ist eine Fähigkeit des Internets von zentraler Bedeutung: nicht nur jeden Kunden mit jedem Unternehmen verbinden zu können, sondern *jeden Menschen auf der Welt mit jedem anderen Menschen*. Angesichts dieser Verheißungen betrachten es die besten Kenner des Internets als digitalen Zauberstab, mit dem sich sowohl Geschichte als auch die menschliche Natur verwandeln lassen. Da es global und virtuell ist, so sagen sie, wird es nationale Grenzen überwinden, kulturelle Vorurteile ausräumen und politische Barrieren niederreißen. Durch seine Virtualität wird es selbst jenen Informationen zugänglich machen, denen sie verboten sind. Es wird die entlegensten Gegenden dieser Erde für immer verändern, indem es alle Völker direkt mit der menschlichen Familie verbindet.

Cliff Barney stimmt in diese Lobeshymnen ein und spricht vom „Internet-Rausch". In seinem Buch *Upside* schreibt er: „Das mystische Netzwerk wird alle sozialen und kulturellen Probleme lösen, es öffnet uns die Pforte zum Paradies. Wir werden die Schulen in Ordnung bringen, die Regierung neu erfinden, die Welt in einer Orgie der Massenkommunikation verbinden – und dabei reich werden." Das hört sich nach Hamlets „Vollendung all unseres innigsten Strebens" an, ist aber zu diesem Zeitpunkt nicht mehr als Wunschdenken – und wird es wohl auch bleiben. *Kein* Wunschdenken dagegen ist der Nachsatz Barneys – der Teil seiner mystischen Gleichung, die das Reichwerden verspricht. Es gibt etliche Unternehmen, die dabei sind, im E-Business reich zu werden. Ihr Erfolg beruht auf der eigentümlichen Eignung des Internets, den Prozess des Kaufens und Verkaufens zu rationalisieren und kundengerecht zu gestalten.

Der Aufstieg des E-Business hat auf beide Seiten dieses Prozesses Auswirkungen. Für diejenigen auf der Käuferseite öffnet die Internettechnologie die Tür zu einem praktisch unendlichen Markt.

Da Entfernungen im Net keine Rolle spielen und der Kontakt mit potenziellen Lieferanten sofort hergestellt werden kann, steht den Online-Verbrauchern die Welt für ihre Einkäufe offen. Hier können sie aus einem *Sortiment* auswählen, das auch die kühnsten Entwürfe von Einkaufszentren in den Schatten stellt. Dank ihrer virtuellen *Mobilität* können sie Preise vergleichen, wie es in der realen Welt mit ihren Ausstellungsräumen und Parkplatzproblemen unmöglich wäre. Für Verbraucher ist dies der offensichtlichste Vorteil des E-Business. Die Kunden werden in die Lage versetzt, sehr viel mehr gut informierte Kaufentscheidungen zu treffen.

Zudem wirkt dieser Effekt äußerst demokratisierend. Im traditionellen Einzelhandel spielt der Standort eine Schlüsselrolle und die Kosten für das Betreiben eines realen Ladengeschäfts erschweren es vielen Händlern, mehr als die gängigsten Artikel zu führen. Daher gibt es etwa bestimmte Delikatessen nur in Metropolen zu kaufen, denn nur dort wohnen viele Menschen mit hohem Einkommen. Dementsprechend ist die Nachfrage nach Trüffeln gering und wird nur in einigen geographischen Nischen befriedigt. Das Internet kann dagegen solche Produkte mit geringen Umsätzen einem globalen Markt anbieten. Der Verkauf erfolgt zentral, die Lagerbestände können flexibel gehalten werden und die Vernetzung ist grenzenlos.

Da auch die Kunden im Internet dies wissen, sind sie erfahrener, anspruchsvoller und einflussreicher als jede Käufergeneration vor ihnen. Dieser vergrößerte Einfluss hat direkte Auswirkungen darauf, wie Unternehmen sich positionieren – wie sie sich positionieren *müssen*, um online zu überleben. Die führenden Unternehmen im E-Business haben bereits begonnen, ihre internen Betriebsabläufe entsprechend zu verändern: kleine Lagerbestände, Just-in-Time-Produktion, automatische Anpassung der Produkte an die Kundenwünsche, automatische Rechnungserstellung und elektronisches Inkasso. Dies sind die wesentlichen Merkmale des entstehenden E-Business-Modells und sie helfen selbst traditionellen Firmen, sich eine neue Gestalt zu geben.

Die Vorteile für den Verbraucher sind offensichtlich genug, doch auch die Unternehmen profitieren vom Aufstieg des virtuellen

Marktes, wenn auch nicht so, wie man sich ursprünglich vorgestellt hatte.

Zuerst einmal erhöht die Automation der Betriebsabläufe und ihre Abstimmung mit dem Net die *betriebliche Leistungsfähigkeit* ganz enorm. Mit Hilfe des Webs lassen sich die Gemeinkosten senken, die Dokumentenflut eindämmen und die Bestell- und Lieferprozesse rationalisieren. Unternehmen werden nicht mehr nur Größenvorteile wahrnehmen können, sondern auch Diversifikationsvorteile. Denn diese entstehen, so Joe Pine II, Experte für optimales Kundenmanagement, aus der Fähigkeit, ein breiteres Sortiment zu geringeren Kosten zu produzieren.

Zweitens werden die Vorteile des Webs die Funktion des *Zwischenhändlers* neu definieren. Indem es den direkten Kontakt zwischen Herstellern oder Dienstleistern und Endverbrauchern herstellt, hilft das Internet bei der Unterscheidung zwischen lediglich vermittelnden Agenten und solchen, die den Wert einer Ware oder Dienstleistung erhöhen. Dies wird einerseits erhebliche Konsequenzen für die Makrostruktur der Wirtschaft nach sich ziehen und andererseits – wie Sie sehen werden – Großhändlern und Maklern neue Chancen eröffnen.

Und schließlich, dank ausgegliederter und koordinierter Automation, verschwimmen allmählich die Grenzen zwischen den Unternehmen selbst. Das Tempo dieses Trends zu strategischen Partnerschaften, der bereits vor zehn Jahren einsetzte, nimmt zu und es werden elektronische „Ehen“ geschlossen und virtuelle Firmen entstehen. All diese Schritte in Richtung einer größeren Virtualität haben die beteiligten Unternehmen flexibler und präziser gemacht – genau das, was sie für den Erfolg auf dem neuen „Marktplatz“ brauchen.

Drei Luftschlösser

Wenn wir uns ein Bild von der Zukunft des Internets und der Wirtschaft machen wollen, dann müssen wir auch darüber nachdenken, wie sie wahrscheinlich nicht aussehen wird. Am Beginn der zweiten Generation des World Wide Webs wird immer deutlicher, dass einige der frühen Prognosen über die Zukunft des neuen Mediums wenig mehr als technologische Hirngespinste waren. Viele von denen, die einst an diese Träume glaubten, sind heute nicht mehr im Geschäft. Nutzen wir die Gelegenheit, aus ihren Fehlern zu lernen.

Vielleicht der erste und hartnäckigste dieser Fehler war der Vergleich des Internets mit einer Autobahn. In den frühen neunziger Jahren war „Net-Sprech" der neue Jargon und der „Wasserkühlereffekt" sollte aus dem militärischen System für den Datenaustausch ein populäres Spielzeug machen. Zu jener Zeit wurde das Internet ausnahmslos mit einer „Super-Datenautobahn" verglichen. Jeder Artikel in den großen Magazinen, jede Rede optimistischer Politiker und jede Vision blauäugiger Dozenten verstärkte die Vorstellungen, die mit dem Bild einer physischen Autobahn verbunden sind. Man dachte an Geschwindigkeit, Stau, Auf- und Ausfahrten und konstante, oft chaotische Bewegung.

Viele dachten dabei auch an die Besichtigung von Sehenswürdigkeiten – eine digitale Landschaft voller pulsierender, elektronischer Reklametafeln, denen sich die Vorbeifahrenden nicht entziehen konnten. Es war die Vorstellung von diesen unausweichlichen Reklametafeln, die den Glauben an das Internet als Werbemedium begründete. Und dieser Glaube hat sich, im Gegensatz zur Autobahnmetapher, bis heute gehalten. Vielleicht ließe sich auch sagen, er hat sich von einer Metapher des Besichtigens zur nächsten verlagert: Die populärste Metapher ist seit etwa 1994 nicht mehr die Fahrt auf der Autobahn, sondern das Surfen auf Kanälen.

Luftschloss 1: „Es ist ein Fernsehgerät."

Dieser Vergleich liegt nahe, denn das Web ist hochgradig visuell bzw. grafisch. Doch obwohl beide Geräte einen Bildschirm haben, ist ein PC kein Fernseher. Während einer Fernsehübertragung wird ein einziges Signal an ein wartendes Millionenpublikum gesendet, und alle, die das gleiche Programm eingeschaltet haben, sehen das Gleiche. Sie können zwar von Programm 4 auf Programm 57 umschalten. Doch auch wenn Ihnen 1000 Programme zur Verfügung stehen, werden die auf jedem Kanal gesendeten Informationen für Sie von einer Hand voll Sendestationen ausgewählt. Sie haben keine Kontrolle darüber (außer der illusorischen des Zappens), was Sie sehen.

Ganz etwas anderes geschieht, wenn Sie das Web benutzen. Das entscheidende Merkmal des Internets als Netzwerk ist, dass es keine zentrale Kontrollinstanz gibt, keinen Mittelpunkt, keine Schaltzentralen, die miteinander um Ihre Aufmerksamkeit konkurrieren. Wenn Sie das Web benutzen, dann bestimmen *Sie* die Mischung der eingehenden Informationen. Und diese Mischung kann aus 1 000 verschiedenen Informationsquellen gespeist sein, in unendlichen Kombinationen durch den einzelnen Nutzer neu zusammengestellt und niemals durch einen anderen Nutzer exakt repliziert werden. Außerdem gehört das Web niemandem. Sie bekommen also, was Sie anklicken, hier und jetzt. Das Internet entzieht sich weitgehend der Kontrolle durch Unternehmen.

Solange sie nicht tatsächlich den AUS-Schalter drücken, können sich Fernsehzuschauer den Botschaften aus dem TV-Gerät nicht entziehen – sei es nun Ihre Botschaft oder die eines anderen. Die Benutzer des Webs haben pro Minute eine Million Möglichkeiten, sich auf eine andere Seite zu klicken. Wir werden im folgenden Kapitel noch näher auf die „Klickitis" eingehen. Werber, die sich darüber aufregen, haben das Wesentliche nicht erkannt, denn auf idiosynkratischer „Programmierung" *beruht* das Web. Das erklärt auch, warum das Werbepotenzial anfangs überbewertet wurde und Werbemanager heute seine Grenzen zu fürchten beginnen. Eine Gruppe von ihnen, die 1998 an einem runden Tisch zusammenkam, betonte die Unzuverlässigkeit von demographischen Erhebungen über das Net und den Besuch von Webseiten. Das Resümee lautete schließlich, dass das Web bestenfalls „noch einen langen Weg vor sich hat, bevor es um die Werbegelder konkurrieren kann, die für Fernsehen und Printmedien ausgegeben werden".

In Wahrheit ähnelt das Web weniger Ihrem Fernsehgerät als einem anderen weltweiten Netzwerk – dem Telefon. Mit dem Telefon wählen Sie eine Nummer, treten in Verbindung, tauschen Informationen aus (normalerweise in Form einer Unterhaltung) und hängen ein. Das ist genau das, was die „Freiheit des Webs" ausmacht. Und wegen dieser Freiheit ist es ein sehr viel verlockenderes Medium als das Fernsehen.

Wenn Sie eine URL-Zeile (Universal Resource Locator) eingeben, also die Adresse einer Internetseite, oder einen bestehenden Hyperlink (ein elektronischer Querverweis) anklicken, dann löst dies eine Reaktion aus, ähnlich der eines Anrufbeantworters. Der Web-Server reagiert auf Ihre Aufforderung und lädt auf Ihren Browser eine Flut von Zeichen herunter, die eine Webseite definieren; dann unterbricht er die Verbindung. Sie schauen sich die Informationen an und wenn Sie mehr möchten, nehmen Sie *erneut* Kontakt zu der Web-Site auf, die ihrerseits eine weitere, vorher aufgezeichnete Nachricht abschickt und den Kontakt wieder unterbricht. Wenn die Webseite Felder zur Dateneingabe enthält, können Sie Ihre eigene Nachricht in Form Ihres Namens, Ihrer Adresse und der für Sie interessanten Produkte übermitteln; dann unterbrechen *Sie* die Verbindung. Natürlich lassen sich durch Suchmaschinen und Hyperlinks im Web Informationen sehr viel schneller und systematischer abfragen, als es bei einem Anrufbeantworter möglich ist. Doch beiden Technologien liegt das gleiche Prinzip zugrunde. Nüchtern betrachtet, ist das World Wide Web nichts anderes als eine gewaltige Ansammlung von Anrufbeantwortern. Nur, dass sie keine Tonbandaufnahmen, sondern grafische und geschriebene Botschaften an Sie übermitteln.

All dies bedeutet nicht, dass Werbung und das Web unvereinbar wären. Allerdings folgt die Werbung im Web nicht den traditionellen Spielregeln. Früher glaubten die meisten, sie könnten durch Werbung auf ihrer Web-Site die Gewinne steigern. Doch damit verwechselten sie Ursache und Wirkung. Angenommen, Sie möchten Ihre Werbung in einem weltumspannenden Netzwerk von Anrufbeantwortern platzieren. Wo würden Sie das tun? Sicherlich nicht auf dem Anrufbeantworter Ihres Unternehmens, denn zuerst müssen Sie ja Ihre potenziellen Kunden dazu veranlassen, Ihre Nummer zu wählen und sich Ihre Botschaft anzuhören. Und wo bekommen Sie die her? Nun, natürlich aus der Werbung! Allerdings aus der Werbung in den Massenmedien: Print, Radio und Fernsehen. Sie können Ihre Werbung auch auf einer „heißen" Internet-Site (z.B. die Homepage von Yahoo!) platzieren, bei gefragten Online-Dienstleistern (z.B. AOL) oder in speziellen Anwenderprogrammen, die Ihre Botschaft auf Millionen von Computerbildschirmen bringt.

Wenn die Kunden schließlich mit Ihnen in Kontakt treten, *dann* können Sie mit dem Marketing auf ihrer Web-Site beginnen. Denn Marketing funktioniert am besten, wenn genau zwei Parteien beteiligt sind. Die Moral von dieser Geschichte ist – rückblickend – fast schon peinlich offensichtlich: Wenn Sie Besucher auf Ihre Web-Site locken wollen, werben Sie dafür nicht *auf* der Web-Site. Stellen Sie besser Ihren Anrufbeantworter ab und werben Sie in der Tageszeitung.

Luftschloss 2: „Es ist ein Paradies für Einzelhändler."

Ein zweites Missverständnis über das kommerzielle Potenzial des Internets bestand darin, dass es für ein Paradies für Einzelhändler gehalten wurde. Manager, die von dieser Vorstellung ausgingen, betrachteten das Web nicht als „siebten Himmel der Stubenhocker", sondern als „technologisches Einkaufszentrum". Die zugrunde liegende Idee war, dass der virtuelle Marktplatz auf dem Bildschirm des PCs unwiderstehlich zu Großeinkäufen reizen würde. Nachdem die Kunden eine Eintrittsgebühr für das digitale Shopping-Center entrichtet hätten, würden sie alle Einkäufe bequem von zu Hause aus erledigen.

Es gibt einige beeindruckende Erfolgsgeschichten im Online-Einzelhandel, doch die meisten handeln vom Erfolg in *Nischen*. Analysen zeigen, dass die digitalen Einkaufszentren eine Menge computerbegeisterte Schaulustige anziehen, aber nur enttäuschend wenig ernsthafte Käufer. Zudem benutzen viele Millionen Käufer zurzeit noch gar keinen Computer. Um diese Schichten erreichen zu können, müssten die virtuellen Einkaufszentren überzeugende Vorteile gegenüber ihren realen Konkurrenten bieten. Bislang haben sie noch keinen Weg gefunden, das zu tun.

Virtuelle Einkaufszentren bieten dem Kunden natürlich Vorteile mit denen sie sich vom traditionellen Einzelhandel unterscheiden. Beispielsweise ermöglichen es Computer und Online-Datenbanken dem Kunden, alle Ladengeschäfte auf einmal zu „besuchen". Wenn es in dem Einkaufszentrum genügend verschiedene virtuelle Geschäfte gibt, lassen sich Angebote in Echtzeit vergleichen. So etwas können konventionelle Einkaufszentren nicht bieten. Unglücklicherweise fehlt es jedoch noch an verbindlichen Standards für Produktbeschreibungen. Und so kopieren die virtuellen Einkaufszentren lediglich die Art und Weise, in der wir sonst auch einkaufen – nur die Geschwindigkeit erhöht sich geringfügig. Sie gehen (oder klicken) von einer Schaufensterauslage zur nächsten und kehren dann zu dem Geschäft zurück, bei dem Sie angefangen haben, und treffen eine Entscheidung.

Wie sieht nun die Schlussbilanz aus? Die meisten Unternehmen, die versucht haben, Vielfalt und Handelsrabatte der realen Einkaufszentren auf ihr Online-Geschäft zu übertragen, sind von den Ergebnissen enttäuscht. Eines der berühmtesten Beispiele, IBMs World Avenue, scheiterte dramatisch. Dasselbe Schicksal ereilte Internet Shopping Network, die Online-Version des TV-Versandhauses Home Shopping Network.

Das Einzelhandelsgeschäft war im Großen und Ganzen weniger erfolgreich, als gemeinhin angenommen wird. Angesichts der Unzahl spektakulärer Erfolgsmeldungen über Amazon.com, CDNow und Dell mag das erstaunlich klingen. Doch es entspricht der Wahrheit. Von den Sensationsberichten einmal abgesehen, wird der größte Teil des im Internet erwirtschafteten Geldes – etwa 80 Prozent – bei Transaktionen zwischen Unternehmen umgesetzt. Und diese werden über Web-Sites angebahnt, die der Öffentlichkeit nicht einmal zugänglich sind. *Barron's* schätzt, dass sich an diesem Verhältnis erst einmal nichts ändern wird. Sie erwarten, dass die Einzelhandelsumsätze gegen Ende des Jahrhunderts sieben Milliarden US-Dollar betragen werden – und die Umsätze im Geschäft zwischen Unternehmen 22 Milliarden.

Die Zahl der Transaktionen steigt beispielsweise besonders stark bei Herstellern, die in erster Linie an Einzelhändler, Dritte oder große Konzerne verkaufen. Gerade solche Geschäfte lassen sich im Web besonders gut automatisieren. So können die Unternehmen Zeit, Ressourcen und Distributions- und Marketingkosten sparen. In diesem Bereich wird besonders deutlich, wie das E-Business rasch über die engen Grenzen des Web-Versandhandels hinauswächst.

Cisco hat den Online-Verkauf seiner Waren an Geschäftskunden automatisiert und setzt über seine Web-Site bereits zwei Milliarden US-Dollar pro Quartal um. NEC hat die Beschaffungswirtschaft automatisiert und bezieht online Produkte für 17 Milliarden US-Dollar. Die Charles Schwab Corporation setzt im Online-Wertpapierhandel zwei Milliarden wöchentlich um. Und mehr und mehr Unternehmen entwickeln vollautomatisierte Infrastrukturen. Gegenwärtig gestaltet sich der Aufbau solcher Vertriebswege noch sehr kapitalintensiv. Doch es ist nur eine Frage der Zeit, bis auch die Masse der Geschäfte zwischen Unternehmen über dieses Medium abgewickelt wird.

Welche Rolle spielt nun der Einzelhandel in der Zukunft des Internets? Im E-Business geht es vor allem um Effizienz – um größere Praktikabilität, geringere Kosten und gesteigerte Wertschöpfung. Angesichts des rapiden Wachstums virtueller Unternehmen könnte der vom Einzelhändler geschaffene Mehrwert schrumpfen. Für Hersteller wird es sich lohnen, ihre Produkte selbst direkt zu vertreiben, besonders, wenn sie leistungsstarke Softwarepakete für diesen Bereich fertig kaufen können. In diesem Szenario wird der normale Einzelhändler zum Mittelsmann. Und wie wir bereits erwähnten, könnte ein effizienter elektronischer Markt viele Mittelsmänner eliminieren.

Deshalb könnte ein effizienter elektronischer Markt für Verbrauchsgüter auch enorme Veränderungen für die Gesellschaft bedeuten. Elektronische Verkaufsstellen könnten sich Standorte mit niedrigen fixen Kosten suchen, denn Entfernung ist im Internet irrelevant. Vielleicht werden viele Einzelhändler deshalb schließen müssen. Dies hätte massive Folgen für zahllose Städte und die in den Einkaufspassagen und -zentren ansässigen Einzelhändler. Und vielleicht würde sich auch die Zusammensetzung des Personalbestands radikal verändern. Auch diese Entwicklung hat bereits begonnen und sie wird sich weiter verstärken. Unternehmen auf den virtuellen Märkten bevorzugen nicht länger Verkäufer, die gut mit Menschen umgehen können. Mittlerweile werden Angestellte gesucht, die der Doyen aller Managementexperten, Peter Drucker, als „Wissensarbeiter“ bezeichnet – Menschen, die Informationen rasch in Datenbanken eingeben können und die in der Lage sind, neue

Software für das E-Business in bestehende Online-Systeme zu integrieren.

Der Einzelhandel wird sich zweifellos entfalten, wenn die Marktteilnehmer erst einmal den Umgang mit dem Net gelernt haben und vor allem die Kleinunternehmen online gehen; im Augenblick ist allerdings nur ein Drittel dieses produktiven Sektors im Web vertreten. Das bedeutet aber für die heutige Generation von Internet-Unternehmern, darunter Manager und Investoren, dass das große Geld im Internet nur im Geschäftskundenbereich zu verdienen ist.

Luftschloss 3: „Wir werden über Nacht reich."

Ein letztes Missverständnis hat mit Zwangsläufigkeit zu tun. In den frühen Tagen des Internets ging man davon aus, dass der Technologie eine natürliche Logik innewohnt und sie einer unvermeidlichen Flugbahn folgt. So sollte jeder unverzüglich reich werden, der schlau genug war, auf diesen Zug aufzuspringen. Sie möchten vielleicht einwenden, dass jeder vernünftige Geschäftsmann einem solchen Irrtum niemals aufgesessen wäre; doch das Verhalten vieler legt nahe, dass diese Vorstellung noch in manchem Kopf herumspukt. „Unternehmer glauben, Millionen von US-Dollars würden hereinfließen, wenige Tage nachdem sie eine Web-Site eingerichtet haben," sagt Gene McMahon, President des New Yorker Großhandels BeOnTheNet. „Wenn es so einfach wäre, säße ich auf einem Boot in den Bahamas und würde Martinis schlürfen."

Tatsache ist, dass keine Technologie – selbst das Internet nicht – einer vorgeschriebenen Flugbahn folgt. Wie ein Hammer oder ein Auto ist das Net ein Werkzeug, das sich klug oder dumm verwenden lässt. Von allein wird es sich weder von der Stelle bewegen noch Ihre Aktien nach oben treiben, genauso wenig wie Ihnen ein Hammer ein Traumhaus bauen wird. All das versteht sich so ziemlich von selbst, doch es wird häufig vergessen. Vor allem von den Spezialisten, die die Vermögen im Silicon Valley zählen und dann sagen: „Na ja, wenn ich diese Technologie hätte, wäre ich auch erfolgreich."

Vielleicht eine tröstliche Schlussfolgerung, aber grundverkehrt. Tatsache ist, dass die Welt des E-Business ein sehr weites Feld ist. Der Einsatz der Technologie ist nur der erste Schritt. Der Schlüssel zum Erfolg in diesem Bereich, wie in der gesamten Wirtschaft, liegt darin, die Erwartungen Ihrer Kunden zu übertreffen – und es dann noch einmal zu tun. Diese Herausforderung ist sehr viel größer, als eine Web-Site einzurichten.

Zudem werden Sie einen langen Atem brauchen, um diese Herausforderung zu meistern. Wir werden auf diese Lektion im Verlauf des Buches immer wieder zurückkommen. Falls Sie erwägen, ins E-Business einzusteigen, machen Sie sich auf ein hohes Tempo gefasst. Aber erwarten Sie keine unmittelbaren Gewinne. Wenn Sie das Internet effektiv einsetzen, werden Sie möglicherweise reich aufwachen. Vieles spricht aber dafür, dass das nicht morgen sein wird.

Was URL wirklich bedeutet

In den letzten Jahren hat sich unter anderem eines gezeigt: Das Web belohnt solche Unternehmer, die Risiken eingehen, sogar (oder vielleicht gerade) dann, wenn sie sich über Regeln hinwegsetzen. Wir können noch eine andere – wenn auch nicht ganz so offensichtliche – Lehre aus der unmittelbaren Vergangenheit ziehen: Im gegenwärtigen Spiel ist nicht der Gewinn Trumpf, sondern die Fähigkeit, sich zu exponieren. Dies gilt nicht nur für den Fall, dass Sie gerade ein ausschließlich virtuelles Unternehmen aufbauen. Sie sollten diese Lektion auch beherzigen, wenn Sie – wie Tausende anderer etablierter Unternehmen – hoffen, dass das Internet Ihre bestehenden Geschäftsfelder bereichern wird. In jedem Fall geht es darum, sich zunächst *einen Namen zu machen*.

Wenn Sie auch sonst nichts aus den ersten fünf Jahren des Webs lernen möchten, beachten Sie zumindest Folgendes: Sie können nicht früh genug damit beginnen, sich eine Reputation aufzubauen. Viele Internetexperten gehen davon aus, dass der Kampf um den Wiedererkennungseffekt in den *nächsten drei Jahren* entschieden wird. Denn schon heute kaufen mehr und mehr Kunden online ein und ihre Zahl wird sich während der kommenden drei Jahre entscheidend erhöhen. Deshalb setzen viele Betreiber von Web-Sites zurzeit alles daran, ihre Markennamen zu etablieren, bevor sich das Verhalten der elektronischen Käufer eingeschliffen hat.

Wer darin erfolgreich ist, wird neue Stammkundschaft gewinnen und sich an die Spitze schmaler Segmente des Online-Marktes setzen. Dies erkannte vor kurzem auch der Online-Wertpapierhändler AmeriTrade, als das Unternehmen in einem einzigen Quartal 25 Millionen US-Dollar in die Werbung für sein neues Angebot „8-US-Dollar-pro-Transaktion" steckte. Eine gewaltige Investition, gewiss. Doch sie zahlte sich aus: AmeriTrade gewann innerhalb von drei Monaten 51000 neue Kunden hinzu, die dem Unternehmen im Konkurrenzkampf gegen andere Online-Broker halfen.

Wenn Sie hier zu vorsichtig sind, befördern Sie sich unter Umständen selbst aus dem Rennen. Dies gilt selbst dann, wenn Sie bereits über Markennamen in Ihren traditionellen Geschäftsbereichen verfügen. Sie müssen dafür sorgen, dass man Ihre Produkte auch in diesem riesigen, neuen Markt wiedererkennt. Andernfalls werden Sie den geschäftstüchtigen Marktführer bei einer späteren Aufholjagd möglicherweise nicht mehr von seiner Position verdrängen können.

Joe Walowski, der sich mit seinem neuen Unternehmen Red Wagon in den harten Kampf um die Online-Lieferung von Lebensmitteln gestürzt hat, hat es verstanden: „Vergiss die Einnahmen; jetzt führen wir einen Krieg um Marktanteile. Du musst dir deine Nische abstecken, herausfinden, wo die Grenzen für deinen speziellen Bereich liegen und ihn dann mit Händen und Füßen verteidigen. In deiner Nische musst du der Gewinner sein."

Dies gilt für Computerchips wie für Kartoffelchips. Hören Sie auf das, was Eric Schmidt, Chairman und CEO von Novell, dazu sagt. In einer 1997 gehaltenen Rede betonte er, wie wichtig es ist, erst einmal bemerkt zu werden, bevor man reich werden kann. „Seien Sie überall der Erste", sagte er, „denken Sie dann erst über den Gewinn nach. Um die Einnahmen müssen Sie sich hinterher kümmern; zuerst überall präsent sein, dann die Einnahmen erzielen. Das ist es, wofür URL steht."

Dieser Kommentar ist ebenso zutreffend wie geistreich. In einem kürzlich geführten Gespräch ging Eric näher auf dieses Thema ein. Im Laufe dieser Unterhaltung formulierte er seine Gedanken über die weit verbreitete Ansicht, dass die Aktienkurse vieler Internetfirmen in keiner Weise mehr durch ihre Gewinn-und-Verlust-Profile gerechtfertigt seien.

„Seit jeher werden die Bewertung eines Unternehmens an der Börse und die Bewertung des Unternehmens selbst verwechselt. Aktien werden anhand zahlreicher Näherungsrechnungen über die zukünftige Rentabilität eines Unternehmens bewertet. Im entstehenden Online-Markt hat sich während der letzten drei bis vier Jahre herausgestellt, dass Ihnen die Börsen unter einer Bedingung beinahe unendlich hohe Verluste verzeihen: Sie müssen sie davon überzeugen, dass Sie in einer anderen wirtschaftlich relevanten Kategorie zulegen. In der Internetbranche heißt diese Kategorie Abonnenten, Anwender oder Besucher einer Internetseite. Je mehr Kunden Sie also präsentieren können, desto höher fällt die Bewertung Ihrer Aktien aus. Aus diesem Grund wurde Netscape, um eines der berühmten frühen Beispiele zu nennen, anfangs so hoch an der Börse gehandelt. Jeder glaubte, das Unternehmen hätte einen sehr großen und treuen Anwenderstamm.
Heute wissen wir natürlich, dass ein solcher Anwenderstamm nicht zwangsläufig auf Dauer treu ist, und allein das ist ein Thema für sich. Doch das Prinzip bleibt davon unberührt. Wenn Sie für ein neues Internet-Unternehmen die Unterstützung der Aktienmärkte brauchen – nichts leichter als das. Sie müssen nur laut genug verkünden: ‚Eine Weltsensation wird sich ereignen.‘ Erklären Sie, wie das funktionieren soll, und sagen Sie dann: ‚Und übrigens, unser Marktanteil wird 80 Prozent betragen.‘ Beginnen Sie mit der Präsentation dieser Vision, nicht mit der Veröffentlichung der aktuellen Quartalszahlen.
Natürlich lässt sich dieses Spiel nicht beliebig oft wiederholen. Würde ich ankündigen, Anteile im Markt für Nuklearreaktoren erobern zu wollen – Sie gäben mir keinen Pfennig.

Denn obwohl in diesem Markt riesige Summen umgesetzt werden, ist er weder strategisch noch wachsend noch gewinnträchtig. So geht es schließlich doch wieder um diese alte Idee, auf eine Vision zu setzen. Sie müssen eine Geschichte präsentieren, die die Menschen glauben.
So geht es seit den Anfängen des Internets und so funktionieren die Märkte bis zum heutigen Tag. Was die Bilanzen von Amazon.com auch ausweisen mögen – dem Unternehmen wird Zeit zur Expansion zugestanden, solange es Marktanteile gewinnt. Auch so kann man totale Präsenz verstehen. Zuerst die Markanteile, dann die Gewinne.“

Wie sehr es der Intuition GuV-orientierter Geschäftsleute auch zuwider laufen mag – Wirtschaftsführer beginnen langsam, diese Botschaft zu begreifen. Eine kürzlich im Auftrag der Spiral Media Inc. durchgeführte Befragung von Führungskräften ergab, dass der Wert einer Web-Site nicht in erster Linie nach gesteigertem Umsatz bemessen wurde. Die Manager hielten besseren Kundenservice und verstärkten Wiedererkennungseffekt für wichtiger. 70 Prozent der Befragten nannten das Erkennen einer Marke und bessere Beziehungen zum Kunden, und nur 55 Prozent erwarteten eine höhere Zahl verkaufter Produkte.

Zumindest in der gegenwärtigen Situation ist dies der richtige Ansatz. Auf dem praktisch grenzenlosen Markt des Online-Business gehört die Zukunft jenen, die sich allgegenwärtig in Position bringen.

2. Probleme und Perspektiven

Mit welchen ernsthaften Schwierigkeiten müssen wir uns im E-Business auseinandersetzen? Zurzeit lassen sich diese Probleme in zwei Kategorien einordnen. Fragen Sie jemanden, der Geschäfte im Internet tätigt, welche Hindernisse der Online-Expansion seiner Meinung nach entgegenstehen, und er wird Ihnen wahrscheinlich antworten: „der Zugriff auf Daten" und „die Sicherheit". In diesem Kapitel geht es um diese beiden Aspekte.

Das Datenproblem

Für alle praktischen Zwecke stehen im Internet Daten in unbegrenzter Menge zur Verfügung. Unglücklicherweise sind sie jedoch ohne einheitliche Organisation im Cyberspace verstreut. Auf einer Webseite befindet sich die Produktbeschreibung vielleicht an der einen Stelle. Auf einer anderen Webseite kann die gleiche oder eine ähnliche Beschreibung ganz woanders stehen. Die Anordnung der Daten im Web ist wahrhaft chaotisch. Es gibt keine Standards für ihre Kategorisierung oder Darstellung. Dieser Umstand beschränkt die Möglichkeiten für Unternehmer und Kunden ganz erheblich, die für sie relevanten geschäftlichen Informationen zu finden.

Wir versuchen, dieses Problem mit Hilfe von Suchmaschinen zu lösen – Infoseek, Yahoo!, Excite – und uns einen Weg durch das Überangebot zu bahnen. Verschiedene Suchmaschinen funktionieren unterschiedlich, doch die meisten bedienen sich der folgenden Methode: Sie suchen das Web nach neuen Seiten ab, kopieren den gesamten Text auf diesen Seiten, legen ihn in riesigen Datenbanken mit schnellem Zugriff ab und ordnen dann die Einträge nach Stichworten. Um an die Informationen in diesen Datenbanken zu gelangen, geben Sie zunächst einen Schlüsselbegriff ein, der den gesuchten Gegenstand repräsentiert. Dann liefert Ihnen die Datenbank die verschiedenen Treffer, sortiert nach weitestgehender Übereinstimmung mit dem Suchbegriff.

Das hört sich großartig an. Es ist auch sicherlich beeindruckend, wie jeder bestätigen kann, der schon einmal einen Suchbegriff wie „Erdnüsse" eingegeben und 10000 Treffer gelandet hat. Doch genau darin besteht das Problem. Suchmaschinen zeigen für gewöhnlich sämtliche Informationen an, die mit ihren einfachen Mustern übereinstimmen. Sie liefern die Treffer ohne Kontext, Bedeutung oder Struktur. Erschwerend kommt hinzu, dass Suchmaschinen nur die Oberfläche des bestehenden Webs unter die Lupe nehmen. Laut einem Bericht des *Wall Street Journals* sucht die sorgfältigste unter ihnen, HotBot, nur 34 Prozent der heutigen Webseiten ab; die am wenigsten umfassende, Lycos, forscht gerade mal in drei Prozent der Webseiten. Es ist, als wollten sie sich mit einem Teelöffel durch den Mount Everest graben. Und der Berg selbst wächst noch.

Wie können wir die Zukunft des E-Business gestalten, wenn wir Datenzugriff und -darstellung im WWW weiterhin nach diesen Methoden organisieren? Jede Anwendung im E-Business wird zumindest in der Lage sein müssen, einfache Produktinformationen wie Name, Beschreibung und Preis zu finden. Doch die heutige Datenorganisation ist so chaotisch, dass die höchste technische Herausforderung darin besteht, einfach nur Suchstrategien und -mechanismen zu definieren, die das Fehlen einheitlicher Darstellungsstandards kompensieren. Ein Hoffnungsschimmer geht von einem sich entwickelnden Standard aus, der als Extensible Markup Language (XML) bezeichnet wird. Mit seiner Hilfe soll der Zugriff auf Daten im Web erleichtert werden. XML könnte es möglich machen, datenorientierte Webprogramme zu entwickeln und so für jede Web-Site eine Datenstruktur zu definieren. Eine XML-„Kennung" definiert die Bedeutung von Daten, nicht deren Erscheinungsform. So könnte beispielsweise eine Kennung „Produktname" heißen und eine andere „Preis". Wir müssen in der Lage sein, diese sinnvollen Informationen aus einer Web-Site zu extrahieren. Erst dann wird uns die nächsthöhere Ebene im E-Business per Internet zugänglich sein.

Die Suchmaschinen im Web wird XML wohl am nachhaltigsten beeinflussen. Die einheitliche Verwendung von XML – oder eines anderen Standards – auf allen Web-Sites wird umfassendes „intelligentes Suchen" möglich machen. Auf Dauer einfacher wäre es allerdings, dem Datenchaos auf eine bestechend simple und elegante Weise beizukommen: Organisation der Daten auf der Webseite selbst; Definition einfacher Standards für Online-Verkäufer; Abkommen darüber, in welcher Weise Produkte und wie und wo ihre Preise dargestellt werden. So könnte ein automatisches Programm ohne menschliches Zutun auf eine Webseite zugreifen, nützliche Informationen gewinnen und einige einfache, aber wohlinformierte Kaufentscheidungen treffen. Wir sprechen hier nicht über irgendeine futuristische Software, sondern über Programme, die genau das tun, was übliche Finanzprogramme bereits heute leisten: Daten in einem bekannten Format bekannten Ursprungs finden, sie verarbeiten und Resultate erstellen.

Es wird schließlich weltweiter Unterstützung für das E-Business bedürfen, um die Informationen im Internet zu organisieren. Dies wird geschehen. Und es muss geschehen. Denn ohne solche Fortschritte bei der Darstellung von und dem Zugriff auf Daten wird das E-Business nur sehr eingeschränkt funktionieren können. Wir müssen die anschwellende Datenflut für den automatischen Zugriff systematisieren und so das Fundament für spätere Anwendungen legen. Anwendungen, die diese Daten effizient nutzen und uns ungeahnte Möglichkeiten eröffnen.

Doch die Datenschwemme, verschärft durch das Fehlen organisatorischer Standards, steht nur für die eine Hälfte des problematischen Datenzugriffs. Die andere Hälfte wird vom Sorgenkind der Computerbranche repräsentiert: der unzureichenden Bandbreite. Das Fehlen einer ausreichenden Bandbreite – die Kapazität des Internets, Informationen an ihren PC zu Hause weiterzuleiten – ist eine Quelle ständiger Irritation für viele Computernutzer. Über dieses Problem klagt nahezu jeder. Viele wissen allerdings nicht, dass es eigentlich zwei Bereiche gibt, wo das „Informationsrohr" verstopfen kann: im Netzwerk selbst und an der Verbindung zu ihrem, vom Telefon abhängigen, Modem.

Das Net an sich

Korrekterweise müssten wir „Nets“ sagen, denn obwohl sein Name Einheitlichkeit impliziert, ist *das* Internet kein einzelnes Netzwerk. Es ist eine Kombination aus Tausenden verschiedener privater Netzwerke, die an bestimmten Knotenpunkten in der ganzen Welt miteinander verbunden sind. An diesen Knotenpunkten werden die Daten mit hoher Geschwindigkeit von einem Netzwerk zum anderen transferiert. Aus diesem Grund können Sie E-Mails an jemanden auf der anderen Seite des Globus versenden, solange diese Person Anschluss an einen der großen Datenüberträger im Internet hat.

America Online ist beispielsweise ein großes privates Netzwerk, das Millionen von Teilnehmern miteinander verbindet. Ein AOL-Teilnehmer kann nicht nur an jemanden mit einer Internet-Adresse eine E-Mail versenden, sondern auch alle Internet-Nutzer können ihre E-Mails an jeden beliebigen AOL-Teilnehmer schicken. Cerfnet, ein anderer großer Internet Service Provider (ISP), verfügt über fünf wichtige Knotenpunkte innerhalb der kontinentalen USA. Cerfnet steht über einen Knotenpunkt in San José, Kalifornien, mit 17 anderen Netzwerken in Verbindung (er trägt den Kosenamen MAE-West: Metropolitan Access Exchange-West). Eine ähnliche Schaltstelle in New York (MAE-East) stellt den Kontakt zu 26 weiteren Netzwerken her. Cerfnet hat zudem spezielle Hochgeschwindigkeits-Datenleitungen eingerichtet, über die Informationen von einem Ende der USA zum anderen versandt werden können. Damit genießen die Kunden dieses Unternehmens einen besseren Service als die vieler kleinerer ISPs, die nicht über solche bundesweiten Übertragungskapazitäten verfügen.

Sie werden wahrscheinlich schon vom „Backbone“ oder „Rückgrat“ des Internets gehört haben. Auch hier ist der Singular irreführend, denn es gibt eigentlich mehrere große internationale Provider – zu den wichtigsten zählen MCI-Worldcom und UUNET. Gemeinsam bilden sie das elektronische Knochengerüst dieses riesigen Systems. Obwohl in Privatbesitz, stellen sich diese einzelnen „Backbones“ in den Dienst der Datenübertragung und kooperieren über die Knotenpunkte mit anderen Netzwerken.

Da jede Botschaft im Internet, oder jedes „Paket", seine Zieladresse enthält, können die einzelnen Netzwerk-Router (zu Deutsch etwa: Weichensteller) diese Adresse lesen, den effizientesten Pfad zum Ziel bestimmen und das Paket dann auf die nächste Etappe seiner elektronischen Reise schicken. Da allerdings jeder Router eine neue Entscheidung über den einzuschlagenden Weg treffen kann, lässt sich der exakte Pfad nicht vorhersagen, den ein bestimmtes Paket auf seiner Reise durch das Internet beschreiten wird.

Dies ist eines der wichtigsten Merkmale des Internets – eine Eigenschaft, die noch aus den Tagen seiner militärischen Nutzung stammt. Auf diese Weise ist gewährleistet, dass das System auch dann noch funktioniert, wenn Teile davon ausfallen oder sabotiert werden. Router können außerdem Schaltzentren entdecken, die nicht einwandfrei funktionieren und die Pakete um sie herumleiten. Dies geschieht selbst dann, wenn ein Knotenpunkt lediglich kurzzeitig überlastet ist. Diese Eigenschaft soll Belastungen ausgleichen, den Datenverkehr flüssig halten und eine optimale Bandbreite für jeden Teilnehmer garantieren.

Das System funktioniert ausgezeichnet, solange nicht zu viele Teilnehmer das Internet oder ein Sub-Netzwerk gleichzeitig benutzen. Dann kann das System nicht mehr reibungslos funktionieren – und die verfügbare Bandbreite verringert sich. Solche problematischen Belastungsspitzen treten nicht willkürlich auf. Sie entstehen regelmäßig in Phasen starker Beanspruchung (für gewöhnlich zwischen 11.00 und 14.00 Uhr Ortszeit). Während dieser Zeit ist das Netzwerk mit Daten übersättigt. In der Folge geht ein großer Prozentsatz neu eingespeister Pakete verloren und muss später noch einmal abgeschickt werden: Die Pakete kommen unpünktlich an.

Hinzu kommen gelegentliche Ausfälle einzelner Komponenten des Internets oder unterbrochene Leitungen, so dass Störungen größeren Ausmaßes auftreten. Solch ein berühmter regionaler Zusammenbruch ereignete sich am 16. Juli 1997. Damals legte ein defekter Spannungsteiler im zentralen Knotenpunkt MAE-West in San Jose den Internet-Verkehr lahm und zwang unzählige ISPs, ihre Daten über alternative Schaltstellen weiterzuleiten. Kleinere ISPs, die über keine Alternativen verfügten, verschwanden an diesem Tag ganz aus dem Internet. Als MAE-West ausfiel, mussten andere

Knotenpunkte den Verkehr aufnehmen, der sich normalerweise auf viele Schaltstellen verteilt, und in der Folge konnte das Internet auch von den verbleibenden ISPs und ihren Kunden nicht mehr genutzt werden. Defekte wie dieser zeigen, so selten sie auch sind, wie gefährlich Bandbreitenstaus sein können. Deshalb arbeiten ISPs und Telefongesellschaften fieberhaft an der Entwicklung neuer Technologien, um der Nachfrage voraus zu sein.

Viele der Bandbreitenprobleme sind von den ISPs jedoch hausgemacht, denn etliche sind nicht auf dem neusten Stand der Technik. Sie verwenden langsame Router und sind nur an wenigen Punkten an die großen Provider angeschlossen. Die Kunden bekommen so nur mangelhaften Service und manchmal schlagen die technischen Probleme sogar bis zu den angeschlossenen Netzwerken durch. Und während viele Anbieter im Netz ihre technische Infrastruktur ausbauen, verursachen die Nachzügler hohe Kosten und Zeitverluste. Derweil steigen die Anforderungen an die Bandbreite täglich.

Es gibt auch neue Praktiken, die die Arterien des WWW zu verstopfen drohen. Die automatische Versendung ausgewählter Daten an Millionen von privaten Computern wird immer beliebter und verspricht das Verkehrsaufkommen im Internet erheblich zu erhöhen. Zudem finden moderne Multimedia-Computer immer weitere Verbreitung, die das Abspielen komprimierter Videos mit rascher Bildfolge erlauben. Weil dazu Unmengen von Daten in den heimischen PC zu übertragen sind, werden die Ansprüche an die Kapazitäten des Internets steigen.

Die letzten Meter

Das Rückgrat des Internets ist digital und der zunehmende Einsatz von Glasfaserkabeln ermöglicht große Bandbreiten. Auch eine rasch wachsende Zahl lokaler Anbieter im Internet stellt ihre Ausrüstung auf Glasfaser um. In wenigen Jahren werden sie ihren Teilnehmern anbieten können, im Bedarfsfall größere Bandbreiten abzurufen. Doch wie sich mittlerweile herausgestellt hat, bilden die letzten Meter des weltweit verflochtenen Internets das schwächste

Glied in der Kette. Die Rede ist von der Leitung, über die die Daten in das Gebäude und zum Endverbraucher gelangen. Auf dieser letzten Etappe sind wir noch immer auf Telefongesellschaften angewiesen, die herkömmliche Kupferdrähte verwenden. Die Übertragungsraten zwischen unseren PCs und dem Internet sind daher so niedrig wie die keiner anderen Datenverbindung in der Welt.

Wenn Sie sich per Modem einwählen, können Sie die Daten auch nur so schnell empfangen wie Ihr Modem erlaubt. Die Übertragungsraten üblicher, privat genutzter Modems liegen zwischen 28,8 Kbps (tausend Bits pro Sekunde) und 56 Kbps. Dies bedeutet, dass auch das schnellste handelsübliche Modem dreißigmal langsamer ist als eine einfache T1-Leitung – der heutige Standard für kommerziell genutzte Anschlüsse an das Internet. Also auch, wenn Ihr Internet-Provider Daten sehr viel schneller zu liefern in der Lage ist, können Sie heute damit noch nichts anfangen. Mit anderen Worten: Das Modem ist ein Relikt, ein technologisches Flickwerk, das die Verbindung zwischen der analogen Welt der Vergangenheit und der digitalen Welt der Zukunft herstellen soll. In dem Versuch, die Geschwindigkeit und Klarheit eines Universums aus Bits und Bytes einzufangen, bedient sich das anachronistische Modem der bestehenden Kupferkabel in gröbster Weise. Es macht die gesamte theoretische Übertragungskapazität dieser Drähte zunichte und sendet statt digitaler Daten analoge.

Viele Experten sagen voraus, dass trotz der steigenden Verfügbarkeit schnellerer Internetverbindungen das Modem noch einige Zeit für viele private Nutzer die wichtigste Anbindung an das Internet bleiben wird. Deshalb, und weil die meisten privaten Nutzer vom heimischen PC aus einkaufen werden, beeinträchtigt dieses Bandbreitenproblem direkt Wachstum und Entwicklung des Einzelhandels im E-Business. Wenn die Entwicklung besserer Verbindungen zwischen Internet und Haushalten nicht einen gewaltigen Satz nach vorn macht, wird der Einzelhandel im Internet während der nächsten fünf Jahren nicht Fuß fassen können.

Gleichwohl ist dieser Entwicklungssprung unausweichlich. In naher Zukunft werden Glasfaserkabel sämtliche Haushalte und Unternehmen an das Internet anbinden und beinahe unendliche Datenströme werden fließen. Und mit dem direkten Zugang zu Satelliten werden schnelle Fernübertragungen aus dem Internet zur Realität. All dies wird geschehen. Der Logik des Nets folgend gibt es keine Alternative.

Größere Bandbreiten

Aufgrund der steigenden Ansprüche an die Infrastruktur des Internets werden wir online zunächst schlechtere Erfahrungen machen. Aber es *wird* besser werden. Was die Netzwerke angeht, können mit heutigen Routern von Herstellern wie Cisco Systems Inc., Bay Networks Inc. und 3Com bereits bis zu 500 000 Pakete pro Sekunde verschickt werden. Die in der Entwicklung befindliche nächste Generation von Routern wird in der Lage sein, 30 Millionen Pakete in der gleichen Zeit abzufertigen: sechzigmal so viele.

Auch die Leistung der Server steigt. In der Vergangenheit benutzten ISPs T1-Leitungen (1,5Mbps) für die Verbindung mit firmeninternen Netzwerken und T3-Leitungen (45Mbps) für ihren nationalen Datentransfer. Die heutigen Technologien stellen diese Zahlen bereits in den Schatten und viele Unternehmen verwenden mittlerweile OC3-Glasfaserkabel (155Mbps). UUNET hat kürzlich die Umstellung seiner bundesweiten Datenstrecken auf eine Kapazität von OC 12 (622Mbps) abgeschlossen. PSINet, ein weiterer großer Provider, hat sich die Nutzungsrechte an einer neuen Internet-Technologie gesichert, die OC48-Kabel verwendet und mit 2,4 Milliarden Bps fünfzigmal schneller als eine T1-Leitung ist. Diese ermutigenden Entwicklungen versprechen, dass auch für die Internetanwendungen von morgen ausreichend Bandbreite zur Verfügung steht.

Medienguru Nicholas Negroponte vom Massachusetts Institute of Technology preist die Übertragungskapazität der Glasfaser als schier unendlich. „Wir wissen einfach nicht, wie viele Bits pro Sekunde wir durch eine Glasfaser schicken können“, schreibt er. „Aktuelle Forschungsergebnisse legen nahe, dass wir kurz davor stehen, 1 000 Milliarden Bits pro Sekunde zu übertragen. Das bedeutet, dass eine Faser von der Stärke eines menschlichen Haars in weniger als einer Sekunde sämtliche jemals erschienenen Ausgaben des *Wall Street Journals* übermitteln kann ... Und bedenken Sie, ich spreche hier von einer einzigen Faser. Wenn Sie mehr brauchen, machen Sie mehr. Letztendlich bestehen sie ja doch nur aus Sand."

Auch für die privaten Nutzer – einschließlich der riesigen Einzelhandelskundschaft – besteht Hoffnung. Kabelmodems setzen sich mehr und mehr durch, denn Kabelhersteller begreifen allmählich, welchen wirtschaftlichen Wert solche festen Datenverbindungen zu Kunden darstellen. Die Geschwindigkeit dieser Geräte macht sie zudem bei vielen Online-Unternehmen immer beliebter. Diese Geschwindigkeit ist sehr viel höher als die der heute üblichen Modems. Beispielsweise kann eine Datei, für deren Übertragung ein 28,8K-Modem acht Minuten braucht, per Kabelmodem in nur *acht Sekunden* verschickt werden.

Und schließlich wird es bald Satelliten geben, die in geringer Höhe die Erde umkreisen. Diese in wenigen hundert Kilometern Höhe fliegenden Trabanten (LEO genannt) werden zurzeit von mehreren Unternehmen mit dem Ziel entwickelt, die beim Einsatz geosynchroner Satelliten entstehenden Zeitverzögerungen zu vermeiden. Greg McCaw (von McCaw Cellular) und Bill Gates von Microsoft haben bereits ein neues Unternehmen, Teledesic, gegründet und versprechen wahrhaft „himmlisches Internet". Jeder Nutzer wird per Satellit von jedem Punkt der Erde aus eine 2Mbps-Verbindung zum Internet herstellen können. Und das Ganze soll nicht mehr kosten als eine vergleichbare Telefonverbindung. Dies markiert eindeutig den Beginn eines neuen Kommunikationszeitalters. Ein enorm schnelles, universelles und drahtloses Datenübertragungsnetz wird den Globus umspannen. Und uns wird sicherlich mehr Bandbreite zur Verfügung stehen, als wir jemals mit Teilnehmern oder Daten auslasten könnten.

Eric Schmidt, Chairman und CEO von Novell, teilt diesen Optimismus. In einem kürzlich geführten Gespräch ging er davon aus, dass die Lösung des Problems „der letzten Meter" unmittelbar bevorsteht:

> *„Die Daumenregel lautet: Das Internet verdreifacht bis vervierfacht sich jährlich, je nachdem, auf welches Zahlenmaterial Sie sich stützen. Und das technische Rückgrat des Inter-*

nets wird bald komplett auf Glasfaser umgestellt sein und die Bandbreite den Bedarf weit übersteigen. Wenn Sie die Verbindung zum Backbone herstellen können, werden Sie bei allen praktischen Anwendungen keine Übertragungsprobleme mehr haben.

Aber – und dieses aber wiegt schwer – es gibt noch eine weitere Hürde, die nichts mit der Bandbreite zu tun hat. Die Internetbranche leidet zurzeit unter einem Problem, mit dem auch die Telefonbranche lange Jahre zu kämpfen hatte: das Problem der letzten Meter, die langsame Verbindung per Modem. Die Frage stellt sich: Wie bekomme ich ein Megabyte, ein kontinuierliches, stabiles Megabyte, zugänglich für jeden Teilnehmer, jeden Lieferanten oder Geschäftspartner, jeden Kunden?

Diese Phase der 33,6- und 128K-Modems geht wirklich vorüber. Der nächste logische Schritt heißt Kabelmodems, denn sie können in einer Größenordnung von Megabytes übertragen. Und diese Übertragungsraten lassen sich auch mit Mobilfunktechnologien erzielen, die im Gegensatz zu Wählverbindungen permanent online sind. Mit anderen Worten: Die Verbindung steht immer.

Beim Entwurf neuer Modelle geht es also nicht um das Bandbreitenproblem – das ist im Wesentlichen gelöst. Es geht vielmehr darum, was im E-Business geschieht, wenn jeder mit einem Gerät an das Net angeschlossen ist, das ihm ein kontinuierliches Megabyte liefert. Das bedeutet eine ganz neue Dimension, eine Fülle neuer Möglichkeiten.“

Vor einigen Jahren zitierte Eric in einer Rede vor Industriekapitänen Reed Hundt, den ehemaligen Chairman von FCC. Hundt hatte seine Vision des Internets einst so beschrieben: „Was wir brauchen, ist ein sehr schnelles, staufreies, stets zuverlässiges, reibungsloses, paketvermitteltes, breitbandiges, datenfreundliches Netzwerk, das überall zugänglich, kostengünstig und in der Lage ist, unserer Wirtschaft zu neuer Blüte zu verhelfen.“ Erics trockener Kommentar? „Hört sich vernünftig an.“

Dieser Meinung sind wir auch. Und, wie Eric richtig erkannte, wir befinden uns bereits mitten in seinem Aufbau. Mit Glasfasern und Satellitenverbindungen stehen wir unmittelbar vor einem epochalen Wandel. Die analoge Kommunikation wird sich verabschieden und durch volldigitalisierte Breitbandübertragung ersetzt werden. Das Potenzial für das E-Business ist nicht weniger als phänomenal.

Wie ist es nun um das andere große Problem, die Sicherheit, bestellt? Um diese Frage zu beantworten, wollen wir uns zunächst auf die Ebene des individuellen Nutzers begeben.

Privatsphäre: Wessen Leben ist das überhaupt?

Jedes Mal, wenn Sie eine Kreditkarte benutzen, hinterlassen Sie eine elektronische Spur dessen, was Sie gerade getan haben. Kombiniert legen diese Spuren umfassend Zeugnis über Ihre Aktivitäten ab. Wenn Sie Kreditkarten seit vielen Jahren benutzen, haben Sie bereits Unmengen von persönlichen Informationen preisgegeben, die sich jetzt auf den Festplatten von verschiedenen Unternehmen, Kreditinstituten und Behörden befinden. Allein Ihre Kreditkartennummer ist wahrscheinlich auf mehreren hundert Computern in der ganzen Welt gespeichert.

Unser aller Privatsphäre war einst dadurch geschützt, dass Informationen auf Papier festgehalten wurden – einem Medium, dessen Handhabung Zeit dauert, das häufig schwer zugänglich ist und das schließlich sogar zerfällt. In der schnellen, offenen und dauerhaften Welt des Nets sind der Verwendung oder Veränderung „privater“ Informationen kaum Grenzen gesetzt. Es lässt sich auch kaum verhindern, dass „autorisierte“ Dritte raschen Zugriff darauf bekommen. Das Thema Sicherheit fängt also auf der persönlichen Ebene an.

Diese Tatsache wirft ein ganz anderes Licht auf den Wert der Informationen. Unter dem Aspekt der Effektivität möchten wir möglichst viel: sofortige Informationen per Tastendruck, genau zur benötigten Zeit. Was aber, wenn es sich dabei um Informationen über *uns* handelt? Sollen die zugänglich sein? Wem und zu welchen Zwecken wollen wir uns offenbaren? Und vor allem: wem *nicht*?

Einige Bedenken über den „großen Bruder“ sind noch immer nicht ausgeräumt. Doch die meisten Menschen machen sich heute wenig Sorgen darüber, dass der Staat ihr Privatleben ausforscht. Sie befürchten eher, dass private Informationen zu ihrem wirtschaftlichen Nachteil verwendet werden. Wir haben weniger Angst davor, dass die Regierung unsere Identität stiehlt, als davor, dass ein Gauner unsere Kreditkartennummer benutzt, um nach Cancún zu fliegen. Aber haben wir dennoch ein Auge auf die Regierung. Die entstehenden Informationsnetzwerke und digitalen Datenbanken könnten Bürokraten unwiderstehlich reizen, so viel wie möglich über uns herauszufinden – natürlich nur „zu unserem Besten“.

Eine Technologie, die solchen Leuten die Arbeit erleichtert, kommt unter dem freundlichen Namen „Cookies“ daher. Ein Cookie ist eine elektronische Kennung, die der Betreiber einer Web-Site auf dem Browser eines Besuchers platziert, um ihn beim nächsten Besuch leichter identifizieren zu können. Der Einsatz dieser Technologie gibt nicht nur staatlichen Stellen Anlass zur Sorge, sondern auch einigen Online-Unternehmern. Ein Redakteur von *Wired* warnt etwa: Da Cookies ohne Wissen des Benutzers auf einem Browser platziert werden können, wird es zu einem Tauziehen zwischen Befürwortern des gläsernen Benutzers und Verteidigern des Status quo kommen. Zwar würden nur wenige Beobachter so weit gehen wie Allen Ohio von Apple und die Cookies als möglichen „Tod des Internets“ bezeichnen. Doch viele sind sich darin einig, dass sie eine Verletzung der Intimsphäre darstellen und auch in der Online-Gemeinde wird dieses Thema zurzeit kontrovers diskutiert.

Doch es gibt neben Cookies noch andere Probleme, z.B. Müll. Sie werden das Sprichwort „Wie man in den Wald hineinruft, so schallt es heraus“ kennen. Auf die Datenbranche übertragen bedeutet es, dass digitalisierte Aufzeichnungen, ob geschützt oder nicht, nur so verlässlich sind wie der Mensch, der sie angelegt hat; d.h., wie jene Menschen, die diese Daten zum ersten Mal eingegeben haben. Da Menschen aber fehlbar sind, schleichen sich ständig Fehler in Datenbanken ein. Und ist ein Fehler erst einmal „drin“, kann es äußerst schwierig sein, ihn wieder heraus zu bekommen.

Oder Menschen davon zu überzeugen, dass die falsche Information gelöscht werden *sollte*.

Nehmen Sie als Beispiel die Geschichte von Bronti Kelly. Nachdem er eine entnervende, kostspielige und unerklärliche Serie von Kündigungen erlitten hatte, fand Kelly heraus, dass sein außergewöhnliches Pech das Ergebnis eines Datenbankfehlers war. Diese Datenbank wurde dazu benutzt, den Hintergrund zukünftiger Angestellter zu erhellen. Jedes Mal, wenn ein Arbeitgeber Kellys Daten sichtete, erfuhr er, dass der Betreffende wegen Einbruchs, Diebstahls und Brandstiftung verurteilt worden war. Nicht gerade erstklassige Empfehlungen.

Doch der wirkliche Verbrecher war nicht der physische Kelly. Es war sein elektronisches Alter ego, der „Kelly", der durch seine Kreditkarten repräsentiert wurde. Ein Dieb hatte seine Brieftasche an sich gebracht, die Karten gestohlen und sich bei einer Reihe schwerer Verbrechen als Kelly ausgegeben. Das war eigentlich schon schlimm genug, aber das Stärkste kommt noch. Der Verbrecher hatte offensichtlich die elektronische Privatsphäre verletzt. Doch als Kelly versuchte, an seine Daten zu gelangen, um sie zu korrigieren, wurde ihm beschieden, er hätte keinen Zugriff. Solche Praktiken sind zumindest zynisch, wenn nicht gar fatal für das Internet: Die Aufzeichnung eines Unschuldigen werden vor ihm „geschützt", während Hacker und Cyberdiebe leichtes Spiel haben.

Schließlich gelang es Kelly, die Informationen zu korrigieren und er verklagte das verantwortliche Unternehmen, Stores Protective Association, auf Schadenersatz in Millionenhöhe. Allein deshalb sollten Unternehmer im E-Business auf der Hut sein. Aus diesem Grunde wächst einerseits die Angst vor „Cyberschnüfflern". Andererseits werden Rufe nach allgemeingültigen Standards für den Umgang mit privaten Informationen im Internet laut. Dieser von Verbrauchern angestoßenen Initiative sollten Unternehmen ihre Aufmerksamkeit widmen.

Eine solche Initiative zur Wahrung der Privatsphäre im Internet wird von Firefly Network Inc., Netscape Communications und Microsoft gesponsert. Sie bemüht sich um die Erarbeitung bestimmter Standards, mit deren Hilfe Verbraucher bestimmen können, wie ihre persönlichen Informationen im Web weitergegeben werden.

Dieser Katalog von Standards, OPS (Offener Profil Standard) genannt, schützt den Verbraucher, indem er automatisch den Austausch von Informationen zwischen Einzelpersonen und E-Business-Sites überwacht. Auch in Zukunft werden Bits und Bytes mit persönlichen Informationen über Sie im gesamten Web verstreut sein. Doch wenn sich diese Standards durchsetzen, können Sie zuverlässig kontrollieren, wie andere auf diese Informationen zugreifen dürfen.

Sollte sich dieses Verfahren etablieren, könnten Nutzerprofile auf der Site eines Online-Verkäufers gespeichert, im Computer des Kunden oder in einer gemeinsam genutzten, gesicherten Datenbank abgelegt werden. Zu einer solchen Datenbank hätten nur vertrauenswürdige Kunden Zugang. Natürlich bekäme die Frage nach der Sicherheit dann eine ganz andere Relevanz. Denn ein einziger Einbruch in eine solche Profildatenbank würde das gesamte System zum Einsturz bringen. Sie sehen, diese Geschichte setzt sich unendlich fort. Wer am E-Business teilnimmt, sollte darauf achten, wie sie weitergeht.

Kriminalität im Cyberspace

Gespeicherte Informationen werden gestohlen, seit es Computer gibt. Doch als noch keine Netzwerke und keine digitalen Daten existierten, mussten die Kriminellen sich selbst an den Ort begeben, wo die Informationen aufbewahrt wurden. Das war einmal. Heute brauchen Cyberdiebe das Haus nicht mehr zu verlassen. Sie benötigen lediglich einen Computer (ein handelsüblicher reicht), eine Datenverbindung zum Zielobjekt (wird vom Internet bereitgestellt) und Kenntnisse darüber, wie sie die Software knacken können.

Ein Cyberdieb braucht sich nicht einmal im gleichen Land zu befinden. Da das Internet international ist, können Hacker durch Landesgrenzen geschützt Angriffe auf Ziele in aller Welt planen. Und je nachdem, von welchem Land aus sie operieren, brechen sie unter Umständen nicht einmal örtlich geltendes Recht! Einige berühmte Beispiele:

- Im Mai 1997 drang ein Hacker in ein lokales ISP in San Francisco ein und brachte die Netzwerkdaten mehrerer Unternehmen an sich, die Waren über das Internet vertrieben. Er konnte auf die Daten direkt zugreifen und sammelte 100 000 Kreditkartennummern. Er wurde nur verhaftet, weil er versuchte, die Informationen für 260 000 US-Dollar an einen verdeckt ermittelnden FBI-Agenten zu verkaufen.
- Im September 1997 erwirkten die USA die Auslieferung eines russischen Hackers aus Großbritannien, wohin man ihn gelockt hatte, um ihn aus Russland herauszubekommen. Vladimir Levin wurde vorgeworfen, mehr als zehn Millionen US-Dollar von Citibank-Konten in aller Welt abgehoben zu haben. Diese Leistung vollbrachte er von seinem winzigen Büro in Leningrad aus, mit einem alten Computer und per einfacher Telefonleitung. Er wurde nur verhaftet, weil einige seiner Komplizen aufflogen und ihn anschwärzten.
- Die *London Times* berichtete im Juni 1996, dass mehrere Finanzinstitute über 400 Millionen US-Dollar an Erpresser gezahlt hätten. Die Verbrecher wollten die weltweiten Finanzoperationen der Banken sabotieren. Sie drohten damit, „logische Bomben" – Softwareprogramme zur Datenzerstörung – in die Computer der Unternehmen zu legen.

Tatsächlich sind die meisten Computersysteme US-amerikanischer Unternehmen und Behörden nicht sicher. Bei vom Amt für Informationssicherheit durchgeführten Tests werden regelmäßig etwa 65 Prozent der „sicheren" Sites des Verteidigungsministeriums geknackt. Angesichts der Tatsache, dass das Ministerium von 250000 Angriffen durch Hacker spricht, lässt sich auf eine gewisse Häufigkeit erfolgreicher Einbrüche schließen. Wenn ein Hacker ins Pentagon kommt, wie sicher ist dann Ihr Unternehmen?

Besonders folgenschwer und alarmierend ist wohl der Trend, dass immer mehr *Regierungen* wirtschaftliche Geheiminformationen stehlen. Laut CIA betreiben Frankreich, China, Russland, Japan, Israel, Kuba und der Iran besonders häufig Industriespionage in den USA. Die Sorge über „freundliche" Nationen wie Frankreich oder Israel, die Industrie, Wirtschaft und Handel der USA ausspionieren, hat zu juristischen Maßnahmen geführt und 1996 trat das Gesetz über Industriespionage in Kraft. Mit diesem Gesetz können Agenten des Auslands bestraft werden, die Informationen von US-Unternehmen gestohlen haben. Als das Gesetz zum ersten Mal angewandt wurde, bekam General Motors Schadenersatz in Höhe von 100 Millionen US-Dollar zugesprochen, weil ein ausländisches Unternehmen von GM Daten gestohlen und damit ein Fahrzeug entwickelt hatte.

Wie sollten wir auf all diese Vorgänge reagieren? Wie verwundbar sind wir? Vergegenwärtigen Sie sich zunächst, dass *jedes* Computersystem angreifbar ist. Unternehmen, die sich ins Internet wagen, werden noch verwundbarer, denn durch die Verbindung mit dem Net bieten sie mehr Angriffsmöglichkeiten. Ein wirklich „virtuelles" Unternehmen, das auf der Grundlage elektronischer Verknüpfungen arbeitet, ist enormen Risiken ausgesetzt. Jede Unterbrechung einer dieser Verknüpfungen, ob durch einen Sicherheitsdefekt, einen Systemfehler oder durch einen elektronischen Angriff verursacht, könnte zumindest einen vorübergehenden Zusammenbruch dieses virtuellen Unternehmens bedeuten. Multiplizieren Sie dies mit einer Million und Sie bekommen eine Vorstellung von der nicht allzu fernen Zukunft: jedes Unternehmen der Welt verbunden mit jedem anderen Unternehmen, und sie alle den Angriffen elektronischer Gauner ausgeliefert.

Die US-Regierung ist sich dieses Problems der Netzwerksicherheit wohl bewusst und sie versucht, es zu lösen. Der Bundesrechnungshof hat beispielsweise mit Tests begonnen, um Schwachstellen im Finanzsystem des Bundes aufzudecken. Mit Hilfe eines Softwareprogramms versucht er, in Banken und FedWire, das Netzwerk, über das die Zentralbank ihre Transaktionen tätigt, einzudringen. Der Rechnungshof rechnet auch mit physischen Attacken, etwa der „Explosion" elektronischer Bomben bei der die Computerschaltkreise schmelzen. Würde beispielsweise ein solcher Sprengkörper vor der Regionalbank in Richmond explodieren, könnte in der Folge das gesamte Zentralbanksystem der USA kollabieren. Unsere wachsende Abhängigkeit vom Internet macht uns für Angriffe immer empfindlicher. Und in absehbarer Zukunft wird dieser Trend wahrscheinlich anhalten.

Wenn die Sicherheitstechnologie mit den Angreifern nicht Schritt halten sollte, wird der Handel im Internet an der schwächsten Stelle zusammenbrechen. Schritt zu halten ist für das E-Business also überlebenswichtig. Was können wir tun?

Sicherheitslösungen: Schutz des Firewalls

Das Problem der Internetsicherheit ist im Prinzip recht simpel. Da Sie über eine Verbindung zum Internet verfügen, haben Sie Ihr einst sicheres System der Außenwelt zugänglich gemacht. Es geht nicht darum, dass Sie eine Web-Site betreiben, über die externe Anwender in Ihr System gelangen. Das Problem fängt damit an, dass Sie überhaupt an das Internet angeschlossen sind. Punkt. Eine Verbindung zum Net stellt eine Pforte zur externen Welt dar, eine Tür, durch die jeder mit Internetzugang in Ihr internes Computersystem einzubrechen versuchen kann. Wie lassen Sie berechtigte Besucher herein und schließen die anderen aus? Eine erste Maßnahme besteht darin, die Protokolle am „Firewall" Ihres Unternehmens zu überwachen.

Protokolle und der Firewall

Das Internet unterstützt, im Gegensatz zu den meisten internen Netzwerken (Intranets), verschiedene Typen von Verbindungsprotokollen, die den Austausch bestimmter Datentypen ermöglichen. Für jedes Protokoll gibt es eine „Andockstelle", die sich zwischen dem Kunden eines Unternehmens und dem Server befindet. Eines davon, File Transfer Protocol (FTP), gestattet das Herunter- und Heraufladen von Daten zwischen verschiedenen Sites. Wenn Sie den FTP-Zugang zu *jedem* Gerät Ihres internen Systems erlauben, geben Sie Ihr gesamtes Unternehmen der Außenwelt preis.

Firmen ergreifen zahlreiche Maßnahmen, um dies zu verhindern und einen so genannten schützenden „Firewall" zu errichten. Ein Firewall kann aus Software, Hardware oder einer Kombination der beiden bestehen. Seine eigentliche Funktion liegt darin, als Schleuse auf Anwendungsebene zu dienen und eine sichere Verbindung zwischen Außenwelt und internen Anwendungen herzustellen. Software und Verbindungsvorschriften für eine Anwendung müssen definiert werden und dürfen nur für eine einzige Anwendung gelten. Korrekt eingesetzt bieten Anwendungsschleusen ein hohes Maß an Sicherheit. Sie machen es für unberechtigte Benutzer fast unmöglich, eine interne Anwendung zu starten – wie beispielsweise die Software, mit der Sie Ihre Außenstände verwalten.

Verschlüsselung

Unerwünschte Besucher können auch auf der anderen Seite des Firewalls gehalten werden, indem Sie Ihre Informationen verschlüsseln. Wenn Daten im „Klartext“ versendet werden, besteht die Gefahr, dass sie von neugierigen Dritten mitgeschnitten werden – ob Sie oder Ihre Kunden es wünschen oder nicht. Wenn Sie eine Online-Transaktion durchführen und die Daten im Klartext übermitteln, könnte jemand Ihren Namen, Ihre Adresse und Ihre Kreditkartennummer in Erfahrung bringen, genau so wie es vor kurzem der Hacker aus San Francisco getan hat. Aber dies ist nur möglich, wenn Sie Ihre Daten nicht codieren. Und darum verschlüsseln wir.

Doch Verschlüsselung, so logisch das Verfahren erscheint, birgt auch Probleme. Darunter die Frage nach den Kontrollmöglichkeiten durch den Staat.

Die Regierung der Vereinigten Staaten definiert, welcher Grad an Sicherheit legal ist. Diese Sicherheitsstufe ist durch eine einfache Größe definiert: die Länge (in Bits) des Sicherheitsschlüssels mit dem eine Nachricht codiert wird. Zurzeit erlaubt die Regierung Schlüssel mit einer maximalen Länge von 40 Bits für den Export und von 56 Bits für den Einsatz innerhalb der USA. Da es immer schwierig ist, eine verschlüsselte Nachricht zu entschlüsseln, kann man einen Code mit einem kürzeren Schlüssel schneller knacken. Der 40-Bit-Code ist also weniger sicher als der mit 56 Bit Länge.

Sie werden vielleicht einwenden: Wenn Sicherheit gut ist, ist mehr Sicherheit dann nicht besser? Warum lässt uns die Regierung nicht alle den 56-Bit-Schlüssel benutzen? Die Antwort lautet: Die Bösen sollen ihn nicht bekommen. Um das Heft im Kampf gegen das elektronische Verbrechen nicht aus der Hand zu geben, möchte das FBI die Kontrolle über den komplexeren Code behalten. Und es will seinen Export massiv beschränken. Es verhält sich so ähnlich wie mit dem Verbot bestimmter Handfeuerwaffen (z. B. AK 47) für potenzielle Kriminelle. Diesem Argument wird das gleiche wie der Waffenkontrolle entgegengesetzt: Wenn 56-Bit-Schlüssel verboten werden, dann haben nur die Gesetzesbrecher welche.

Gebt uns allen den besseren Schlüssel, sagen die Befürworter des Laisser-faire. Dann haben wir ebenso viel Firewall-Kapazität wie die Kriminellen. Das FBI kämpft seit Jahren gegen diese Logik an und erklärt die Regulation der Verschlüsselung zur notwendigen Aufgabe des Staates. Doch die Entwicklungen der letzten Zeit bewirken vielleicht ein Einlenken der Regierung. Zuerst bot das FBI an, Verschlüsselungsrestriktionen für den Export zu lockern, solange es eine Kopie der relevanten Schlüssel erhalte. Der Zweck dieser „Hintertür" bestand darin, dass der Schlüssel irgendwo abgespeichert wäre und den ermittelnden Behörden bei Bedarf zur Verfügung stünde. „Wir brauchen eine E-Version der telefonischen Abhörmechanismen", sagte das FBI. All unsere Telefongespräche sind gegen Lauschangriffe geschützt, außer wenn das Mithören juristisch gerechtfertigt ist. Dieses Prinzip würde auch für das Anzapfen digitaler Leitungen gelten.

Die Verfechter der Privatsphäre halten dagegen, dass eine solche Lösung ein umfassendes Bundesprogramm nötig mache, um allein die Schlüssel aufbewahren und wiederfinden zu können. Dies hieße, dass jede Einzelperson, jede Organisation und jede Firma, die Daten verschlüsselt, ihren Code einer zentralen Verwaltungsstelle melden müsste. Viele Computerexperten sind der Ansicht, dass so etwas nicht funktionieren könnte.

Im März 1998 knickte das FBI erneut ein. Das Bureau distanzierte sich von seiner „No-Export"-Politik und hoffte auf Verhandlungen mit Befürwortern eines offenen Marktes. „Die Exekutive ist darum bemüht", so FBI-Lobbyist Barry Smith, „im Zuge der Verbrechensbekämpfung unter Einhaltung aller juristischen Vorschriften Zugang zum unverschlüsselten Text von Nachrichten und gespeicherten Daten zu erhalten. Wir sind zu Verhandlungen bereit (...), um zu klären, ob wir unsere Ziele im einvernehmlichen Dialog erreichen können."

Angesichts der vielen offenen Fragen sollten wir also auch diese Entwicklung im Auge behalten.

Identitätsnachweis

Bei jeder geschäftlichen Transaktion müssen beide Parteien ihre Identität glaubhaft machen. Manchmal genügt schon ein Passwort. Im E-Business kann die Identität mit einer Reihe von Methoden nachgeprüft werden. Dazu zählt auch der Einsatz von Codes, mit denen sich gleichzeitig die Identität nachweisen und eine Nachricht verschlüsseln lässt.

Für den Nachweis der Identität ist unter anderem eine digitale „Signatur" nötig. Zunächst wird die Nachricht in einem mathematischen Verfahren zusammengefasst und es entsteht ein sogenannter „Hash-Code", der die verkürzte Nachricht repräsentiert und als ihr unverwechselbarer „Fingerabdruck" dient. Dann wird der Hash-Code mit dem Privatschlüssel des Absenders codiert und als Anlage zusammen mit der Nachricht verschickt. Am Ziel angelangt, wird der angefügte Hash-Code mit einem vom Empfänger errechneten Hash-Code verglichen. Stimmen beide überein, weiß der Empfänger, dass die Nachricht tatsächlich vom Absender stammt und sie weder verändert noch zwischenzeitlich unbefugt geöffnet wurde.

Schlüssel für digitale Signaturen werden in einer entsprechenden Datenbank gespeichert. Sie enthält „Urkunden" der einzelnen Benutzer, aus denen die Identität hervorgeht, ähnlich den Unterschriftenkarten in einer Bank. Eine Aufsicht wacht über die Vergabe dieser Urkunden und elektronischen Schlüssel.

Zugangsberechtigung

Eine Zugangsberechtigung legt fest, wer Zugang zu einem lokalen oder entfernten Computer oder Netzwerk erhält. Sie bestimmt auch, welche Privilegien ein Benutzer genießt. Der Zugang zu Informationen kann durch Zugangskontrollisten auf Dokumente beschränkt werden. Diese Listen führen alle Daten auf, die ein Benutzer einsehen darf. Des Weiteren können Zugangskontrollen in einem Netzwerk von verschiedenen Stellen aus durchgeführt werden. Solche Mechanismen müssen also nicht auf der Web-Site eines Anbieters ablaufen. Das heißt, dass Administratoren in ihrem Netzwerk die Zugangskontrollen für andere Anbieter durchführen können. Auf diese Weise lässt sich derselbe Kontrollmechanismus für eine Vielzahl von Web-Sites verwenden.

Viele Unternehmen setzen heute „Smart Cards" ein, um ihre Sicherheitsmechanismen zu ergänzen. Der Kunde erhält ein Lesegerät und kann dem Server seine Identität zweifelsfrei nachweisen – vorausgesetzt, die Karte wird akzeptiert. Ein Diebstahl der Karte erhöht bei diesem Verfahren natürlich die Chancen, in das System einzubrechen. Doch die Kombination aus einfacher PIN-Nummer und Karte schließt solchen Missbrauch mit großer Sicherheit aus.

Von Plastik zu Elektronen: Bezahlen im E-Business

Sämtliche Sicherheitsfragen und die damit zusammenhängenden geschäftlichen Risiken betreffen den Online-Zahlungsverkehr. Viele Netzwerkingenieure versuchen derzeit, die Sicherheit im E-Business zu erhöhen und den Geldtransfer effizient und zuverlässig zu gestalten.

Im Internet muss stets damit gerechnet werden, dass Hacker ihr Unwesen treiben. Daher brauchen wir im E-Business strenge Sicherheitsvorschriften, damit Transaktionen vertraulich bleiben und der Versand wertvoller Daten gefahrlos erfolgen kann. Für das Internet-Geschäft zwischen Unternehmen und Privatkunden ist dieses Thema weniger relevant, da die meisten Sicherheitsprobleme durch den Einsatz von Kreditkarten gelöst werden können. Kreditkarten erlauben spontane Transaktionen, ohne dass Verkäufer und Käufer einander kennen und vertrauen müssen. Ausgebende Banken oder Kreditkarteninstitute fungieren als Vermittler und gewährleisten so die Sicherheit der Karteninhaber. Sie überprüfen die Karteninhaber und ihre Bonität, räumen Kredit ein, ziehen im Bedarfsfall Karten ein und fahnden kontinuierlich nach Betrügern und bringen sie zur Anzeige.

Wenn die Netzwerksicherheit versagt und unkorrekte Transaktionen durchgeführt werden, greifen die etablierten Infrastrukturen und wickeln das Problem ab. Die ausgebenden Institute garantieren beispielsweise, dass der Verkäufer sein Geld erhält und der Karteninhaber, laut Bundesgesetz, bei Missbrauch nur in Höhe von 50 US-Dollar haftet. Die Möglichkeiten zum Kreditkartenbetrug sollen natürlich möglichst weit eingeschränkt werden. Doch es bleibt festzustellen, dass das heutige Internet-System die Risiken im Zahlungsverkehr nicht erhöht hat, vergleicht man es mit dem weit verbreiteten Verfahren per Telefon.

Dies gilt nicht für Transaktionen zwischen Unternehmen. Da es in diesem Bereich um große Summen und hochsensible Firmendaten geht, reicht die Sicherheit eines Kreditkartensystems nicht aus. Doch bislang gibt es auch im Zahlungs- und Datenverkehr zwischen Unternehmen noch keine allgemein praktikable Alternative zur Kreditkarte. Zurzeit muss jedes Unternehmen, das eine neue Geschäftsverbindung aufbauen will, den Leumund des Käufers oder Verkäufers überprüfen, seine Kreditwürdigkeit einschätzen, Bedingungen aushandeln, Konten für anfallende Forderungen und Verbindlichkeiten einrichten und die Kosten für Auftragsannahme, Rechnungserstellung, Bezahlung und Inkasso tragen. Dieses Verfahren kann recht teuer werden.

Im Augenblick fehlt es im Internet an einer standardisierten Form digitalen Geldes – ein schnelles, einfaches und sicheres Zahlungsmittel, mit dem Verbraucher elektronisch kaufen und verkaufen können. Zurzeit verlassen sich noch die meisten Händler, und auch viele beliebte Überweisungsverfahren im Internet, auf die Kreditkarte. Doch eine Prozessflut im Zusammenhang mit Sicherheitsproblemen hat Zweifel gebracht. Viele Menschen haben ihr Vertrauen in die Verschlüsselung von Kreditkartendaten verloren und halten dieses Verfahren im elektronischen Zahlungsverkehr nicht mehr für wirklich sicher.

Der Austausch digitalen Geldes geschieht durch den Austausch elektronischer „Taler". In einem elektronischen Münzsystem können diese Taler auf Karten oder in Computern gespeichert oder direkt zwischen entfernten Geschäftspartnern verschickt werden. Für diesen Austausch bedarf es keiner festen Netzwerkstruktur, die Verbindung zum Netzwerk kann von kurzer Dauer sein und ein handliches Eingabegerät reicht zur Abwicklung des Zahlungsvorgangs. Die Vorteile liegen also auf der Hand. Indes, der Einsatz elektronischen Geldes stößt in der Öffentlichkeit auf wenig positive Resonanz. Bei der Abwicklung von Online-Transaktionen verlassen sich immer noch die meisten Menschen, allen anders lautenden Beteuerungen zum Trotz, auf ihre Kreditkarten.

Zweifellos hat dies mit der Vorstellung zu tun, dass digitales Geld kein „richtiges" Geld ist. Viele bemängeln am elektronischen Geld, dass es nicht greifbar ist. Sie betrachten es als digitale Nummer, die zunächst auf einem Bankkonto schlummert, dann als Elektronenreihe über einen Draht in ihren heimischen PC gelangt und dort schließlich in Form magnetischer Bereiche auf ihrer Festplatte gespeichert wird. Wenn Sie mit diesen elektronischen Talern bezahlen, senden Sie lediglich Signale von einem Computer zum anderen. Und obwohl Ihr Konto belastet wird, kommen Sie während des gesamten Prozesses niemals mit etwas Konkretem in Berührung – es läuft alles nur über Zahlen. Das bekümmert einige Menschen.

Dazu besteht aber eigentlich kein Anlass. Denn wenn Sie es recht bedenken, sind auch Kreditkarten kein richtiges Geld. Und wo wir gerade dabei sind: Auch die Eindollarnote, auf der steht, dass Sie sie beim Finanzminister gegen Fort-Knox-Gold eintauschen können, wäre demnach kein richtiges Geld. *Alles* Geld ist nur ein verabredetes Wertsymbol. Nur, dass es „Plastikgeld" schon seit einigen Jahrzehnten gibt, während sein elektronisches Äquivalent noch um allgemeine Akzeptanz ringt.

Haben wir das elektronische Bargeld erst einmal akzeptiert, werden wir erkennen, dass es gegenüber der Kreditkarte erhebliche Vorteile bringt. Zum einen funktioniert es so ähnlich wie ein Geldautomat. Sie heben einen bestimmten Betrag ab und können ihn in Ihrem Portemonnaie nach Hause tragen. Da der Einsatz von Kreditkarten stets mit einer Kreditgewährung verbunden ist, entstehen durch die ablaufende Bearbeitung unvermeidliche Kosten. E-Cash bewahren Sie nicht in Ihrer Geldbörse auf, sondern in Ihrem Computer, und da es per Leitung verschickt wird, brauchen Sie für eine Abhebung nicht einmal das Haus zu verlassen. Und weil keine Bearbeitungsgebühren entstehen, können Sie unbesorgt auch kleinere Beträge überweisen.

Mit jeder Menge E-Cash ist eine Signatur der ausgebenden Bank untrennbar verbunden – eine äußerst sichere, digitale Signatur. Damit ist die Herstellung von Falschgeld unmöglich. Obwohl jeder elektronische Taler eine unverwechselbare Seriennummer trägt, die nur Ihr Computer erzeugen kann, kennt die Bank diese Seriennummer nicht. Damit ist sie nicht in der Lage, Ihre mit E-Cash getätigten Einkäufe oder Zahlungen zum Ursprung zurückzuverfolgen. E-Cash ist völlig anonym, genau so wie Banknoten.

Wenn Sie es allerdings wünschen oder die Polizei Sie dazu zwingt, dann können Sie unwiderlegbar beweisen, dass eine bestimmte Summe an einen bestimmen Dritten von Ihnen bezahlt wurde – und nur von Ihnen. Sollten Sie beispielsweise per E-Cash Geld an einen Hehler oder einen Erpresser gezahlt haben, ließe sich dies mit Ihrer Kooperation und den Daten Ihres Computers zweifelsfrei beweisen. Der Ersatz von Banknoten und Münzen durch E-Cash würde zukünftigen Kriminellen das Leben sicherlich schwerer machen.

Sicherheitsprotokoll für elektronische Transaktionen

Als Ergänzung zu digitalem Bargeld wird zurzeit ein Standard für Kreditkartengeschäfte im Internet entwickelt, genannt Secure Electronic Transaction (SET). Im Sommer 1997 erstmals vorgestellt, hat er noch mit einigen Anfangsschwierigkeiten zu kämpfen. Das Regelsystem spezifiziert Anforderungen an die Software der normalerweise an einer elektronischen Transaktion beteiligten Parteien: Karteninhaber, Händler und ausgebende Bank. SET definiert, mit welchen Verfahren und Formaten jede der drei Parteien ihre Vertrauenswürdigkeit nachweisen soll, und legt fest, welche Methoden für Verschlüsselung und Identitätsnachweis zu verwenden sind. Gemeinsam bilden diese Elemente ein System, das ausreichend sicher und offen ist, um damit während der nächsten Jahre Kreditkartengeschäfte abzuwickeln.

SET hat seit seiner Entstehung gewaltige Fortschritte gemacht, wie zwei Transaktionen, die mit seiner Hilfe durchgeführt wurden, eindrucksvoll belegen. Am 5. Oktober 1997 verkündete VISA International, dass es zwei Transaktionen in Lateinamerika und Asien in Übereinstimmung mit den SET-Richtlinien erfolgreich beendet hätte. An beiden waren Banken, finanzielle Dienstleister und VISA-Mitglieder beteiligt gewesen. Die Teilnehmer am SET-Test in Lateinamerika hatten eine VISA-Card benutzt, um eine Flasche Wein aus einem Supermarkt in Buenos Aires und einen Aktenordner aus einem Schreibwarenladen in São Paulo zu kaufen. Eine zweite Transaktion in Übereinstimmung mit SET 1.0 fand in Tokio statt, Stunden nach dem Versuch in Lateinamerika. An diesem Projekt, bei dem „SmartCards" eingesetzt wurden, waren VISA, Toshiba Corporation, CyberCash, IBM, Netscape und VeriSign beteiligt.

Trotz der Erfolge von SET behauptet niemand, alle Fehler wären bereits behoben. Damit SET in großem Maßstab umgesetzt werden kann, muss für jede Kreditkarte eine Urkunde angelegt werden, die im Internet benutzt wird. Damit wären beträchtliche Verwaltungskosten verbunden. Zudem müssten Verfahren für solche Fälle vereinbart werden, in denen Karten eingezogen, PIN-Nummern vergessen oder Urkunden ungültig werden. Und obwohl SET die Bedingungen für den Einsatz von Kreditkarten festlegt, bleiben andere Zahlungsverfahren im Internet ungeregelt, wie etwa E-Cash, E-Check und Einzug per Lastschrift. Diese Methoden werden möglicherweise stark an Bedeutung gewinnen, wenn das E-Business weiterhin wächst.

Einige Beobachter sind der Ansicht, dass SET bereits heute schon überholt ist. Während der sehr langen (misst man sie am Tempo des übrigen Internets) Entwicklungsphase dieses innovativen Regelkatalogs haben sich viele Kunden an die Verwendung von Kreditkarten im Internet gewöhnt. So stellt Marketingdirektorin Cyndy Ainsworth von Virtual Vineyards eine „dramatische Zunahme" von Kunden fest, die per Kreditkarte einkaufen. Und eine Umfrage unter Internet-Benutzern ergab zwar, dass die Online-Käufer *sagen*, die Sicherheit im Net bereite ihnen Sorgen. Doch fast 60 Prozent haben trotzdem schon einmal mit Kreditkarte im Internet bezahlt. Wird SET zu einer Lösung, die nach ihrem Problem sucht?

Der Standpunkt von Compaq

Wir wollen dieses Kapitel mit einigen Kommentaren eines Branchenkollegen beschließen, der die Probleme und Perspektiven des Nets seit seinen frühesten Anfängen beobachtet. John White war früher Chief Information Officer beim Computergiganten Compaq in Houston und er arbeitet in dieser Branche seit der Zeit, als das junge Medium noch ARPANET hieß. Bezüglich der Gefahr, dass wir in einer chaotischen Datenflut ertrinken, sagt John Folgendes über das Zugangsproblem:

> *„Das Versenden unsortierter Informationen an Unmengen von Menschen hat nicht den geringsten Nutzen. Die Informationen müssen zuerst ausgewählt und dann verschickt werden. Die Menschen brauchen Informationen, mit denen sie etwas anfangen können. Wir müssen ihnen Gelegenheit geben, sich die richtigen Informationen zum richtigen Zeitpunkt selbst zu beschaffen. Darin liegen in nächster Zukunft die Chancen der Branche. Aus diesem Grund sind auch solche Informationsdienstleister wie Yahoo! so erfolgreich. Sie versuchen bereits heute das Problem zu lösen, wie die richtigen Informationen den richtigen Leuten zur richtigen Zeit zugänglich gemacht werden können.*
>
> *Ein weiterer Aspekt einer solchen Datenauswahl ist natürlich die Frage nach der Sicherheit. Gelegentlich werden Sie Informationen mit Verfahren zugänglich machen wollen, die zugleich sicher und selektiv sind. Also werden Sie auch Sicherheitsfragen beantworten müssen. Doch dieses Thema ist vor allem eines der verbesserten Technologien. Wer mit einem neuen Unternehmen im Internet einsteigt, dem werden sich in diesem Bereich Chancen eröffnen. Doch zurzeit stehen wir vor einem viel größeren Problem – wir brauchen einen Mechanismus, mit dem Menschen rasch das finden können, was sie suchen.*
>
> *Bei der Lösung dieses Problems wurden bislang bereits ansehnliche Fortschritte erzielt. Es ist schon erstaunlich, was*

sich alles finden lässt. Beispielsweise fuhr ich kürzlich in den Urlaub nach Kanada und wusste schon vorher, dass ich Golf spielen wollte. Also suchte ich im Internet nach entsprechenden Möglichkeiten in der Umgebung meines Ferienortes. Ich fand nicht nur sämtliche Golfplätze in der Gegend, sondern auch eine Reihe von nützlichen Kommentaren über die Anlagen. Sie waren von einem Spieler verfasst worden, der vor kurzem auf den Plätzen gespielt hatte und berichtete, dass sie sich in keinem besonders guten Zustand befänden. Diese sehr aktuellen und persönlichen Informationen fand ich innerhalb weniger Minuten nur im Net. Wir müssen uns noch immer durch eine Masse unnützer Informationen hindurcharbeiten, doch die Instrumente werden leistungsfähiger. Ich glaube, dass gerade in diesem Bereich wirkliche Verbesserungen zu erwarten sind – bei dem Bemühen darum, jedem Benutzer raschen und einfachen Zugang zu solchen speziellen Informationen zu verschaffen.
Nur das Internet bietet die Möglichkeit, sehr spezielle Informationen sehr vielen Benutzern zugänglich zu machen. Vor 37 Jahren sah es in dieser Branche noch ganz anders aus. Wir konnten auf Daten nur im Stapelmodus zugreifen oder per Lochstreifen und Kartenlesegerät. Die Vorstellung, Informationen augenblicklich und gleichzeitig Millionen von Menschen zur Verfügung zu stellen, mit großer Bandbreite und hoher grafischer Auflösung, ist atemberaubend.“

Wie können wir der anderen Bestie des Internet-Dschungels, der Gefährdung der Sicherheit, begegnen? Wie John erkannt hat, sind die zwei Probleme – Datenzugriff und Sicherheit – miteinander verknüpft. Und was die Lösung dieser Probleme angeht, so ist er durchaus zuversichtlich:

„Natürlich muss eine Anwendung sicher sein. Ohne das wird es gewiss nicht gehen. Wir verwenden noch immer Geheimnummern und Passwörter, da wir einige Probleme bei der Identifikation einer Person bis heute nicht lösen konnten. Doch Technologien, die in der Lage sind, Fingerabdrücke zu

erkennen, werden uns dabei helfen. Ein solches Produkt wird zurzeit von Compaq angeboten. Compaq hat ein Sicherheitsgerät entwickelt, das Fingerabdrücke erkennen kann und das als Erweiterung zu Ihrem PC erhältlich ist. Es liest Ihren Fingerabdruck und bestätigt, dass Sie der sind, der Sie zu sein vorgeben.

Andere Sicherungsmechanismen werden diese Entwicklung weiter vorantreiben. Das Unternehmen Entrust wird meines Erachtens einer der Marktführer in diesem Bereich sein. Es gibt eine ausgegliederte Tochterfirma von Northern Telecom/Nortel, die eine wichtige Rolle in diesem Sicherheitsmarkt spielen wird. Ein anderes Unternehmen namens Tristrate hat eine Technologie entwickelt, mit der sich Informationen unglaublich schnell verschlüsseln lassen – 36 Millionen Bits pro Sekunde. Das bedeutet, dass Sie eine digitale Liveübertragung eines Videos in Echtzeit verschlüsseln können. Mithilfe dieser Technologien lassen sich Daten kodieren und geheime Informationen zwischen Handelspartnern austauschen. Sie werden dazu beitragen, dass das Internet bald so sicher ist, wie es die Unternehmen verlangen.

Es bleibt noch eine Menge Arbeit zu leisten: Die elektronischen Systeme müssen ausgebaut und in den Unternehmen implementiert werden. Das Management wird die Aufgabe haben, die Umsetzung zu leiten. Und auch die Benutzer müssen die neue Technologie akzeptieren, damit das erforderliche Maß an Sicherheit erreicht werden kann. Doch die Probleme sind lösbar – im Wesentlichen durch die Entwicklung neuer Technologien und Instrumente – und diejenigen, die die Herausforderungen meistern, werden die Gewinner auf diesem elektronischen Handelsplatz sein."

Ein letztes Wort

Wenn Sie hinsichtlich der Sicherheitsrisiken im E-Business noch immer argwöhnisch sind, dann stehen Sie mit dieser Haltung weder allein da, noch sind Sie zwangsläufig paranoid. Wir haben gute

Fortschritte gemacht in unserem Bemühen um sicherere Firewalls und besonders die Verschlüsselungstechniken werden täglich besser. Doch der Kampf zwischen Hackern und anständigen Bürgern ist noch lange nicht ausgefochten und es steht eine Menge auf dem Spiel.

Wenn Sie Zweifel an der Integrität Ihres Netzwerksystems haben – und in dieser Frage ist sich selbst das Pentagon nicht hunderprozentig sicher –, geben wir Ihnen einen einfachen Rat: Führen Sie ein Sicherheitsaudit durch. Und tun Sie dies so, wie Sie es mit allen Überprüfungen halten sollten – regelmäßig.

Sie können diese Sicherheitskontrolle intern durchführen oder Externe damit beauftragen. Für den ersten Fall steht Ihnen eine große Auswahl an Sicherheitssoftware von der Stange zur Verfügung, darunter Programme wie Enterprise Security Manager von Axent Technologies, Internet Security Scanner von Internet Security Systems und NetSonar von WheelGroup Corporation. Noch vor nicht allzu langer Zeit waren diese Schutzprogramme gegen Hacker laut *Infoworld* „unausgegoren und ekelhaft. Allein um sie ans Laufen zu bringen, brauchte es reichlich Erfahrung in Unix – als würde der einzige Zahnarzt der Stadt kein Schild an der Tür haben, nicht im Telefonbuch stehen und Diagnosen in Latein erstellen." Die Dinge haben sich geändert und heutige Software ist auch für die „normale Netzwerkwartung" einsetzbar.

Was externe Firmen angeht, so ist die Sicherheitsüberprüfung einer der Wachstumsbereiche der Branche. Wer für die Internet-Sicherheit in seinem Unternehmen zuständig ist, darf sich freuen. Allein IBM bietet Anti-Hacker-Dienstleistungen an, die von Seminaren für 5000 US-Dollar bis zu 120000 US-Dollar teuren Analysen reichen. Und IBM ist nur eines von vielen Unternehmen in diesem heiß umworbenen Markt. Auch die Firma International Network Services sollte man im Auge behalten. Ihre Beratungsdienste kosten zwischen 80 000 und 300 000 US-Dollar, je nach Größe des untersuchten Unternehmens und Komplexität der Überprüfung.

„Information ist Macht", schreibt Deborah Radcliff in *Infoworld*. „So lautet das Credo der Hacker. Wenn Ihr Unternehmen irgendwelche wertvollen Informationen auf seinen Web-Servern aufbewahrt und diese Server über einen ISP oder einen ähnlichen Anbieter organisiert sind, sollten Sie sehr genau auf die Sicherheitspolitik Ihres ISPs achten.“ Im übrigen tun Sie gut daran, auch Ihre eigene Sicherheitspolitik im Auge zu behalten – auf beiden Seiten des Firewalls. In einer Welt, in der Hacker ihr Unwesen treiben, sollte dies eine Selbstverständlichkeit sein.

3. Lektionen aus der ersten Generation

Das Internet hat uns in einem beispiellosen Maße wirtschaftliche Möglichkeiten eröffnet. Doch wie bei jeder großartigen Gelegenheit müssen wir auch mit Risiken rechnen. Jede Woche kommen Hunderte von neuen Unternehmern hinzu, die im Internet Fuß fassen wollen, und die Regeln im E-Business ändern sich zurzeit noch täglich. Diese ökonomische Sphäre ist einerseits sicherlich aufregend, andererseits aber auch gefährlich – denn sie stellt uns vor völlig neue und komplexe Aufgaben.

Um den Gefahren zu entgehen und von den Chancen profitieren zu können, sollten Sie Folgendes beachten: Gestalten Sie den Übergang vom konventionellen zum elektronischen Unternehmen mit einer klugen Mischung aus Beherztheit und Vorsicht. Sind Sie zu zögerlich – oder verkennen das revolutionäre Potenzial des Nets –, verpassen Sie möglicherweise die wirtschaftliche Chance des Jahrtausends. Gehen Sie zu ungestüm vor – und stürzen sich in die Schlacht, ohne vorher die Regeln zu lernen –, werden Sie unter Umständen im Strom der enthusiastischen Net-Dilettanten untergehen, deren Web-Sites zwar blinken und klingeln, aber strategisch unwirksam sind.

In den nächsten Kapiteln dieses Buchs werden wir Ihnen verschiedene Strategien vorstellen und Beispiele dafür geben, wie Sie im Internet effektiv manövrieren. Zunächst aber wollen wir mit einigen allgemeinen Beobachtungen beginnen. Es folgen einige grundlegende Lektionen aus der ersten Generation des E-Business – die wichtigsten Überlebensregeln für den Cyberspace.

Lektion 1: „Zappen" heißt das Zauberwort

An dieser Stelle wollen wir noch einmal betonen, wie riesig die Menge an Informationen ist, die im Cyberspace existieren und um die Aufmerksamkeit Ihrer Kunden konkurrieren. Das mag offensichtlich erscheinen, ist aber doch von besonderer Bedeutung. Denn diese Datenmenge ist nicht nur in ihrer Größe historisch einzigartig, sondern auch in ihrer Beschaffenheit.

Das wirtschaftliche Potenzial des Nets definieren wir als die Zahl der Möglichkeiten, zwischen denen ein Kunde im Net wählen kann. Dieses Potenzial hängt nun nicht nur von der Quantität allein ab, sondern von der Quantität erweitert durch unglaublich schnelles Navigieren. Die Online-Branche ist nicht nur deshalb so neuartig und heiß umkämpft, weil der Markt fast unendlich groß ist. Eine entscheidende Rolle spielt auch die Geschwindigkeit, mit der sich Ihre Kunden per Mausklick in diesem Markt – und aus ihm heraus – bewegen können.

Für traditionelle Märkte gilt die Metapher vom Platz oder *Standort*. Seit dem Altertum und der griechischen Agora tätigen Händler und Kunden ihre Geschäfte an geographisch definierten Orten, die wir Marktplätze oder Märkte nennen. Und noch heute bedienen wir uns dieser Metapher und verwenden sie selbst dann, wenn einer der Geschäftspartner in Chicago sitzt und der andere in Hongkong. Die Metapher blieb angemessen, da Verträge und Verhandlungen auch heute noch an verschiedenen Punkten des physischen Planeten abgeschlossen werden.

Auch die Kunden, die vor einer Kaufentscheidung stehen, unterliegen in gleicher Weise den Einschränkungen durch den Standort. Noch in der einfachsten Variante eines Kaufgeschäfts muss der Kunde zumindest den einen Autohändler verlassen und zum nächsten fahren, wenn er Vergleiche anstellen will. Doch selbst für die relativ unbeschränkten Verfahren, bei denen per Telefon oder TV von zu Hause aus eingekauft wird, spielt der Standort eine Rolle. Der Kunde muss immer noch die Verbindung zu dem einen 0180-Anschluss unterbrechen und eine neue Nummer wählen oder einen Katalog anfordern, den er sich später an einem anderen Ort ansehen kann. Und auch die schnellste Transaktionsform vor Entstehung des Nets war nur mit einer Telefonverbindung zwischen Unternehmen und Kunde möglich (oder per Auftragsfax an die Bestellannahme); eine Verbindung, die sowohl vom Standort abhing als auch relativ langsam war.

Durch das Internet hat sich all das verändert. Der Kunde von heute setzt sich an seinen PC und mit der Hand auf der Maus kann er aus einem praktisch grenzenlosen Sortiment auswählen. Die Marketingabteilungen der Unternehmen stehen deshalb vor einer gewaltigen Herausforderung. Doch diese Herausforderung ist mit der eines normalen Einkaufszentrums nicht zu vergleichen. Andernfalls hätten elektronische Shopping-Zentren im Internet großen Erfolg. Wie wir aber gesehen haben, sind solche virtuellen Konsummeilen eher unberechenbare Phänomene. Der Wert des Internets besteht darin, dass es ein Warenhaus ist, in dem Entfernung keine Bedeutung hat. Deshalb können Sie sich dort rasant und *sprunghaft* von einer Ladenpassage zur nächsten bewegen.

Die Geschwindigkeit ist schon revolutionär, doch das eigentlich Beispiellose ist die Sprunghaftigkeit. Von der griechischen Agora bis zu den heutigen Einkaufszentren trafen die Kunden ihre Kaufentscheidungen stets Schritt für Schritt: Sie gingen von der Weinabteilung zum Gemüse, zu den Teppichen, zu den Mixern, zu den Modems. Mit der Technologie des Nets können sie heute vom Wein zu den Modems zu einem Diskussionsforum über Jane Austen und dann zu einer Gedenk-Site der Beach Boys surfen, bevor der traditionelle Kunde seinen Wein auch nur zur Kasse gebracht hat. Die Einkaufslogik in diesem Medium wird vollkommen vom Kunden kontrolliert. Die Entscheidungen, die er über Kaufen, Nicht-Kaufen oder Verlassen des Geschäfts trifft, fallen unverzüglich und sind unanfechtbar. Geschwindigkeit und Ziel richten sich nur noch nach der „Laune" des Kunden.

Für Unternehmen, die daran gewöhnt sind, den Wert ihrer Produkte oder Dienstleistungen „rational optimierenden Kunden" zu präsentieren, bedeutet dies eine enorme Veränderung der Kaufgewohnheiten. Indem sie das Surfen im Cyberspace möglich macht (von Technikfans „Zappen" genannt), wird die Technologie des Internets vielleicht schon bald dazu führen, dass überhaupt keine Kaufmuster mehr zu identifizieren sind. Für Manager, die ihre Produkte effektiv im Web plazieren wollen, stellt Zappen eine Hochgeschwindigkeitsversion des alten „Sich-nur-einmal-Umsehens" dar – das elektronische Gegenstück zu jener Kundenäußerung, die jeden Einzelhändler verdrießt. Und wohlgemerkt ist Zappen nicht irgendein zufälliger Missstand. Es ist das Credo des Webs.

Lektion 2: Werben Sie offensiv für Ihre Web-Site

Die Kombination aus grenzenlosem Sortiment und sprunghafter Fortbewegung im Net wirft ein neues Licht auf die Werbung in diesem Medium. Denn Ihre potenziellen Online-Kunden werden keine passiven, sondern aktive Rezipienten der Botschaften Ihrer Web-Site sein. Jeder zukünftige Käufer, der Ihrem Unternehmen online einen Besuch abstattet, hat sich vorher *bewusst dafür entschieden.* Während der traditionelle Empfänger einer Werbebotschaft diese passiv von einer Reklametafel oder aus dem Fernsehen rezipiert, hat der Online-Interessent aktiv Ihre Informationen angeklickt; d.h. er hat sie mittels Suchmaschine oder Hyperlink aus der Datenmenge des Internets herausgefiltert. Der erste Auftrag für Ihr Unternehmen lautet also: Veranlassen Sie mögliche Kunden, Ihre Web-Site aufzusuchen. Erhöhen Sie die Wahrscheinlichkeit, dass die Käufer, denen Millionen von URLs zur Verfügung stehen, unwiderstehlich von Ihrer angezogen werden.

Was wird potenzielle Kunden nun dazu ermutigen, Ihre URL anzuklicken – d.h., auf Ihrer Web-Site zu „landen“? Die Antwort lautet: die gleiche Kombination aus breiter Streuung und Zielgruppenmarketing, die den Erfolg in jedem Werbemedium bedingt (vorausgesetzt, Sie kombinieren richtig).

Rufen wir uns noch einmal den überstrapazierten Vergleich des Internets mit einer Informationsautobahn in Erinnerung. Die Adresse Ihrer Web-Site ist nur über eine einzige „Ausfahrt“ zu erreichen – eine von mehreren Millionen. Als Geschäftsmann müssen Sie nun Ihre Kunden dazu veranlassen, Ihre Ausfahrt zu benutzen und nicht die eines anderen. Wie? Indem Sie Ihren Kunden das Schild Ihrer Ausfahrt möglichst häufig und anschaulich präsentieren. Kluge Net-Unternehmer benutzen dafür sowohl Offline- als auch Online-Werbemedien.

Offline-Werbung findet in den traditionellen elektronischen und Printmedien statt, die Werber seit 100 Jahren nutzen. Eine Web-Site-Adresse in eine Zeitschriftenwerbung, einen Fernsehspot oder eine Reklametafel zu integrieren, ist eine effektive und relativ preisgünstige Methode, die Leute auf Ihren digitalen Ausleger aufmerksam zu machen. URL-Adressen sind in der Öffentlichkeit und auf Visitenkarten mittlerweile so allgegenwärtig wie 0180-Nummern noch vor zehn Jahren. Solche Adressen in die traditionelle Werbung einzubauen, ist für Unternehmen mit Net-Ambitionen der vernünftigste Weg, folgende Botschaft zu verbreiten: „Wenn Sie das nächste Mal im Internet sind, besuchen Sie uns."

Eine modernere, teurere, aber doch unverzichtbare Zutat für den Werbemix, mit dem Sie Kundenströme auf Ihre Web-Site lenken wollen, ist Online-Werbung. Sie spielt sich im Wesentlichen auf drei Schauplätzen ab: Suchmaschinen, branchenspezifischen Datenbanken (Hub-Sites) und digitalen Querverbindungen (Hyperlinks).

Suchmaschinen

Suchmaschinen, manchmal auch „Verzeichnisse" genannt, sind die am häufigsten besuchten Web-Sites im Internet, da sie für viele Nutzer den Ausgangspunkt ihrer elektronischen Reise darstellen. Jeder erfolgsorientierte Net-Unternehmer muss deshalb dafür sorgen, dass seine Firma in einem oder mehreren dieser Verzeichnisse eingetragen ist. Suchmaschinen sind die Gelben Seiten des Nets. Wer sich ins Net einwählt – sei es ein zielstrebiger Kunde oder ein launischer Zapper –, beginnt für gewöhnlich mit der Eingabe repräsentativer Begriffe in seine Suchmaschine (ähnlich den Branchenüberschriften in den Gelben Seiten). Durch diese Schlüsselbegriffe wird der Benutzer schließlich zu Ihrem Unternehmen geleitet. Daher sind solche Schlüsselbegriffe von großer Bedeutung und sollten sehr sorgfältig ausgewählt werden, wenn Sie sich in ein Verzeichnis eintragen lassen möchten.

Zu den bekanntesten Suchmaschinen zählen heute Yahoo!, AltaVista, Infoseek, Excite, Lycos und Magellan. Sie alle vermitteln den Kontakt zu Web-Sites von Unternehmen, aber auch zu allem anderen, wonach jemand im Net suchen könnte. Die große Zahl von Einträgen in diesen Verzeichnissen ist also gleichzeitig ihr Nachteil. Sie unterscheiden nicht zwischen geschäftlich motivierten und privaten Anfragen. Ein Kunde, der beispielsweise bei Lycos Informationen über den Truthahnlieferanten Mr. Turkey sucht, wird diese Informationen aus einer Fülle von Daten über Truthahnzucht, Bräuche zum Erntedankfest und das Neueste aus Istanbul herausfiltern müssen.

Hub-Sites

Die großen Suchmaschinen liefern häufig eine verwirrende und unübersichtliche Treffermenge. Daher kann es vorteilhaft sein, Ihre Web-Site in ein rein kommerzielles Verzeichnis wie Commercial Sites Index (unter der Adresse www.directory.net) oder eine branchenspezifische Hub-Site einzutragen. *Hub-Sites* geben Ihnen die Möglichkeit, gezielt ein bestimmtes Publikum anzusprechen – Benutzer, die sich durch die allgemeinen Brancheninformationen bereits hindurchgearbeitet haben und nun speziell an Ihnen und Ihren Mitbewerbern interessiert sind. Zwar haben branchenspezifische Hub-Sites insgesamt weniger Besucher als allgemeine Suchmaschinen, doch die Besucher sind zielstrebiger. Verschiedene Arten von Unternehmen können im Net aus zahlreichen speziellen Hub-Sites auswählen. Für Versandhäuser käme beispielsweise www.catalogsite.com in Frage, für Autohändler www.dealer.net, für Versicherungen www.insurancenet.com und www.hotelnet.co.uk für Hotels.

Hyperlinks

Eine dritte Strategie können Sie verfolgen, indem Sie elektronische Direktverweise auf Ihr Unternehmen im Net verteilen. Sie kaufen Werbeflächen auf fremden Web-Sites, von denen Sie vermuten, dass sie von potenziellen Kunden besucht werden, und richten dort Hyperlinks ein. Zurzeit sind die beliebtesten Sites für solche Querverweise die großen Suchmaschinen: Jedes Mal, wenn Sie auf Yahoo! oder Excite klicken, werden Sie zahlreiche Werbeflächen in Form von Hyperlinks oder „Bannern" sehen, die quer über den Monitor reichen. Diese sind im Wesentlichen digitale Ausfahrten zu einer Site, über die der Nutzer das Unternehmen direkt ansteuern kann. Für das Einrichten solcher „Gateway Ads" erheben Yahoo!,

Excite und die anderen Suchmaschinen eine Platzierungsgebühr vom Besitzer der beworbenen Site.

Hyperlinks lassen sich auch auf sachverwandten Sites platzieren: Mr. Turkey könnte etwa einen solchen Querverweis auf Seiten mit den Themen Erntedankfest, Partyservice oder Geflügelzucht schalten. Die Baseball-Site Fastball wird zum Beispiel von dem Unternehmen The Gap gesponsert. Wenn Sie auf www.fastball.com klicken, um ein Spiel zu wagen, werden Sie auf den Banden des virtuellen Spielfelds zahlreiche Gap-Logos entdecken. Dies ist die Online-Version des örtlichen Restaurants, das die Trikots des städtischen Fußballvereins sponsert.

Oder nehmen Sie das Beispiel der Bäckerei Bagel Oasis. Sie ist (nach eigener Einschätzung) „seit drei Jahrzehnten New Yorks beliebtester Hersteller von Gebäckkringeln". Vor wenigen Jahren erkannte das Familienunternehmen das Potenzial des Webs und ging online. Seitdem hat es den Einzugsbereich vom Firmensitz im Stadtteil Queens aus kontinuierlich erweitert und beliefert heute sogar Kunden in Kalifornien und Maine. Die meisten Umsätze werden bei Bagel Oasis natürlich mit Bagels erzielt. Doch in den Magazinen *Business Week* und *New York* erschienen Artikel über das Unternehmen und Bagel Oasis konnte die eigene Präsenz vermarkten, indem es Werbeflächen an Lieferanten aus verwandten Branchen verkaufte. Statten Sie www.bageloasis.com einen Besuch ab und Sie werden neben Angeboten von Bagels und T-Shirts mit Firmenlogo auch Werbetafeln von Fine Southern Food and Gifts, Genuine Smithfield Hams und einem Kunden von Bagel Oasis, dem Restaurant Balducci's in Manhattan, finden. Sie alle unterstreichen die Macht der Präsenz – und helfen nicht ganz zufällig bei der Finanzierung der Site.

Lektion 3: Werben Sie an der Eingangstür

In ihrem Bemühen um Präsenz gehen Unternehmen auch spezielle Formen langfristiger Partnerschaften ein. Einer der Marktführer in diesem Bereich ist America Online. Mit seinem immer noch wachsenden Millionenheer von Abonnenten ist AOL der größte Internet-

Provider der Welt. Mitglieder von AOL haben Zugang zum gesamten Net und darüber hinaus zu speziellen Dienstleistungen, die in Sparten wie Reisen, Finanzen, Sport, Kinder usw. angeboten werden. Welches Ziel Sie auch verfolgen – als AOL-Mitglied beginnen Sie jede Reise ins Web mit der Homepage von AOL.

Aus diesem Grund wird der Provider häufig die „beliebteste“ Site des Webs genannt. Doch diese Bezeichnung ist ein wenig irreführend, denn sie ist genauso beliebt wie die Eingangstür eines Museums: Auf der Suche nach Picasso? Pollack? Monet? Ganz egal, denn *jedes* AOL-Mitglied landet erst einmal auf der Eingangsseite. Zudem wird auch die kostenlose Site des Unternehmens, www.aol.com, von enorm vielen Net-Surfern gesehen: Fast die Hälfte aller Webnutzer besucht sie mindestens ein Mal im Monat. Die Internet-Gemeinde bezeichnet solche Sites als „Navigationsachse“ oder „Portal“. Sie – die Homepages der großen Internet-Anbieter und Suchmaschinen – gelten als die meistbesuchten Sites des gesamten Webs.

Aufgrund dieses Ansturms auf die Portale konnte sich AOL wie eine erstklassige Werbefläche vermarkten. Die anhaltende Marktführerschaft von Preview Travel erreichte das Unternehmen vor allem durch seinen vorbildlichen Kundenservice. Doch die Spitzenposition war sicherlich nicht gefährdet, als es 1997 mit AOL vereinbarte, als einziger Reiseveranstalter auf dessen Homepage aufzutauchen – zu einem Preis von 32 Millionen US-Dollar für einen fünfjährigen Exklusivvertrag.

Der Vertrag mit Preview war nur einer unter vielen. In den sechs Monaten nach dem 32-Millionen-US-Dollar-Geschäft erwarben sich mehrere andere Unternehmen Präsenz an der Eingangstür:

- Im Oktober 1997 zahlte die American Greeting Corporation mehrere Millionen US-Dollar für einen dreijährigen Vertrag mit AOL, um ihre elektronischen Grußkarten weiterzuentwikkeln. AOL stellte für den Versand dieser Karten sowohl seine öffentlichen als auch die exklusiven Dienstleistungsbereiche zur Verfügung.
- Im Dezember darauf wurde Barnes & Noble zum einzigen Online-Buchhändler bei AOL. Das Unternehmen ließ sich dieses

Recht 40 Millionen US-Dollar für vier Jahre kosten, da der Konkurrenzdruck durch den Aufsteiger Amazon.com immer stärker wurde.

- Im Januar 1998 unterzeichnete Cyberian Outpost einen einjährigen Vertrag über fünf Millionen US-Dollar und durfte dafür als einziger Verkäufer von Computerhardware bei AOL werben.
- Im folgenden Monat willigte Intuit Inc. in die Zahlung von 30 Millionen US-Dollar an AOL ein. Die Anbieter des Quicken-Finanzplanungsprogramms erschienen dafür exklusiv in der Sparte Finanzplanung bei AOL.

Gerade dieser letzte Vertrag ist richtungsweisend. Finanzberatung ist eines der heißen Themen im Web und die entsprechende Sparte bei AOL ist seit langem eine der am häufigsten besuchten. „Wir betreuen sechs Millionen Portfolios für etwa drei Millionen Abonnenten", sagte AOL-Sprecher Tom Ziemba dem Journalisten Bill Roberts unmittelbar nach Unterzeichnung des Vertrags. „In einigen Bereichen – Steuern, Versicherungen und Hypotheken – konnte Intuit bessere Dienste anbieten als wir." Die Bereitstellung gerade dieser Finanzdienstleistungen war im Vertrag eigens festgeschrieben worden. Darüber hinaus behielt man sich Erweiterungen für den Fall vor, dass die Allianz erfolgreich sein sollte. So wurde darüber nachgedacht, später solche Handelspartner von Intuit wie Charles Schwab mit einzubeziehen.

Die verstärkte Präsenz sollte stets zwei Parteien nützen und der Vertrag zwischen AOL und Intuit war genau daraufhin angelegt. AOL konnte sein Sortiment an Finanzdienstleistungen erweitern und Intuit erreichte unverzüglich ein riesiges neues Publikum und durfte sich langfristig mehr zahlende Kunden erhoffen. Doch Intuit erschloss sich noch ein weiterer Vorteil. Durch die Werbung bei AOL stiegen die Besucherzahlen der Web-Site selbst. Gleichzeitig wurde sie durch diese starke Frequentierung aber auch für andere Werber attraktiv, die *ihre* Präsenz erhöhen wollten.

Intuit rechnete tatsächlich damit, dass ein großer Teil der 30 Millionen US-Dollar wieder hereinfließen würde, die es für den Eintrag bei AOL gezahlt hatte. Dies sollte durch eine Erhöhung der

Gebühren geschehen, die es anderen Unternehmen für die Platzierung von Bannern und Hyperlinks auf der Web-Site Intuits berechnete. Aus dem gleichen Grund folgte deshalb wenig später ein Abkommen mit Excite – einer Suchmaschine mit ähnlichen Besucherzahlen wie Netscape. Solche Verträge werden in der berechtigten Hoffnung geschlossen, dass – angesichts der grafischen Orientierung des E-Business – Präsenz gleichzeitig Eintrittskarte und Aktivposten ist.

Doch lässt sich diese Behauptung belegen? Um diese Frage zu beantworten, führte das Marktforschungsunternehmen Millward Brown Interactive im Jahre 1997 die umfassendste Studie über Werbeeffektivität durch, die je für ein Medium erstellt wurde. MBI konzentrierte sich auf zwölf stark frequentierte Sites, unter anderen CNN, Excite und Pathfinder. Die Marktforscher fanden heraus, dass die dort eingerichteten Werbeflächen nicht nur den Erkennungswert der beworbenen Unternehmen erhöhten, sondern auch einen messbaren „positiven Einfluss auf die Kaufabsicht" hatten.

Auf der Grundlage ihrer Forschungsmethoden bietet Millward Brown Interactive mittlerweile einen Online-Service namens Voyager an. Im Leistungsumfang von Voyager ist zum einen Software zur effizienteren Gestaltung von Web-Sites enthalten. Zum anderen können Unternehmer anhand einer repräsentativen Testgruppe von Webnutzern herausfinden, wie viele und welche Kunden ihre Web-Site besuchen und welche Werbestrategien Erfolg versprechen. Darüber hinaus vertreibt MBI Erweiterungssoftware, mit der Server den Wert einzelner Werbeflächen auf unterschiedlichen Web-Seiten einschätzen können. Unternehmen leisten offensichtlich sehr viel mehr, als Reklameschilder wahllos im Cyberspace zu verteilen und zu hoffen, dass sie von Surfern irgendwie beachtet werden.

Lektion 4: Bieten Sie mehr als Prospekte

Sie haben es geschafft: Potenzielle Kunden besuchen Ihre Site – was müssen Sie jetzt tun, damit sie lange genug verweilen und etwas kaufen? Wie minimieren Sie das, was Internetanalysten „Klickitis" nennen?

Die Antwort hängt davon ab, wer diese Kunden sind und was sie während ihres Besuchs tun sollen. Eine der wirksamsten – und doch häufig missachteten – Maßnahmen gegen die Klickitis besteht darin, die Besucher unverzüglich für die auf der Site verbrachte Zeit zu belohnen. Wenn Web-Nutzer Ihre Homepage anklicken, dann haben sie Ihnen ein „quo" gegeben. Wenn Sie nicht schnell ein „quid" liefern können, zappen sie sich vielleicht woanders hin.

Auch in dieser Hinsicht unterscheidet sich das E-Business vom traditionellen Marktmodell. Wenn Sie bei einem Unternehmen telefonisch oder schriftlich Produktinformationen anfordern, erhalten Sie in der Regel einen Katalog oder ein Bestellformular. Für den analogen Einkauf ist dieser Usus (gerade noch) akzeptabel, nicht aber im Cyberspace. Verglichen mit dem typischen prädigitalen Konsumenten ist der typische Online-Kunde ungeduldiger, schneller wieder weg und sehr viel anspruchsvoller. Sie können seine Aufmerksamkeit nicht mit elektronischen Prospekten fesseln. Ginge es ihm nur darum, hätte er Ihnen einen Brief geschrieben.

Worauf sind Online-Kunden aus? Vor allem suchen sie hochwertige Informationen. Eine gute Web-Site ist mehr als die grafische Darstellung der gedruckten Broschüren. Sie versorgt potenzielle Kunden mit „gehaltvoller Präsentation".

Wir borgen uns diesen Begriff vom Philosophen Gilber Ryle, der ihn in Analysen des menschlichen Verhaltens verwendet. Ryle untersucht nicht nur die oberflächliche Bedeutung (den „mageren" Aspekt des Verhaltens), sondern das gesamte vielschichtige Gefüge des soziokulturellen Kontextes – das der Anthropologe Clifford Geertz in einem berühmten Artikel über Ryle das „Gebäude der Zusammenhänge und Implikationen" nannte. Es ist diese Gebäudes, das der Web-Nutzer wünscht. Auf einer guten Webseite ist die Präsentation der angebotenen Produkte so gehaltvoll wie möglich.

Zwei Beispiele aus der Praxis

Werfen wir beispielsweise einen Blick auf die beiden Gewinner des Tenagra Awards, der jährlich für besondere Leistungen im Internet-Marketing vergeben wird. Virtual Vineyards, das von Peter Granoff und seinem Schwager Robert Olson betrieben wird, beliefert anspruchsvolle Kunden mit hochwertigen Weinen, Lebensmitteln und verwandten Produkten. Ragú nutzt das Net, um Rückmeldung von seinen Kunden zu bekommen und seine Marke bekannter zu machen. So sehr sich Struktur und Kundschaft dieser Unternehmen auch unterscheiden – beide haben ihre Präsenz im Net durch „gehaltvolle Präsentation“ verbessert.

Besucher der Homepage von Virtual Vineyards (www.virtualvin.com) können zwischen mehreren Optionen wählen: direkt eine Bestellung aufgeben, in Geschichten zu aktuellen Themen schmökern, detaillierte und geistreiche Produktinfos lesen, Rezepte herunterladen oder unter Überschriften wie „Fragen Sie Doc Kork“, „Fragen Sie den Schlemmerchef“ oder „Fragen Sie die Rezeptfee“ am interaktiven „Spaßprogramm“ teilnehmen. Es gibt natürlich reichlich Möglichkeiten für Besucher, ein Kundenkonto einzurichten, dem Unternehmen E-Mails zu senden oder etwas zu kaufen. Doch diese funktionalen Aspekte kommen so appetitlich verpackt daher, dass allein das Stöbern auf der Site zum fast sinnlichen Erlebnis gerät. Granoff und Olson haben ihre Site mit Informationen, die für Weinliebhaber interessant sind, angereichert. Sie führen regelmäßig Aktionen durch und bekommen auf diese Weise Feedback von ihren Kunden. Sie haben eine Weinprobe mit Käsehäppchen überzeugend nachempfunden und präsentieren einen digitalen Raum voll freundlicher, passionierter und wohlinformierter Enthusiasten. Mit anderen Worten: Sie haben die Gemeinde Gleichgesinnter versammelt (oder eher erschaffen), die jeder Geschäftsmann für sich zu gewinnen sucht.

Ähnlich sieht es auf der Site Ragús aus, die zwar nicht so nobel, aber ebenso enthusiastisch daherkommt. Klicken Sie auf www.eat.com und betreten Sie das virtuelle Heim von „Mama Cucina“, einer grauhaarigen Schmeichlerin, die außer Rezepten auch gastronomische Weisheiten zum Besten gibt: „Das Leben ist ungewiss; essen Sie den Nachtisch zuerst“ und „Gerüchte sind gut für die Verdauung“. Alles auf dieser benutzerfreundlichen Site dreht sich um italienisches Essen, so dass die Produktbotschaft ebenso indirekt wie überzeugend herüberkommt. Mama Cucina verkauft Ihnen das Produkt nicht selbst. Doch jede einzelne Grafik soll Sie zum Besuch des nächsten Lebensmittelgeschäfts veranlassen.

Wenn Sie beispielsweise die Rezepte anklicken, werden Sie außer den Köstlichkeiten auf Mamas Desserttablett entdecken, dass es einfach unmöglich ist, irgendetwas ohne Ragú-Sauce zu kochen. Klicken Sie auf „Belohnungen“ und Sie erfahren, dass auf die Einsender von Ragú-Punkten (die man aus den Packungen ausschneiden muss) T-Shirts und Konzertkarten warten. Klicken Sie auf „Italienisch Lernen“ und Sie geraten in den Unterricht von „Professor Antonio“, dessen Lehrbuch solche Perlen wie „Können Sie mir die Pizza in drei Teile schneiden?“ enthält. Auf der Site lässt sich sogar eine Seifenoper mit dem schrulligen Titel *Während die Lasagne brutzelt* verfolgen. Wie bei Virtual Vineyards liegt der Reiz in der gehaltvollen Präsentation und einem gewissen Gemeinschaftsgefühl.

Im Gegensatz zu Virtual Vineyards versucht Ragú erst gar nicht, seine Produkte über das Internet zu verkaufen. Das muss es auch nicht – und dies ist eine wichtige Lektion für Unternehmen auf dem Weg ins Net. Wie wir bereits im ersten Kapitel erwähnt haben, sollten Einzelhändler zurzeit vor allem aus einem Grunde online gehen: um den Bekanntheitsgrad ihrer Marken zu steigern.

Gehaltvolle Präsentation richtet sich an die objektiven Bedürfnisse Ihrer Kunden. Die Erfahrung zeigt aber, dass Sie auch die subjektiven Bedürfnisse befriedigen müssen. Die Kunden wollen im Angebot „schwelgen“ und suchen *zwanglose Interaktion*. Evan Schwartz, Autor von *Webonomics*, meint diese Qualität, wenn er beobachtet, dass viele potenzielle Kunden das Web als Ort begreifen, „an dem sie mit anderen Menschen interagieren können“.

> *„Die effektivsten Web-Sites sind nicht die Reklametafeln am digitalen Straßenrand. Es sind eher jene Orte, an denen jeder Ihren Namen kennt – auch wenn es nicht Ihr richtiger Name ist. Die Informationen, oder der Inhalt, können zum zentralen Thema der Teilnehmergespräche werden. Doch es ist die ganzheitliche Erfahrung, die die Menschen dazu veranlasst, immer wieder an diesen Ort zurückzukehren.“*

Die Web-Sites von Virtual Vineyards und Ragú zeigen anschaulich, wie dieses Prinzip funktioniert; und auch die Site des renommierten Buchversands Amazon.com bietet reichlich Möglichkeiten zur Interaktion und empfindet das anheimelnde Stimmengewirr eines Kleinstadtbuchladens nach. Auf all diesen Sites ist es – neben den harten Fakten – die Erfahrung, „schwelgen" zu können, die Kunden davon abhält, der Klickitis zu erliegen.

Wir leben in einer Welt, die trotz ihrer Vernetzung als zerstückelt wahrgenommen wird; in ungewisser Weise mit allem verbunden, hungern wir nach dem Konkreten. Die besten der heutigen Web-Technologien nutzen diese Ironie aus. Und auch die besten kommerziellen Webseiten bieten ihren Besuchern nicht nur „harte" Fakten, sondern „weiche" Anreize in Form virtueller Zuwendung und persönlicher Interaktivität. Ohne das subjektive Element können die Besucher nicht mehr gehalten werden. Aus diesem Grunde quellen viele kommerzielle Webseiten von Spielen, Chatrooms, Wettbewerben und Produktbeiwerk nur so über.

Lockvögel: Kleine Geschenke

Und während Sie darüber nachdenken, mehr als Prospekte anzubieten, sollten Sie auch die verwandte Strategie ins Auge fassen, etwas zu verschenken. Nicht gleich den ganzen Laden, aber doch irgendetwas. Dieses Prinzip mag Geschäftsleuten der alten Schule ein Greuel sein, doch im World Wide Web kann es den entscheidenden Vorteil bringen. Da die Kunden im Web eine praktisch unbegrenzte Auswahl genießen, hat sich dort eine Kultur der „Freiheit" etabliert. Das bedeutet, dass Online-Konsumenten sehr viel widerwilliger dafür Eintritt zahlen, sich nur umzuschauen, als vergleichbare Zielgruppen. Aus diesem Grund sehen viele erfolgreiche Unternehmer von solchen Gebühren ab und bieten Basisdienstleistungen kostenlos als Lockvogel an.

Logos, eine italienische Übersetzungsfirma, ist seit 1995 sehr erfolgreich im Web vertreten. Mit über 1200 angestellten Übersetzern überträgt das Unternehmen mehr als 200 Texte pro Tag. Die Kundschaft Logos' bestand anfangs aus kleinen, italienischen Produktionsfirmen und umfasst heute solche Hightechgiganten wie Sun

Microsystems und Texas Instruments. Diese Klienten zahlen hohe Honorare für die multilinguale Erfahrung des Unternehmens und – dank E-Mail und Web – die schnelle Erledigung der Aufträge. Doch Logos setzt gleichzeitig auf die Strategie der Gratisgaben.

Das Wörterbuch des Unternehmens – das Firmengründer Rodrigo Vergara als „unser kollektives Gedächtnis" beschreibt – enthält fünf Millionen Einträge in mehr als 30 Sprachen. Es wurde im Laufe der Jahre von den Übersetzern selbst angelegt, die aufgefordert sind, zusammen mit jeder neuen Übersetzung ein Glossar abzugeben. Die Datenbank wächst daher täglich um 500 Begriffe. Jeder – ob Kunde von Logos oder nicht – kann diese Datenbank kostenlos benutzen.

Des Weiteren gibt es auf der Webseite des Unternehmens einen Hyperlink zur „Wordtheque", in der Buchzitate Aufschluss über den Kontext eines Wortes geben. Ein weiterer Querverweis führt in das Word Exchange Forum, die elektronische Version einer Linguistensprechstunde. Wie Vergara der *New York Times* erklärte, ist das offene Forum ein Ort, an dem seine Mitarbeiter mit interessierten Besuchern informell und gebührenfrei interagieren können. „Wir werden natürlich keinen ganzen Text kostenlos übersetzen. Doch wenn Sie einen bestimmten Begriff oder ein Sprichwort in einer anderen Sprache nicht finden, können Sie im Forum um Unterstützung bitten und unsere Übersetzer – oder andere Web-Nutzer – werden versuchen, Ihnen zu helfen."

Logos hat es etwa eine Million US-Dollar gekostet, seine multilinguale Datenbank online zugänglich zu machen. Doch dieser Schritt hat sich eindeutig positiv für das Unternehmen ausgewirkt. „Die Site wird von Schulen, Freiberuflern und selbst der Konkurrenz genutzt", sagt Vergara. „Dies steigert unser Ansehen enorm – und zieht neue Kunden aus der ganzen Welt an."

Eine ähnliche Strategie verfolgt der Softwarehersteller Starwave, der von seinem Medienpartner ESPN und Paul Allen, dem Mitgründer Microsofts, finanziert wird. Von den verschiedenen Online-Unternehmen, die Starwave betreibt, erzielt ESPN SportsZone die höchsten Einnahmen. Diese Tochterfirma macht ihre Umsätze mit einer ausgewogenen Mischung aus Gratisgaben und käuflichen Produkten. Die Publizistin Jennifer Yazzolino beschreibt Sports

Zone als Abo-Service, der „aus mehreren Ebenen aufgebaut ist. Manches bekommen Sie gratis, doch die richtigen Fans kaufen Artikel, die sonst nirgends erhältlich sind.“

Diese besonderen Fanartikel kann nur erwerben, wer einen Service namens ESPN Insider abonniert. Die Mitglieder kommen in den Genuss spezieller Merchandising-Aktionen und nehmen an Hobbyturnieren teil, die von ESPN gemanagt werden. Das in dieser oberen Ebene verdiente Geld macht – neben den Werbeeinnahmen – die Site rentabel. So kann ESPN den größten Teil seiner Dienstleistungen, die Veröffentlichung einer Unmenge von Sportstatistiken, kostenlos anbieten. Doch es ist dieser freie Zugang zu den Informationen, der Online-Besucher überhaupt erst in die SportsZone bringt – wo aus ihnen später vielleicht zahlende Kunden werden. Dank dieser Strategie der verschiedenen Ebenen hat sich SportsZone zu einer der vielversprechendsten Sites des ganzen Internets entwickelt. 1995 wurde die Site knapp 100000 mal pro Tag besucht; in weniger als drei Jahren stieg diese Zahl auf 650000.

Das beste Beispiel für den Erfolg von Gratisgaben sind Softwareprodukte – die Produkte, durch die ein Benutzen des Internets erst möglich wird. Besonders verbreitet war einst das Verschenken von Browsern – eine Maßnahme, die in grauer Vorzeit (also vor etwa fünf Jahren) zu den Standardpraktiken zählte.

Netscape trat 1995 diesen Trend los, als es Millionen Kopien seines Netscape Navigators gratis verteilte und fast (für eine Weile) zum Monopolisten in dem entstehenden Anwendermarkt wurde. Doch gerade, als Netscape dazu überging, einen verbesserten Navigator für 49 US-Dollar an seine Kunden zu verkaufen – da kündigte Bill Gates von Microsoft die gleiche Gratisstrategie an, die Netscape beenden wollte.

Seit der Jahrhundertwende haben Einzelhändler Lockvögel eingesetzt. Angesichts des Wettbewerbs im Web ist davon auszugehen, dass das Prinzip des „freien Eintritts“ noch einige Zeit der Standard bleiben wird. Unter Umständen wird es sogar noch besser (aus der Sicht des Verbrauchers). Denn die Unternehmen werden sich möglicherweise gegenseitig in ihrer Freigebigkeit zu übertreffen suchen, um Besucher auf ihre Sites zu locken, denen sie später etwas verkaufen können.

Lektion 5: Achten Sie auf Bequemlichkeit

Ein altes Sprichwort lautet: Die Kunst des Verkaufens liegt darin, den Kunden das Kaufen leicht zu machen. Im WWW ist das leichteste von allem, sich auf eine andere Seite zu klicken. Erfolgreiche Unternehmen befolgen die alte Regel deshalb in zweierlei Hinsicht.

Als Erstes bieten sie über das Net Produkte oder Dienstleistungen an, die ihren Kunden mehr Bequemlichkeit bringen als der Einkauf in einem normalen Geschäft. Keinem von uns reichen noch die 24 Stunden, die der Tag hat, und wir suchen verzweifelt nach Möglichkeiten, dieser Hetzerei zu entkommen. Helfen Sie Ihren Kunden also dabei, Zeit zu sparen – nehmen Sie ihnen einige Routinearbeiten ab und reduzieren Sie ihr Tagespensum. Die Kunden werden es Ihnen mit Aufträgen und Treue danken, selbst wenn sie einen höheren Preis zahlen müssen. Diese Lektion hat uns bereits der Erfolg der Versandhäuser gelehrt und sie lässt sich auch auf das Web übertragen: Wenn Sie den Menschen ihre Zeit zurückgeben, werden diese Ihnen ihr Geld geben.

Ein Beispiel dafür ist das Unternehmen Streamline, ein Lieferdienst in Westwood, Massachusetts. Es bietet ein komplettes System für den Online-Einkauf an, einschließlich eines ausgeklügelten Archivs, in dem die Vorlieben der Kunden gespeichert werden. Wenn Sie bei Streamline Mitglied werden – weil Ihre Kleider chemisch gereinigt werden müssen, Sie Videofilme ausleihen möchten oder Gemüse einkaufen wollen – kommt ein Angestellter des Unternehmens zu Ihnen nach Hause und liest per Scanner alle Strichcodes Ihrer Lebensmittelverpackungen ein. Mithilfe dieses Verfahrens und durch eine Erstbefragung über Ihre Präferenzen (grüne oder reife Bananen, Vollkornbrot oder weißes, roter oder schwarzer Kaviar) wird das Kaufprofil Ihres Haushalts erstellt.

Sie bekommen außerdem ein patentierte „Servicebox“, die in Ihrer Garage oder Ihrem Keller aufgestellt wird. Die entsprechende Tür erhält ein Kombinationsschloss und so wird der Raum für den Lieferanten zugänglich. Alle Lebensmittel, die Sie aus einem Online-Katalog bestellen, oder die Sie regelmäßig geliefert bekommen, werden in diese Servicebox gelegt, wo sie bis zu 24 Stunden lang frisch bleiben. Kleidungsstücke, die gereinigt werden sollen, oder ausgeliehene Videokassetten werden ebenfalls über die Box abgegeben. Sämtliche Vorgänge unterliegen der Kontrolle durch das Web und Sie können auf diese Weise gleichzeitig effizient und bequem einkaufen.

Indem sie Menschen dabei helfen, solche Dinge schneller zu erledigen, die sie ohnehin tun müssen (oder wollen), tauschen Unternehmen Zeit gegen Geld und schneiden glänzend dabei ab. Dieses Prinzip erklärt beispielsweise auch den Erfolg der großen Paketdienste wie FedEx und UPS, das Entstehen digitaler Aktienmakler wie E*Trade und die Expansion digitaler Finanzdienstleister wie Charles Schwab Online. In all diesen Fällen stärkt die Virtualität den Kunden, indem sie es ihm erleichtert, das Gewünschte zu bekommen. Am Ende dieser Entwicklung wird ein Kunde mit sehr viel höherer Eigenverantwortung stehen. „Den Investoren helfen", so der Slogan von Schwab, „sich selbst zu helfen." Ersetzen Sie „Investor" durch „Kunde" und Sie wissen, wie die erste Generation von digitalen Geschäftsleuten heute die Bequemlichkeit erhöht. Und sie haben keine andere Wahl. Sie wissen, dass die Kunden – wenn alle anderen Rahmenbedingungen gleich bleiben – stets den Weg des geringsten Widerstandes gehen werden.

Dies gilt ebenso für den zweiten Bereich, in dem es auf erhöhten Komfort ankommt: die Bequemlichkeit, mit der sich die Kunden auf Ihrer Web-Site bewegen können. Hier profitieren Unternehmen tatsächlich von Zeit sparenden Technologien – und doch versagen viele an dieser Stelle, weil sie die Technik nicht beherrschen. Eine traurige Ironie, aber es nützt Ihnen nichts, wenn Sie Ihre Web-Site als bequeme Alternative anpreisen, wenn Ihre Kunden darin nur mit größter Mühe navigieren können.

Den Besuch Ihrer Web-Site für Kunden bequemer zu gestalten, ist im Grunde genommen eine Frage des Designs der Site. Wir werden darauf in Kapitel 11 näher eingehen. Bis dahin betrachten Sie „gutes Design" einfach als Synonym für „leichtes Navigieren". Auf einer effektiv gestalteten Web-Site wissen Sie immer, wo Sie sich gerade befinden und wie Sie von dort woandershin gelangen, denn auf jeder Seite finden Sie unmissverständliche Links (Querverweise) zu den anderen Seiten. Darüber hinaus können Sie in der gesamten Site rasch und ohne wiederholtes Anklicken der Back-Schaltfläche navigieren. Eine gute Site wird niemals die Drei-Klick-Regel missachten (der Besucher wird nicht auf der Site verweilen, wenn er nicht nach drei Klicks die benötigten Informationen gefunden hat) und sie macht dem Besucher schon an der Eingangstür (dem „Splash" oder der Homepage) deutlich, was ihn im Inneren erwartet.

Es mag paradox klingen, ist aber eigentlich logisch: Eine wohlgestaltete Seite ist wahrscheinlich weniger „originell" als eine schlecht gestaltete. Es ist wie mit Tolstois berühmtem Bonmot: Jede unglückliche Familie ist auf ihre ganz eigene Weise unglücklich, während die glücklichen Familien alle ähnlich zu sein scheinen. Wenn Sie also eine „glückliche" Site besuchen, wird Ihnen vielleicht nichts Besonderes auffallen: wie auf jeder anderen guten Site lässt sich einfach navigieren. Auf einer schlechten Site werden Sie allerdings wissen, dass etwas anders ist. Sie merken es, weil Sie vor- und zurückruckeln, als ob Ihr Lenkrad zerbrochen wäre.

Ein Beispiel: Eine gemeinsame Freundin, die an einer großen Universität studiert hatte, erwog, wieder die Schulbank zu drücken, um einen höheren Abschluss zu erreichen. Vor kurzem rief sie deshalb die Web-Site ihrer Universität auf, um sich einige Zeugniskopien ihrer bisher erbrachten Leistungen herunterzuladen. Die Site erschien ohne Probleme auf ihrem Bildschirm, aber das war auch schon alles. Sie gab die unterschiedlichsten Begriffe in das Funktionsfeld „Suchen" ein – Zeugnisse, Abschriften, Archiv – konnte aber keine Online-Informationen zu ihrem Problem erhalten. Schließlich musste sie doch einen Brief schreiben. Das ist schlechtes Design.

Ein Beispiel für großartiges Design ist die Web-Site von Novell (www.novell.com). Die Frontseite enthält ein übersichtliches und umfassendes Menü. Ob Sie sich für die Unternehmensphilosophie interessieren, die Firmenstrukturen oder bestimmte Produkte – der Weg dorthin ist deutlich markiert und nur einen Klick weit entfernt. Wenn Sie etwas über die von Novell angebotenen Lösungen wissen wollen, können Sie zu diesem Thema eine eigene, äußerst benutzerfreundliche Seite aufschlagen. Dort finden Sie eine Reihe von häufig gestellten Fragen, mit denen sich Ihr Problem eingrenzen lässt, und anschließend gelangen Sie per Hyperlink direkt zur geeigneten Lösung von Novell. Eine kundenspezifische Reaktion binnen Sekunden – das ist gutes Design.

Lektion 6: Schließen Sie den Kreis

Im Internet müssen Sie sich vor unbeabsichtigten Konsequenzen hüten. Diese Tatsache musste auch der Autohersteller Volvo erkennen, als er vor einigen Jahren seine Web-Site eröffnete. Eine E-Mail-Funktion auf der Site war in der Hoffnung eingerichtet worden, auf diesem Weg Fanpost zu erhalten. Die Autobesitzer nutzten sie dann allerdings in erster Linie, um ihre Beschwerden loszuwerden. Bob Austin, der Marketingdirektor für die USA, formulierte es so: „Die Leute schreiben manchmal Briefe wie: ‚Nette Web-Site, aber das Verdeck meines 850ers ist undicht. '" Die Produkthaftungsgesetze schreiben vor, dass solche Beschwerden beantwortet werden müssen. Doch Volvo hatte nicht mit einer solchen Menge von Beschwerdebriefen gerechnet und in der Unternehmenszentrale war man mit dieser Aufgabe überfordert. Schließlich wurde die E-Mail-Funktion von der Site genommen, da sie eine Tür zum Unternehmen geöffnet hatte, die nicht mehr ausreichend überwacht werden konnte.

Welche Lehre ziehen wir daraus? Die zugkräftigste Web-Site der Welt wird mit ihrem eigenen Andrang nicht fertig. Wenn Sie online gehen und damit Menschen in Ihr Unternehmen einladen, öffnen Sie im Grunde einen elektronischen Kreislauf. Sie müssen diesen Kreislauf schließen, indem Sie die zusätzliche Korrespondenz von einem Telearbeiter oder einer eigens dafür eingerichteten Abteilung erledigen lassen. Falls Sie dies versäumen – falls Sie keine internen Verfahren etablieren, um die Site wirklich interaktiv zu machen –, werden Ihre Kunden zunächst neugierig sein, dann frustriert und schließlich verärgert: Sie verlieren potenzielle Auftraggeber.

Mit ähnlichen Problemen haben selbst Net-erfahrene Unternehmen zu kämpfen. Daniel Leemon ist Chefstratege bei der Charles Schwab Corporation. Er beschreibt, was mit dem Online-

Kundendienst dieses Internet-Pioniers geschah, als ein plötzlicher Aktivitätsschub das System überlastete:

> *„Das Telefon gibt es seit 100 Jahren und wir wissen alle, was ein Besetztzeichen oder eine Warteschleife ist. Mit dem Internet verhält es sich anders. Während der großen Krise an der Wall Street im Oktober 1997, als der Dow-Jones-Index an einem Tag um 500 Punkte fiel und am nächsten um 200 stieg, war unsere Site und die vieler anderer überlastet. Zu jener Zeit hatten wir noch kein Wartesignal und konnten die Investoren nicht darüber informieren, dass sie sich in einer Schlange befanden. Dies erzeugte bei vielen Frustration. Sie wussten nicht, wo sie waren und ob sie durchkommen würden.*
>
> *Dieser Fall tritt selten ein, doch er macht deutlich, wo die Probleme liegen, die noch gelöst werden müssen. Die zurzeit interessanteste Frage ist, wie das Internet diese Belastungsproben überstehen wird. Wir haben unsere Kapazitäten vervierfacht, damit in Zukunft solche Probleme nicht mehr auftreten. Und sollte es doch wieder einmal so weit kommen, dann werden unsere Kunden auf dem Bildschirm lesen können, was sich gerade abspielt.“*

Eine Vervierfachung der Kapazität ist natürlich nicht kostenlos zu haben. Ebenso wenig wie andere Korrekturen, zum Beispiel Verbesserung der Bestellfunktion, Weiterbildung des Servicepersonals oder kompromisslos sorgfältige Pflege der Kundendaten. Doch wenn Sie über Ihre Web-Site wirklich den Kontakt zu Ihren Kunden herstellen wollen, sind solche Verbesserungen im Hintergrund nicht optional. Wenn Sie online gehen, erhöht sich die Reichweite Ihres Unternehmens exorbitant. Sie werfen sozusagen ein sehr viel größeres Netz aus. Wenn Sie nicht gleichzeitig Ihr Unternehmensboot verstärken, könnte Sie ein fabelhafter Fang zum Kentern bringen. Daher kann eine Einladung zum Online-Besuch nur ein Element einer integrierten Marketingstrategie sein.

Unser Unternehmen Siebel Systems bietet technologische Lösungen für Verkauf und Marketing an. Wir achten in unserer Firma darauf, dass die für den Kunden direkt zugänglichen Funktionen und die Infrastruktur im Hintergrund eng miteinander verbunden sind. Wenn ein Kunde bei Siebel System anruft oder sich online meldet, wird zunächst der Auslöser für die Kontaktaufnahme festgestellt. Das kann unsere Web-Site, eine Print- oder Fernsehwerbung oder ein früherer Geschäftskontakt sein. Dann gibt unser Personal im Call-Center die eingehenden Informationen in unser automatisiertes Kundenmanagementsystem ein. Alle Reaktionen, Hinweise und Wünsche werden gespeichert, auf die ein anderer Sachbearbeiter oder eine andere Abteilung vielleicht später zurückgreifen muss. Dank eines firmenweiten, kontinuierlich aktualisierten Datenbankmanagements verfügen wir über sehr detaillierte Profile unserer Kunden. Damit stellen wir sicher, dass den Kunden – an welche „Tür" sie auch klopfen (oder klicken) – stets ein gut informierter Mitarbeiter zur Verfügung steht.

Wir nennen diesen automatisierten Informationsfluss einen „geschlossenen Kreislauf". Er steht im Mittelpunkt jeder effektiven Verkaufs- und Marketingstruktur. Er sollte auch im Mittelpunkt Ihrer Planung für eine Web-Seite stehen.

Lektion 7: Machen Sie sich nicht allein auf den Weg

Strategische Allianzen werden für Unternehmen in zunehmendem Maße überlebenswichtig. Nirgends gilt dies mehr als im World Wide Web. Was wir zurzeit beobachten, bezeichnen einige Analysten als das Ende der vertikalen Integration und den Beginn eines Modells der Zusammenarbeit, „virtuelle Integration" genannt. Immer mehr erfolgreiche Unternehmen begreifen, dass kontinuierlicher Erfolg nur durch Ressourcenverflechtung zu erreichen ist und die Tage der einsamen Wölfe gezählt sind.

Das Unternehmen Ariba Technologies Inc. hat beispielsweise ein Online-Warenwirtschaftssystem entwickelt, mit dem es solche wirtschaftlichen Schwergewichte wie Cisco Systems und VISA als Kunden gewinnen konnte. Vor kurzem versammelte Ariba ein Konsortium von gleichermaßen erfolgreichen Spezialisten, um einen

Beschaffungskonzern für alle Branchen von A bis Z zu gründen. Unter diesem gemeinsamen, neuen Dach wird Ariba sein bereits erfolgreiches Ressourcenmanagement durch das Know-how der anderen Beteiligten bereichern können. Ariba profitiert von der Versand- und Lagererfahrung von FedEx, der Kompetenz im Datenmanagement von Sterling Commerce und dem Online-Zahlungsverfahren, das von VeriFone, einem Experten für sicheren Datenverkehr im Net, entwickelt wurde. Aribas Klient Visa wird eine einzigartige Kundenkarte mit einbringen, die, in Kombination mit VeriFones Software, die Sicherheit zusätzlich erhöht.

Doch was hat die Unternehmen zu einem solchen Schritt veranlaßt? Der Wille zu überleben. Die Automation breitet sich unaufhaltsam aus und E-Business ist das Gebot der Stunde. Daher müssen kleine Firmen wie Ariba ihre Kapazitäten ausweiten, um den spezifischen (und wechselnden) Anforderungen ihrer Unternehmensklientel gerecht werden zu können. Der Präsident von Ariba, Keith Krach, erkannte, dass dies allein unmöglich sein würde. Gegenüber *Interactive Week* sagte er: „Wir glauben, dass kein einzelnes Unternehmen in der Lage ist, den gesamten Beschaffungszyklus zu automatisieren und flexible Lösungen für einen vernetzten Handel anzubieten. Deshalb sind wir Partnerschaften mit den Marktführern in Schlüsselbereichen eingegangen."

Classifieds2000 unternahm einen vergleichbaren Versuch, die Reichweite zu steigern. Das Unternehmen mit Sitz in Sunnyvale, Kalifornien veröffentlicht im Internet Kleinanzeigen in neun Kategorien, darunter Immobilien, Jobs und Persönliches. Finanziert durch die kommerziellen Werbekunden, kann es Privatpersonen kostenlose Inserate anbieten.

Kleinanzeigen im Internet haben der gedruckten Version gegenüber einen entscheidenden Vorteil, denn sie sind einem internationalen Publikum zugänglich und lassen sich mit der Computertechnologie schneller durchforsten. Karim El-Fishawy, der Marketingchef von Classifieds2000, formuliert es so: „Sie können das Gesuchte rasch finden, weil Sie dem Computer genau sagen können, was Sie wollen – Schluss mit dem ewigen Blättern in Zeitungen." Classifieds2000 nutzte diesen Vorteil und schloss Bündnisse mit über 130 anderen Sites, darunter Microsofts WebTV und renommierte Suchmaschinen wie Lycos und Infoseek. Das synergistische Ergebnis war eine Flut von Besuchern auf der Site. El-Fishawy beziffert ihre Zahl auf 2,5 Millionen täglich.

Beide vorgestellte Partnerschaften sind echte Web-Phänomene. Sie haben nicht schon vorher bestanden und sind lediglich ins Web hinübergewandert. Diese synergistischen Allianzen konnten sich erst in der revolutionären Interaktivität einer vernetzten Umgebung bilden. Dies ist eine der aufregenden Seiten des E-Business – seine Fähigkeit, die elementaren Regeln des Spiels umzuschreiben.

Lektion 8: Abheben und fliegen lernen

Geschäftsleute gehen seit Jahrhunderten davon aus, dass man bei der Gründung oder dem Aufbau eines Unternehmens genau wissen muss, wohin die Reise gehen soll. Dieses Prinzip wird durch die Innovationsgeschwindigkeit in der Internet-Branche grundsätzlich infrage gestellt. In der Welt des Nets sind die Produktzyklen so kurzlebig geworden, dass die übliche Vorsicht manchmal zum Nachteil gereichen kann. Statt „Eile mit Weile" heißt das Motto für den wirtschaftlichen Erfolg heute „Wage den Sprung ins kalte Wasser", oder wie Online-Verleger Chuck Martin empfiehlt „Loslegen und lernen".

Das „Loslegen" – also die Strategie, besser etwas mit dem Floß zu befördern, als ein perfektes Schiff im Trockendock zu haben – ist die logische Konsequenz des Moore'schen Gesetzes. Gordon Moore, Mitgründer von Intel, formulierte dieses Prinzip in den siebziger Jahren, als sein junges Unternehmen den heute allgegenwärtigen Mikroprozessor entwickelte. Moores Gesetz besagt, wie eingangs erwähnt, dass sich Geschwindigkeit, Größe und Kosten der Mikroprozessoren – und damit die Computerleistung allgemein – alle 18 Monate um den Faktor zwei verbessern. Mit anderen Worten: Was immer Sie im Moment auch benutzen mögen – in wenig mehr als einem Jahr wird es veraltet sein. Deshalb steht die gesamte Branche unter einem enormen Konkurrenzdruck. Kunden mit hohen Ansprüchen an die Rechenleistung dürfen sich freuen, da ständig bessere Produkte auf den Markt kommen. Um diesen Anforderungen gerecht werden zu können, müssen Unternehmen „jetzt starten". In der Computerindustrie können Sie es sich einfach nicht leisten, so lange zu warten, bis alles perfekt ist. Und das gleiche Prinzip gilt für jeden, der darüber nachdenkt, online zu gehen.

Doch wer ohne den festen Willen zu lernen startet, wird mit Sicherheit scheitern. Deshalb sollten wir daran denken, dass „beherzt zur Tat schreiten" nicht „improvisieren" bedeutet, sondern *kontinuierlich lernen*. Um Missverständnissen vorzubeugen: Lassen Sie das Schiff vom Stapel. Doch rechnen Sie auch mit Problemen und treffen Sie entsprechend Vorsorge. Das Prinzip „Loslegen und lernen" ist vielleicht nicht gerade konservativ, aber es ist auch nicht leichtsinnig. Wie es umgesetzt wird, zeigt der Start der Shopping-Site von Walt Disney.

Wir alle wissen, wie bemüht Disney um ein perfektes Image ist, und Sie erwarten möglicherweise eine Site, auf der „jedes I sein Tüpfelchen hat". In Wirklichkeit, obwohl die Site sorgsamer als die meisten Firmen-Sites angelegt ist, bastelt die Disney Corporation ständig mit Hingabe an ihr herum. Zweck der Site ist es, so der Manager für den Online-Bereich Russ Gillam, eine möglichst hohe „Umwandlungsrate" der Besucher zu realisieren, d.h., jeden Online-Gast zu einem Käufer zu machen. Da über die Site fast doppelt so viel verkauft wird wie über vergleichbare Sites im Einzelhandel, könnte man annehmen, Gillam wäre zufrieden. Doch um noch höhere Umsätze zu erzielen, hat er ein 24-köpfiges Team aus Web-Entwicklern um sich geschart, deren Aufgabe die ständige Verbesserung der Site ist.

Bislang haben sie eine Hand voll virtueller Boutiquen entwikkelt, ein Navigationskarussell, Einkaufswagen, kundenspezifische Produkte und ein Bonussystem für Stammkunden. In Arbeit ist zurzeit noch eine direkte Schnittstelle zum Lager, die Aufträge binnen einer Stunde nach Erteilung abwickelt. „Die Zufriedenheit der Gäste wird steigen", prognostiziert Gillam, „weil sie ihre Pakete schneller bekommen." Bald wird es auch möglich sein, über die Site den Warenbestand abzufragen, so dass sich die virtuellen Besucher darüber informieren können, ob ein bestimmtes Produkt gerade nicht auf Lager ist. Alles in allem, ist Disneys Online-Shop ein Paradebeispiel dafür, wie durch kontinuierliche Weiterentwicklung eine Site effektiver gemacht werden kann.

Lektion 9: E-Business ist immer noch Business

Doch wozu soll sie effektiver werden? Bei Disney lautet die Antwort darauf „höhere Umwandlungsraten". Doch dies ist nur eine mögliche Antwort. Vielleicht streben Sie ein anderes Ziel an. Deshalb ein letzter Rat. Selbst für eine einfache Web-Site müssen Sie ein Mindestmaß an Ressourcen einsetzen. Definieren Sie daher, bevor Sie investieren, was diese Online-Präsenz Ihrem Unternehmen bringen soll.

Wenn Sie, wie Disney, tatsächlich Produkte über das Net verkaufen wollen, fein. Der Einzelhandel ist zurzeit zwar nicht die erfolgreichste Branche im E-Business, bietet aber dennoch großartige Chancen. Doch wenn das wirklich Ihr Ziel ist, beherzigen Sie folgenden Ratschlag von den erfolgreichsten Online-Einzelhändlern: Sorgen Sie für klar definierte, kontinuierliche Kommunikation zwischen Ihrer Infrastruktur im Hintergrund und Ihrer elektronischen „Tür". Und hören Sie Ihren Kunden zu, wenn sie Ihnen erzählen, was funktioniert und was nicht.

Wenn Sie, wie Ragú, nicht am direkten Verkauf interessiert sind, sondern den Firmenruf verbessern und den Markenwert erhöhen wollen, auch gut. Aber denken Sie daran, dass es im stark interaktiven Web nicht ausreicht, Ihren Namen und Ihr Logo hinauszuposaunen. Sie müssen sie mit Ryles „gehaltvoller Präsentation" verknüpfen. Das hat viel damit zu tun, ein Ambiente um Marken herum zu schaffen – eine subjektive Atmosphäre – und ein Geflecht aus markenrelevanten Informationen zu erzeugen.

Bislang haben Unternehmen das Web vor allem für den Direktverkauf und die Promotion von Marken benutzt. Seine Verwendungsmöglichkeiten sind aber vielfältiger und es liegt in der Natur des Webs, dass wir erst im Laufe der Zeit herausfinden werden, wie sich das Medium anderweitig nutzen lässt. Das Importunternehmen Pier One und der Büroartikellieferant Staples beschränken sich auf ihren Sites beispielsweise darauf, interessierte Kunden über den

Standort ihrer nächsten Zweigstelle zu informieren. Sie dienen lediglich als Wegweiser für Kunden, die bereits von der Qualität ihrer Marken überzeugt sind.

Allein die Wahl einer dieser Strategien ist weder richtig noch falsch. Worauf es ankommt, ist, sich über den eigentlichen Zweck einer Site im Klaren zu sein. Neulinge im Web geraten häufig in Schwierigkeiten, weil sie sich von dem Medium ein Auftragsvolumen erhoffen, für das die Struktur ihres Unternehmens nicht ausgelegt ist. Falls Sie das für eine ökonomische Binsenweisheit halten – Sie haben Recht. In gewisser Hinsicht ist dieses Prinzip das wichtigste von allen. Wird es nicht berücksichtigt, ist ein Desaster wahrscheinlich. Zur Veranschaulichung ein berühmtes Beispiel.

Nets. Inc. wurde 1990 in Pittsburgh unter dem Namen Automation New Network von Donald Jones gegründet. Das Unternehmen brachte ein Magazin mit den neuesten Handelsnachrichten heraus und einmal pro Halbjahr ein Verzeichnis mit Firmenadressen. Geplant war, das Unternehmen später zu einem elektronischen Clearinghaus für Herstellernachrichten und Produkte zu machen. Die Kunden sollten mit dem Unternehmen über einen Funkrufempfänger, einen Pager, verbunden werden und auf diese Weise Informationen herunterladen können. Doch dieses Verfahren stellte sich als zu teuer heraus. Im Jahre 1990 ergriff Jones die Chance, sein Konzept zu realisieren, indem er den Pager durch die kostengünstige Webtechnologie ersetzte. Ende 1995 war der Transfer des Magazins und der Produktinformationen ins Web abgeschlossen. Jones nahm die Kataloge von Produzenten in seine Site auf und kassierte dafür monatlich Gebühren in Höhe von zwei Millionen US-Dollar.

Obwohl die Web-Site ein Erfolg war, musste der nächste Schritt auf dem Weg zum E-Business von Dritten finanziert werden. Im Dezember 1995 gelang es Jones, den Hightech-Investmentkonzern Hambrecht & Quist für eine Investition von 15 Millionen US-Dollar zu gewinnen. H & Q war der Ansicht, dass ein guter Eindruck an der Wall Street sein Engagement am besten absichern würde. Daher wurde ein renommierter Experte gerufen, um die Geschäftsführung zu unterstützen. Die Wahl fiel auf den Softwaremanager Jim Manzi, der am Erfolg von Lotus Development maßgeblich beteiligt gewesen war.

Die Spitzenposition im Online-Geschäft zwischen Unternehmen war Jones' Traum. Er wollte in dieser riesigen Branche eine zentrale Position erobern und hohe Einkünfte aus Mitglieds- und Transaktionsgebühren erzielen. Seine Attraktivität bezog das Unternehmen damals in erster Linie aus dem Versprechen, dass die Mitglieder ihre Gewinne verdoppeln würden. Geschehen sollte dies durch die magischen Eigenschaften des E-Business, die aber nie näher erläutert wurden. Jeder „wusste“, dass der Internet-Handel zwischen Unternehmen in nächster Zukunft urplötzlich enorm zulegen und den Einzelhandel weit hinter sich lassen würde.

Aber es gab Probleme. Es fing damit an, dass Manzi die steigenden Ausgaben unterschätzte und sich bei ihm alles um Software drehte – in einem Unternehmen, in dem es nicht um Software ging. Die Tatsache, dass seine Softwareentwickler fast kein Programm termingerecht fertig stellten, beschleunigte den Niedergang des Unternehmens noch zusätzlich. Darüber hinaus plante er, Nets Inc. auf die Bereiche Reisen und Pharmazie auszudehnen, bevor die Marktführerschaft in den existierenden Märkten erreicht wäre. Sie können sich vorstellen, wie schnell der Stern des Unternehmens sank. Ein Jahr nach Manzis Ankunft waren die Einnahmen von zwei Millionen US-Dollar pro Monat auf 85000 US-Dollar gesunken. Das Unternehmen kämpfte noch bis Mai 1997 um sein Überleben, schloss dann aber endgültig seine Pforten.

Ausschlaggebend für dieses Scheitern war, dass Manzi und Jones blind auf einen baldigen Boom des E-Business vertraut hatten. Sie glaubten, dass ihr Kundenstamm wie von selbst kontinuierlich wachsen würde. Sie konzentrierten sich auf die Technologie, als sie sich besser auf die Zufriedenstellung der Kunden hätten konzentrieren sollen, und führten sich auf, als würden die normalen Gesetze der Wirtschaft für sie nicht gelten. Doch E-Business ist immer noch *Business*. Elektronische Kunden sind immer noch Kunden. Wenn Sie das vergessen, tun Sie es auf eigene Gefahr.

Wenn Ihre Kunden am Ende des Tages nicht mit Ihnen zufrieden sind, macht es keinen Unterschied mehr, ob Sie ihnen ein Produkt über das Web verkauft oder es per Handkarren an die Wohnungstür geliefert haben. Wenn Sie Ihren Kunden nicht von Nutzen sein können, werden sie Sie für einen Anbieter verlassen, der es kann. Wenn Ihren Kunden die Verbindung mit Ihnen keine Vorteile bringt, werden sie sich einen Konkurrenten suchen, der ihnen eine umfassende Partnerschaft und eine dauernde Beziehung anbietet.

Es geht nicht um das „E“ in E-Business. Es geht darum, dem Kunden von Nutzen zu sein. In all dem Rummel hatten Manzi und Jones diese Tatsache vergessen. Aber ihre Kunden nicht.

Lektion 10: Ja, Sie können es

Die letzte Lektion handelt von einer Hürde, die Sie überspringen müssen. Viele der berühmten Erfolgsgeschichten aus der ersten Generation des Internets spielen in äußerst großen und erfolgreichen globalen Konzernen. Daher denken Sie vielleicht, diese Technologie sei eine Nummer zu groß für Sie – besonders, wenn Ihr Unternehmen klein ist oder auf dem Dorf liegt. Diese Abneigung zu überwinden ist zwingend notwendig, denn die Erfolgsrezepte der Giganten *lassen* sich verallgemeinern. Mögliche Zweifel Ihrerseits werden sich angesichts der Fakten rasch zerstreuen. An den drei am häufigsten vorgebrachten Einwänden sei hier erläutert, wie die Realität wirklich aussieht.

„E-Business kann in meinem Unternehmen nicht realisiert werden – es ist zu teuer.“

Ja, es kostet Geld. Aber um Geld zu verdienen, müssen Sie auch Geld ausgeben. Und mit der richtigen Strategie kann eine Investition in das Online-Geschäft äußerst kosteneffektiv sein. Pete Solvik, Chief Information Officer des Riesen Cisco, schätzt die laufenden Kosten für die Infrastruktur des E-Business in seiner Firma auf jährlich knapp zehn Millionen US-Dollar. Außerdem musste das Unternehmen 50 Millionen US-Dollar in der Anfangsphase investieren. Im Vergleich zum finanziellen Rücklauf Ciscos nehmen sich diese Zahlen allerdings klein aus. Wenn Sie klug sind, werden Sie die Online-Technologie Ihren Bedürfnissen anpassen. Übertreiben Sie es nicht und tun Sie, was für Ihr Unternehmen angemessen ist.

„Es wird ein kultureller Schock für meine Manager und mein Verkaufspersonal sein. Ich werde es niemals umsetzen können.“

Neue Ideen stoßen immer auf Widerstand. Doch wenn Sie glauben, dass ein kultureller Schock Grund genug dafür ist, die Hände vom Web zu lassen – denken Sie noch einmal nach. Tatsache ist, dass der Kulturwandel bereits vollzogen ist: Selbst Cisco-Chefmanager John Chambers geht davon aus, dass in naher Zukunft ein Viertel aller *kleinen* Unternehmen online sein wird und doppelt so viele mittelständische (50 Prozent). Akzeptieren Sie dies und führen Sie den kulturellen Wandel in Ihrem Unternehmen herbei. Andernfalls werden Sie mitansehen müssen, wie Ihre Firma ins kulturelle Abseits gerät. Wenn Sie ihn wirklich wollen und Ihre Mitarbeiter am Erfolg beteiligen, wird es funktionieren.

„Meine Kunden haben sich daran gewöhnt, wie die Dinge laufen.“

Zweifellos. Aber sie bitten Sie auch laut und deutlich, ihnen bei Veränderungen behilflich zu sein. Ihre Kunden sind bereit für das E-Business. Sie warten darauf, dass Sie ihnen den Weg zeigen. Sie hoffen, am beiderseitigen Erfolg teilzuhaben, den eine Online-Strategie bringen wird. Marktführer wie Cisco, Compaq und Charles Schwab können heute sehr viel mehr Kunden qualifizierte und maßgeschneiderte Unterstützung anbieten als in der Zeit vor dem Internet. Dies wirkt sich unmittelbar positiv auf die Kundenzufriedenheit aus. Auch ihre Erträge sind höher als früher und ihre Geschäftspartner profitieren direkt und indirekt von diesem Umstand.

Steigende Erträge, höhere betriebliche Leistungsfähigkeit, geringere Kosten, glücklichere Kunden. In welcher Branche oder Umsatzklasse Ihr Unternehmen auch sein mag – diese Gelegenheit sollte kein kluger Geschäftsmann verstreichen lassen.

Teil II

AM HORIZONT

Regeln für das E-Business

4. Privates „Infotainment“ wird globalem Unternehmertum weichen

Eine der frühen Fehleinschätzungen ging davon aus, dass sich im Web vor allem Banausen tummeln würden. Der Sozialkritiker Neil Postman warnte 1993 in seinem in der *Toronto Globe and Mail* erschienenen Artikel „Der Schund der Zukunft“ vor der neuen Technologie. Er schrieb, dass ihr wesentlicher Zweck darin bestünde, das bereits verfügbare Riesenbuffet des „Infotainments“ zu vergrößern. Sie würde vor allem ziellosen und egozentrischen Verbrauchern immer mehr billige Komödien, seichte Nachrichten und Spielshows liefern.

Selbst 1993 nahmen nur wenige Geschäftsleute diese Art von Kritik ernst. Doch die ihr zugrunde liegende Technologiefeindlichkeit war in Diskussionen über das Medium stets ein Faktor und sie hat viel zu dem Vorurteil beigetragen, dass Aktivitäten im Cyberspace gleichzeitig amüsant und anarchistisch sind. Dieses Bild ließ dem Uninformierten das Internet nicht gerade als einen idealen Ort für Geschäfte, sondern eher für Spaß und Spiele erscheinen.

Doch der Schwerpunkt verlagert sich, und zwar rasch. Die Verwandlung des Webs in ein rein *geschäftliches* Medium ist der erste und vielleicht offensichtlichste Trend, den jeder erkennt, der einige Zeit darin verbringt. Häufig wird gesagt, dass das Web niemandem gehört. In juristischer Hinsicht trifft das sicherlich zu. Doch wenn irgendjemand einen De-facto-Anspruch geltend machen darf, dann nicht die Unterhaltungslieferanten, sondern die Geschäftsleute. Als ein kleiner, aber deutlicher Hinweis auf die Vorherrschaft der Unternehmen darf der juristische Streit um die Domain-Adressen gewertet werden.

Wem gehört der Name Ihres Unternehmens?

Der gesunde Menschenverstand – und die Logik der Suchmaschinen – sprechen dafür, dass Ihre Internetadresse entweder den Namen oder den Gegenstand Ihres Unternehmens widerspiegelt. Wenn Ihre Firma also Diamond Inc. heißt und Sie Glühlampen herstellen, sollten Sie sich unter www.diamond.com oder www.glühlampe.com eintragen lassen. Hört sich wie eine gute Regel an, lässt sich aber bis heute – wegen der hartnäckigen „Infotainment“-Einstellung – nicht immer realisieren. Denn die zuständige Stelle für die Registrierung von Internet-Adressen, die Network Information Center and Network Solutions Inc., akzeptiert seit langem die Domain-Namen in der Reihenfolge der eingehenden Anträge. Daher ist Ihre ideale Adresse unter Umständen schon vergeben – und nicht zwangsläufig an eine Firma namens „Diamond“ oder einen anderen Glühlampenhersteller.

Viele Unternehmer konnten sich allerdings ihre berühmten Markennamen und Slogans reservieren lassen. Deshalb gelangen Sie, wenn Sie www.whopper.com, www.pampers.com oder www.justdoit.com eingeben, tatsächlich auf die Site von Burger King, Procter & Gamble oder Nike. Aber andere „offensichtliche“ Adressen erweisen sich als Überraschung. Die Coca-Cola Company kämpft beispielsweise um die Domain www.coke.com, über die zurzeit Rajeev Arora verfügt. Die McDonald's Corporation ist unter www.mcdonalds.com erreichbar, musste dieses Privileg aber dem ursprünglichen Besitzer, Joshua Quittner, abkaufen, indem sie seiner Lieblingsschule eine Spende zukommen ließ. Liebend gern würde der Hamburgerbrater auch die Rechte an www.bigmac.com erwerben, doch diese Domain befindet sich zurzeit noch in den Händen von James McDonald. Tim Young gehört www.bandaid.com, John Shelepet gehört www.jello.com, und wenn Sie auf www.abc.com klicken, landen Sie nicht auf der Site des großen Senders, sondern bei ABC Design, einem Unternehmen aus Seattle, das schnell geschaltet hatte.

Als ob diese juristischen „Übergriffe“ noch nicht ausreichten, um Firmenjuristen in den Wahnsinn zu treiben, müssen sich einige Unternehmen auch mit Domain-Saboteuren herumplagen. Bis vor kurzem gehörte die Site www.ringlingbrothers.com nicht dem berühmten Zirkus, sondern der Tierschutzorganisation PETA (People for the Ethical Treatment of Animals). Die Tierfreunde benutzten die Site, um auf das Schicksal misshandelter Zirkuselefanten aufmerksam zu machen. Im Frühling 1998 sprach ein Gericht den Namen den Brüdern Ringling zu, woraufhin PETA nach www.circuses.com umsiedelte. PETA selbst war interessanterweise ebenfalls Opfer eines Domainklaus geworden. Im Jahre 1996 ließ ein gewisser Michael Doughney den Namen www.peta.org registrieren und veröffentlichte auf der Site seine Satire „People Eating Tasty Animals" (Menschen essen leckere Tiere). Network Solutions verfügte alsbald, dass weder er noch PETA den Namen benutzen dürften. Daraufhin gründete Doughney die Schutzgemeinschaft für Domain-Namen, die prompt PETA in der Affäre Ringling zu Hilfe eilte. Im Cyberspace entstehen die seltsamsten Bündnisse.

All diese Vorgänge zeigen zum einen, dass im Net die heitersten Geschichten geschrieben werden. Zum anderen illustrieren sie die fortgesetzte Debatte darüber, ob die „eigentliche" Aufgabe des Mediums nun die Unterhaltung ist (also Infotainment) oder ob es in erster Linie dem Geschäftlichen dient. Die Verfechter geschützter Domain-Namen verweisen auf die Verfassung und argumentieren, dass die freie Rede Vorrang vor dem Schutz eingetragener Warenzeichen hat; damit verteidigen sie Rechte (abgesehen vom spekulativen Wert, den der Besitz eines solchen Namens bedeutet) wie Liberalität, Individualismus und Privateigentum.

Die Eigentümer von Warenzeichen sehen die Sache natürlich anders und die Logik des Nets – vom gesunden Menschenverstand ganz zu schweigen – ist auf ihrer Seite. Obwohl in der gegenwärtigen „Domain-Manie" einigen Unternehmen vielleicht ihre Produktnamen vor der Nase weggeschnappt werden, ist ein Abflauen dieser Anomalien in naher Zukunft zu erwarten. Die Rolle des Nets als wirtschaftlicher Motor – zum Wohle der dienstleistenden Unternehmen und damit der Öffentlichkeit – wird seinen Wert als Unterhaltungsmedium völlig ausblenden. Das Ergebnis wird ein historischer Wandel vom Privaten zum Globalen sein.

Ein globalisierendes Medium

Diese Dominanz des Geschäftlichen wird jedes Mal deutlich, wenn Sie sich am PC einloggen und von einem Strauß kommerzieller

Botschaften begrüßt werden. Sie äußert sich weiterhin in den Aktienkursen der Internet-Firmen und in der Entstehung solcher Unternehmen wie Yahoo!, Schwab und Cisco, die technologische und Marketinginnovationen virtuos miteinander verschmelzen. Zweifellos werden sich nichtkommerzielle Net-Enthusiasten auch weiterhin im Web ausbreiten. Doch die Zukunft dieser Technologie gehört der Wirtschaft. Die Verbindung zwischen dem World Wide Web und der globalen Ökonomie ist eine ebenso natürliche Partnerschaft wie im 19. Jahrhundert die Symbiose zwischen Eisenbahn und Unternehmen.

Wenn wir global sagen, meinen wir genau das. Obwohl die erste Generation des Internethandels von den US-amerikanischen Unternehmen dominiert wurde, ist die Ausweitung auf den übrigen Planeten unausweichlich. Denn die Ökonomie selbst ist so enorm globalisiert.

Zuerst werden die europäischen Unternehmen dazustoßen. Einige amerikanische Beobachter werfen zwar immer noch skeptische Blicke auf die europäischen „Internots" und auch in Europa gibt es noch Widerstände gegen die neue Technologie. Doch der Konsens unter europäischen Führungskräften ist eindeutig: Sie wollen im Internet an vorderster Front mitstreiten. „Wir in Europa haben mittlerweile vollständig begriffen, welche Chancen das Net bietet", sagte letztes Jahr ein europäischer Produktionsmanager. „Wir bleiben am Ball; wir haben die anfängliche Verwirrung überwunden."

Der Aufschwung des Nets litt bislang an den begrenzten Infrastrukturen und der zögerlichen Deregulierung der Telekommunikationsmärkte. Doch die meisten europäischen Führungskräfte sind zuversichtlich, dass diese Hürden binnen einiger Jahre genommen werden. Wie viele Jahre das dauern wird, ist natürlich noch offen, doch selbst die pessimistischsten Beobachter sind sich darin einig, dass der Einzelhandel und das Geschäft zwischen Unternehmen in den Startlöchern stehen. Kurzfristige Prognosen für den europäischen Internet-Handel zwischen Unternehmen – die auch die vorsichtige Forrester Research für realistisch hält – gehen davon aus, dass in zwei Jahren die Umsätze in diesem Bereich bei 60 Millionen US-Dollar liegen werden. Produktions- und Großhandelsfirmen werden an der Spitze stehen und Deutschland und Großbritannien die führenden Nationen sein.

Trotz der dortigen Finanzkrise verspricht auch Asien, früh vom Aufschwung des E-Business profitieren zu können. Ein anschauliches Beispiel ist Asian Sources On-Line.

Das Unternehmen mit Sitz in Hongkong gehört Asiens größtem Handelsverlag und ging im Oktober 1995 als Verbindung zwischen asiatischen Exporteuren und internationalen Importeuren online. Jeder Lieferant entrichtet eine fixe Gebühr dafür, dass er seine Homepage auf der Site von Asian Source veröffentlichen darf. Auf ihren Homepages erklären die Exporteure, wer und wo sie sind, was sie verkaufen, welche Bedingungen sie stellen und wie sie bei Bedarf für Käufer zu kontaktieren sind; darüber hinaus sind von den Homepages aus elektronische Kataloge zugänglich. Die Dienstleistung kann von den Importeuren kostenlos in Anspruch genommen werden.

Dieses elektronische Modell funktioniert so einfach und reibungslos, dass die Gewinne Tausender asiatischer Exporteure gewaltig gestiegen sind und Asian Sources On-Line ein phänomenaler Erfolg wurde. Die ursprüngliche Mitgliederzahl stieg von 200 auf über 7000 an und die Site beherbergt mittlerweile Beschreibungen von mehr als 42000 Artikeln, von Gartenmöbeln bis zu Computermonitoren. Das Unternehmen hatte mit einem Startkapital von nur sechs Millionen US-Dollar begonnen und konnte innerhalb der vergangenen zwei Jahre die Umsätze jeweils verdoppeln. Die Bilanz des laufenden Geschäftsjahres wird voraussichtlich zehn Millionen US-Dollar Bruttoeinnahmen ausweisen. Zwei wichtige Lehren lassen sich aus diesem Erfolg über Nacht ziehen.

Die erste: In der Welt des Webs *erzeugt Geschwindigkeit noch höhere Geschwindigkeit.* Es ist allein auf die schnellen Internetverbindungen zurückzuführen, dass Asian Sources On-Line seine Mitgliederzahl in nur drei Jahren um erstaunliche 3 500 Prozent erhöhen konnte. Ein begeisterter Journalist formuliert es so: „Ein Hersteller in einer entlegenen Stadt in China kann morgens Asian Sources anrufen; dann nimmt er am Nachmittag digitale Fotos seiner Produkte auf und kann die benötigten Daten zusammenstellen und abschicken; Asian Sources On-Line bringt diese Informationen am folgenden Tag auf den Monitor eines Importeurs in New York, Frankfurt oder Sydney."

Die zweite Lektion: *Der globale Markt ist grenzenlos.* New York, Frankfurt und Sydney, natürlich – aber Asian Sources war noch an ganz anderen Orten erfolgreich. Es mag zunächst widersinnig erscheinen, doch eine überraschend große Zahl von vermittelten Aufträgen kam aus Gegenden der Welt, die technologisch unterentwickelt sind. Beispielsweise loggte sich nur die Hälfte der Importeure von Nordamerika aus ein, während großes Interesse vor allem in Lateinamerika und Osteuropa herrschte. Der große Bedarf an Net-Infrastrukturen in diesen Ländern stellt für kluge Unternehmer einen praktisch vollkommen offenen Absatzmarkt dar. Das gleiche gilt in doppeltem Maße für die asiatischen Länder. Asian Source hat hart daran gearbeitet, die Einstellung der traditionellen Lieferanten zu verändern und Asiaten vom Potenzial des Internet-Handels zu überzeugen.

Sie hatten offenbar Erfolg. Und ihre Vorgehensweise stellt nur eine Möglichkeit von vielen dar, in den praktisch grenzenlosen Markt vorzustoßen. Für größere Unternehmen ist der vernetzte Planet schon heute ein einziger Markt; für die kleineren wird er es bald sein. In der Ära des World Wide Webs verläuft die Entwicklung zwangsläufig vom Privaten zum Globalen.

Der Grund dafür liegt darin, dass die Vernetzung per Internet nicht nur global ist, sondern auch *globalisierend.* Indem das Net dem Gesetz der Menge folgt, *wird es zu seinem eigenen Wachstumsmotor.* Wie dieses Prinzip funktionieren kann, macht das Beispiel von PlanetAll deutlich. Das innovative Internet-Unternehmen nahm sich des Problems der Unerreichbarkeit an und wurde innerhalb von nur zwei Jahren zum globalen Schrittmacher.

PlanetAll erobert die Welt

Unter dem treffenden Namen PlanetAll (www.planetall.com) gewährt das Unternehmen seinen Abonnenten Zugang zum sicherlich umfassendsten Adressbuch der Welt. Vor weniger als zwei Jahren in Boston gegründet, nehmen heute über 1,5 Millionen Mitglieder seine Dienste in Anspruch und vor kurzem wurde es für über 100 Millionen US-Dollar von Amazon.com gekauft. An PlanetAll wollen wir beispielhaft beschreiben, wie unglaublich schnell das E-Business zurzeit wächst und wie das Internet fast automatisch Unternehmen globalisiert.

Der Ausgangspunkt: Eine simple Adressenliste

Warren Adams, President und Mitgründer von PlanetAll, erklärt, dass die Idee für ein Online-Adreßbuch schon vor zehn Jahren entstand, als er noch an der Colgate University studierte. Damals begann er gegen Ende des Sommersemesters darüber nachzudenken, wie ein Verzeichnis herzustellen wäre, mit dem Freunde während der Ferien Kontakt halten könnten.

> *„Die Idee war folgende: Die Kommilitonen sollten mir ihre Sommeradressen geben, ich würde sie alle in den Computer eintippen und dann ein Gesamtverzeichnis und persönliche Listen für einzelne Feriengebiete ausdrucken. Wären Sie damals in der ersten Augustwoche nach Martha's Vineyard gefahren, hätte ich Ihnen sagen können, dass sich dort zur gleichen Zeit noch sechs andere Studienkollegen aufhalten würden, von denen Sie sonst nichts gewusst hätten.*
>
> *Das liegt nun zehn Jahre zurück und es gab nicht nur kein Internet, sondern auch fast noch keine Computer. Wir lebten in der prähistorischen Ära des Kontaktmanagements und stiegen gerade erst von der Schreibmaschine auf den PC um. Zu jener Zeit war das Konzept nur innerhalb der allernächsten Umgebung praktikabel. Die Leute mussten in mein Zimmer kommen, ihre Termine und Adressen in den Computer eingeben und dann erhielten sie am Anfang der Sommerferien von mir einen Ausdruck. Häufiges Aktualisieren war nicht möglich. Und es war definitiv noch in der Phase: ‚Wäre es nicht eine gute Idee?'*
>
> *Die Idee tauchte sechs Jahre später, während meines Hauptstudiums an der Harvard Business School, wieder auf. Auch dort traf ich Menschen, mit denen ich in Kontakt bleiben*

wollte, und gleichzeitig merkte ich, dass immer mehr meiner Kontakte zu den Freunden von früher abbrachen. Und wieder blieb es nur bei der Idee; ich verließ Boston und zog nach London, um als Unternehmensberater zu arbeiten. Es brauchte noch weitere sechs Monate, bis die Idee schließlich Gestalt annahm.

Der Auslöser war ein Klassentreffen, für das ich von London nach New York flog. An diesem Wochenende müssen wohl 15 Freunde auf mich zugekommen sein und gesagt haben: ‚Na so was, wenn ich doch nur gewusst hätte, dass du in London wohnst. Noch vor einer Woche war ich dort‘ oder ‚Letzten Monat war ich da‘, usw. An diesem Wochenende fasste ich einen Entschluss. Es gab offensichtlich großen Bedarf für ein Hilfsmittel, mit dem Menschen mit ihren Freunden in Kontakt bleiben konnten.

Das war vor zwei Jahren. Damals war das Web natürlich schon im Kommen. Die Technologie stand zur Verfügung und die ersten Benutzer verschickten bereits E-Mails. Das Internet hielt nicht nur in die Unternehmen Einzug, sondern auch in die Haushalte. Derzeit existieren noch zu viele Schwierigkeiten – u. a. die Probleme mit der Bandbreite – als dass es allgegenwärtig sein könnte. Doch wir sind bereits auf dem besten Wege und PlanetAll ist ganz vorne mit dabei.“

Den Unterschied zwischen dem elektronischen Produkt von PlanetAll und traditionellen Adressverzeichnissen macht die Software-unterstützte Aktualisierung aus. Die Informationen in bestehenden Adressbüchern, ob gedruckt oder elektronisch, veralten schnell und werden wertlos, denn das Leben schreitet heute sehr rasch fort. Man trifft nicht einfach nur ständig neue Menschen, wie Adams erklärt, sondern jeder neue Kontakt hat eine Vielzahl von „Datenschnittstellen“.

„Jeder hat heute eine E-Mail-Adresse, ein Handy und wahrscheinlich jeweils ein Faxgerät im Büro und zu Hause. Daher wird es immer schwieriger, mit 100, 500 oder 1 000 Menschen in Kontakt zu bleiben – besonders wenn sie umziehen.

Wir wollen im Hintergrund als Dateninfrastruktur fungieren, die all diese Informationen aktualisiert und den Benutzern zugänglich macht, unabhängig davon, wo sie sich gerade befinden oder wie spät es ist.
In früheren Zeiten des Kontaktmanagements wurden ständig Visitenkarten ausgetauscht und die Einträge im elektronischen Rolodex von Hand geändert. Jedes Mal, wenn sich bei Ihnen etwas veränderte, mussten Sie zu all diesen Menschen Kontakt aufnehmen und ihnen die neuen Informationen geben – vorausgesetzt, Sie wussten, wo sie zu erreichen waren. Wir bei PlanetAll haben dieses Modell auf den Kopf gestellt. Wir sagten uns: Wäre es nicht einfacher, wenn ich nur noch meine eigenen Informationen im Auge haben und aktualisieren müsste? Und wenn ich dann entscheiden könnte, wer sie bekommt und wer nicht?
Unsere Software funktioniert wie eine Informationsvermittlung, die nur solche Informationen weiterleitet, die Sie für den Versand an andere Teilnehmer bestimmen. Jeder Benutzer entscheidet, wer über seinen Geburtstag, seine neue Anstellung oder andere Daten informiert wird. Sie treffen sämtliche individuellen Entscheidungen an einem einzigen Ort – Ihrem Computer oder Laptop. Dann werden die Informationen durch das System befördert und bringen die elektronischen Kontaktmanager all jener Personen auf den neuesten Stand, für die Sie die Informationen bestimmt haben.“

Dies bedeutet eine enorme Zeitersparnis für alle Berufstätigen in Zeitnot und die Vorteile liegen nicht nur im privaten Bereich. Durch einen Eintrag bei PlanetAll können Sie von der Bank bis zum Zustellservice Ihrer Tageszeitung jeden davon informieren, wenn Sie umziehen. Auch viele Ehemaligenvereine der Universitäten haben großes Interesse an dem Service bekundet. Adams erklärt, dass diese Organisationen auf eine effizientere Weise über den Aufenthalt einstiger Absolventen auf dem Laufenden bleiben wollen.

„Wenn sich Ihre Adresse ändert, wird das System Ihr Kreditkarteninstitut über den neuen Wohnort informieren, Ihre bevorzugte Luftfahrtgesellschaft, den Abonnentenservice Ihrer Magazine und jedermann und jede Institution, die davon wissen sollte. In Zukunft wird unser Service selbst die Post über eine neue Adresse in Kenntnis setzen, so dass Sie sich das Abholen der Nachsendeanträge sparen können. Zurzeit ist die Benachrichtigung der Postzusteller und Zeitschriftenverlage noch mit dem Ausfüllen einiger Formulare verbunden, doch mit Hilfe unserer Partnerunternehmen wird auch das bald auf elektronischem Wege zu erledigen sein."

Der wichtigste Erfolgsfaktor: Die riesige Klientel

Was als Adressbuch für Studienfreunde begann, ist heute ein umfassendes und flexibles Instrument für den internationalen Informationsabgleich. Und für diese Entwicklung brauchte es nur zwei kurze Jahre. Die Geschwindigkeit, mit der viele solcher neuen Geschäftsideen zum Erfolg im Web führen, ist eines der verblüffenden und gleichwohl typischen Merkmale des Internets. Im Fall PlanetAll war das Erfolgskriterium die Zahl der Mitglieder, die nur zwei Monate nach Eröffnung der Site im Januar 1997 von 7000 auf über 1,5 Millionen gestiegen war.

Die riesige Klientel von PlanetAll besteht eigentlich aus zwei unterschiedlichen Segmenten mit gemeinsamer Schnittmenge. „Wir fahren in der Tat eine mehrgleisige Strategie", sagt Adams, „denn wir stellen unseren Service sowohl den Endverbrauchern als auch großen Organisationen zur Verfügung."

„Die Endverbraucher sind die Millionen von Privatpersonen, die ihre große Zahl von Kontakten pflegen wollen. Sie machen den größten Teil unserer Kundschaft aus und wir liefern ihnen in erster Linie Inhalte. Sie bekommen Peters aktuelle Telefonnummer und die Information, dass er eine neue Stelle in Denver bei einer bestimmten Firma angenommen hat. Peter ist ebenfalls einer unserer Endkunden und eigentlich derjenige, der uns die Inhalte liefert, durch die der Service

für all seine bei PlanetAll registrierten Bekannten nützlich wird. In diesem Sinne sind unsere Endkunden gleichzeitig unsere Lieferanten.
Das andere Kundensegment bilden große Organisationen und andere Web-Sites, die unsere Technologie benutzen. So etwas ist auch bei anderen Unternehmen durchaus üblich. Barnes & Noble war etwa einer der Großkunden von Firefly. Und in ähnlicher Weise sind Lycos und GeoCities unsere Kunden, die natürlich ihre eigenen Endkunden haben, die wir wiederum erreichen können, indem wir die Organisationen für uns gewinnen. Das Gleiche gilt für die vielen kleineren Organisationen – Ehemaligenvereine, Branchenverbände, Interessengruppen – die sich unserer Technologie bedienen, um ihre Mitgliederdaten zu verwalten. Wir führen über 80000 Gruppenverzeichnisse und die Zahlen steigen weiter.“

Aufgrund dieser hybriden Kundschaft kann auch PlanetAll seine ganz eigene Strategie der „Gratisgaben“ verfolgen, deren Vorteile für das E-Business wir bereits in Kapitel 3 erläutert hatten. Für die Endverbraucher ist das Adressbuch kostenlos. „Wir verdienen unser Geld“, sagt Adams, „indem wir nicht die Endkunden zahlen lassen, sondern von unseren anderen Kunden und Web-Partnern Gebühren erheben.“

„Wir werden bald dazu übergehen, unseren Privatkunden bestimmte Leistungen in Rechnung zu stellen – wie das Aktualisieren von Zeitschriftenabonnements. Doch grundsätzlich soll der Basisservice kostenlos sein und die Gewinne nur durch die lizenzierte Vergabe unserer Technologie entstehen. Wir verfolgen eine Art ‚Intel inside‘-Strategie. Lycos kann unseren Service auf seiner Site unter der Rubrik Kontaktmanagement anbieten und sich dann auf dem eigenen Server selbst darum kümmern oder es von uns erledigen lassen. So können wir uns als Teil des Lycos-Produktes darstellen und nicht als isolierte Ziel-Site.“

Die Kunden selbst betreiben Marketing

Die technischen Schwierigkeiten des ausufernden Datenmanagements stellen PlanetAll vor immer neue Herausforderungen. Ende 1998 stellte das Unternehmen den Betrieb ihres ursprünglichen Servers ein und wechselte zu einem leistungsstärkeren, mit dem sich die Daten von Millionen von Kunden verwalten lassen werden. In traditionellen Branchen würde man solche Zahlen wohl für allzu optimistisch halten. Im Cyberspace, in dem allein *heute* viele Millionen das Internet nutzen, sind solche Wachstumsprognosen jedoch realistisch.

Der entscheidende Grund für dieses Wachstum, erklärt Adams, liegt in der Eigenart des Unternehmens selbst. Die gegenwärtigen Benutzer begünstigen die Expansion der Dienstleistung auf ganz natürliche Weise, indem sie anderen Menschen davon erzählen und so für neue Beitritte werben. Rufen Sie sich noch einmal das Gesetz der Menge in Erinnerung, das wir in der Einleitung skizziert hatten. Für Adams beruht der Erfolg von PlanetAll auf einem ähnlichen Prinzip.

> *„Der technische Fachbegriff dafür ist ‚Netzwerk-Externalisierung'. Ihre Wirkungsweise konnten wir im Telefonsystem beobachten, bei der Ausbreitung der Faxgeräte und vor kurzem auch beim Entstehen von ‚Buddy-Lists' im Internet. Diese Listen geben in Echtzeit Auskunft darüber, welcher Ihrer Freunde sich gerade im Net aufhält, so dass Sie ihm mal eben online einen guten Morgen wünschen können. Innerhalb der letzten zwei Jahre ist die Popularität dieses Produkts enorm gestiegen, da seine Benutzer anderen potenziellen Benutzern darüber erzählen – so eine Art ‚Gute-Nachricht-Virus', der sich aus eigener Kraft verbreitet.*
> *Bei PlanetAll war uns von Anfang an klar, dass auch wir von einer solchen Kraft profitieren würden. Ein Treffen mit Michael Porter, einer meiner Professoren in Harvard, ist mir noch gut in Erinnerung. Als ich dem renommierten Strategen und Wettbewerbsanalysten eine frühe PowerPoint-Präsentation vorführte und wir zur Netzwerk-*

Externalisierung kamen, fingen seine Augen zu glänzen an. ‚Toll', sagte er, ‚euer Marketing wird im Grunde genommen von den Leuten erledigt, die das Produkt benutzen.'
Und genau so geschah es. Wir schickten zunächst zu etwa 100 Universitäten Vertreter, die auf jedem Campus zwischen 50 und 100 Studenten für einen Beitritt gewinnen konnten. Diese ersten 50 oder 100 Unterschriften zu bekommen, war harte Arbeit. Doch dann zogen wir einfach davon und ließen das Virus sich verbreiten.
Es funktionierte an der Harvard Business School und am MIT; und mittlerweile breitet es sich auch innerhalb der Unternehmen aus. Sie bewegen genügend Berater von McKinsey zum Beitritt – vielleicht 20 oder 50 –, und diese fangen an, ihren Kollegen davon zu erzählen und es breitet sich einfach in der ganzen Organisation aus.
Gruppe für Gruppe verfolgen wir dieses Wachstum und glauben, dass wir jetzt an einem Punkt angelangt sind, an dem wir über Folgendes nachdenken müssen: Wird es sich von allein weiter ausbreiten oder müssen wir die Expansion durch Anreize unterstützen? Deshalb gibt es nun ein Programm ‚Planet Points', bei dem wir Punkte vergeben, die gegen Flugtickets, wohltätige Spenden, T-Shirts oder Ähnliches eingetauscht werden können. Doch die ersten zwei Jahre unserer Expansion schulden wir allein der Netzwerk-Externalisierung."

Auch im Cyberspace entscheidend: Das Angebot muss stimmen

Die kürzlich erfolgte Übernahme des Unternehmens durch Amazon.com mit seinen Millionen Kunden wird die Bostoner Firma an ein noch größeres Netzwerk anbinden. Darüber hinaus darf die Übernahme als Indiz für eine erweiterte Strategie des Buchhändlers gewertet werden: Amazon.com wird die Adress- und Terminverwaltung von PlanetAll dazu einsetzen, um seinem Ziel des „reibungslosen Einkaufs" noch ein Stück näher zu kommen. Dieses gemeinsame Ziel war das ursprüngliche Motiv für die beiden Unternehmen, sich an einen Tisch zu setzen. Bei den ersten Sondierungsgesprächen war eine Übernahme noch gar kein Thema. Dazu Adams:

„Das ergab sich, ohne dass wir darauf hingearbeitet hätten. Als wir im Sommer 1998 mit Amazon Kontakt aufnahmen, ging es überhaupt nicht um eine Übernahme. Wir begannen etwa so: Ihr seid im E-Business und versucht, den Einkauf reibungslos zu machen. Darum habt ihr ihn ins Web verlagert und ihr macht das Einkaufen wirklich bequem. Es gibt aber noch ein paar andere Maßnahmen, mit denen sich die Reibungsverluste noch weiter reduzieren lassen – und da kommen wir ins Spiel.
Zuerst einmal wollten wir die Menschen über Ereignisse im Leben ihrer Bekannten und Freunde informieren, die eine Bestellung bei Amazon motivieren würden. Jemand zieht um, jemand hat Geburtstag oder ein Jubiläum, jemand besteht eine Prüfung oder jemand kommt bald in die Stadt – all diese Ereignisse könnten eine Bestellung veranlassen. Bereits heute werden viele der Bücher, CDs und Videos von Amazon als Geschenke für andere gekauft. Unsere Fähigkeit, die Leute schriftlich an bestimmte Ereignisse zu erinnern, war der eine zentrale Punkt, der für eine Zusammenarbeit sprach. Eine Kooperation war außerdem erstrebenswert, weil der Kunde auch wissen will, an welche Adresse er das gekaufte Geschenk schicken muss. Wenn er sein Adressbuch sofort zur Hand hat, auf der gleichen Site darauf zugreifen kann, Peters Namen durch ein Geburtstagssymbol hervorgehoben findet und bei einem Klick darauf seine aktuelle Adresse erfährt – dann ist das Einkaufen wieder ein Stück leichter geworden.
Vor allem aus diesen zwei Gründen erschien ein Zusammenschluss mit Amazon für beide Unternehmen sinnvoll. Einer Übernahme stand dann nichts mehr im Wege, da wir unter unserem eigenen Namen in Boston bleiben konnten und der damals gebotene Preis angemessen war. Wir haben reichlich Ideen für die Zukunft, doch es wird sich auch weiterhin alles

um Shopping drehen und darum, wie wir den Kunden das Einkaufen erleichtern können.“

Wenn sich all dies wie das kleine Einmaleins der Wirtschaft anhört, sollten Sie nicht überrascht sein. Wie die meisten Pioniere im E-Business konzentriert sich Adams auf die grundlegenden Geschäftsprinzipien und bemüht sich, Kunden und potenziellen Investoren einen hohen Gegenwert für ihr Geld zu bieten. Wenn er über die Chancen im Web spricht, dann in sehr traditionellen Kategorien. Er ist davon überzeugt, dass – bei aller Aufregung um die Technologie – der entscheidende Faktor in jeder Branche doch immer noch die Beziehung zwischen Unternehmen und Kunden ist.

„Eine der größten Errungenschaften des E-Business ist, dass wir schneller bessere Informationen über unsere Kunden bekommen. Diese Informationen lassen uns verstehen, wie hoch der langfristige Wert eines Kunden ist. Das Web gibt uns so viel mehr Daten, um diesen Wert zu messen, einzuschätzen und die exakte Höhe unserer Akquisitionskosten zu ermitteln. Auch unser Wissen über das Kundenverhalten wird immer detaillierter – und ist nicht auf den Zeitpunkt des Kaufs beschränkt. Seit der Einführung der Kreditkarte können wir herausfinden, wie viele Bücher jemand bei Barnes & Noble gekauft hat. Indem wir die Besucherströme auf einer Web-Site zurückverfolgen, erfahren wir mittlerweile sehr viel mehr. Nicht nur der Kauf einzelner Produkte lässt sich identifizieren, sondern auch die Kaufmuster und selbst die Schritte auf dem Weg zur Kaufentscheidung. Sie können nachvollziehen, wie sich der Kunde im virtuellen Ladengeschäft bewegt hat. Sie wissen, dass er zuerst bei Tom Clancy gestöbert hat, bevor seine Wahl auf Danielle Steel fiel. In diesem Bereich hat sich eine Menge geändert.“

Erst investieren – dann profitieren

Aber vieles andere, so Adams, hat sich nicht wirklich geändert. Zumindest nicht, was die Kernkompetenzen angeht, die den langfristigen Erfolg eines Unternehmens und den Kurs seiner Aktien bestimmen. Internet-Pioniere wie Amazon.com werden beispielsweise häufig kritisiert, weil sie noch keine Gewinne erwirtschaften – und viele Analysten, die auf diesen Punkt Wert legen, wollen andeuten, dass die hochfliegenden Börsenkurse dieser Unternehmen in krassem Gegensatz zu ihren roten Zahlen stehen. Adams dagegen blickt optimistischer in die Zukunft:

> *„Die Leute sagen: ‚Diese Unternehmen werfen noch nichts ab. Wie können sie etwas wert sein?‘ Doch denken Sie nur einmal an die Zeit des Kabels zurück, als zunächst hohe Summen in Marketing und Entwicklung investiert worden waren, bevor irgend jemand angemessene Gewinne erzielte. Ebenso verhielt es sich mit der pharmazeutischen Industrie. Erst musste viel Geld für die Entwicklung von Viagra® aufgewendet werden, bevor auch nur ein Pfennig damit verdient werden konnte. So funktionieren Vorausinvestitionen nun einmal – und haben vielleicht nie anders funktioniert.*
>
> *Es wäre sicherlich interessant, das Rad der ökonomischen Geschichte zurückzudrehen und einen Blick auf die frühe Erdölbranche zu werfen. Damals kauften Glücksritter Grundstücke in entlegenen Gebieten, wo vielleicht Öl zu finden war. Sie mussten für die Grundstücke in bar bezahlen und konnten sich manchmal nur auf ihren Spürsinn verlassen. Die aufzuwendenden Summen wurden immer höher und schließlich stießen ein paar von ihnen auf Öl. Erst ab diesem Zeitpunkt begann sich die Investition zu lohnen, nicht schon vorher.*
>
> *Danach kamen natürlich die Großunternehmen wie Standard Oil und kauften die besten Grundstücke und konsolidierten. Meines Erachtens steht uns in der Internet-Branche eine ganz ähnliche Entwicklung bevor. Die Yahoos und Amazons sind für mich die Standard Oils der neuen Welt und gegenwärtig kaufen sie die kleinen und mittleren Unternehmen auf. Das ‚Risikounternehmen Öl‘ wurde im 19. Jahrhundert zur Grundlage einer ganzen Ökonomie. Ich bin davon überzeugt, dass das Internet eine vergleichbare Rolle spielen wird. Es*

> *wird das Leben aller Menschen beeinflussen und zum weltweiten Standard für geschäftliche Aktivitäten werden. Wenn Sie also glauben, Amazon.com oder einer der anderen Großen sei überbewertet, rufen Sie sich die Geschichte in Erinnerung."*

Mit der gleichen Zuversicht beurteilt Adams den Erfolg seines eigenen Unternehmens. So kometenhaft sein Aufstieg auch war, ist er sich dennoch sehr bewusst, dass der Aufbau einer stabilen Basis ein längerfristiges Projekt ist. Aus dieser Überzeugung resultierte die Strategie der kostenlosen Mitgliedschaft ebenso wie PlanetAlls Wunsch nach Kooperation mit den Standard Oils im Cyberspace – um sich mit Hilfe von Lycos und Amazon.com Präsenz zu verschaffen. „Ziel des Unternehmens ist es", so Adams, „überall gegenwärtig zu sein."

Rufen wir uns noch einmal Eric Schmidts kluge Definition einer URL in Erinnerung: „Allgegenwart jetzt, Profite später." Eine Erkenntnis, die die Erfolgsgeschichte von PlanetAll nur zu anschaulich illustriert – mit dem einen Unterschied, dass das Prinzip der Netzwerk-Externalisierung Anlass zur Hoffnung gibt, dass die Gewinnzone eher früher als später erreicht werden könnte.

Entertainment muss sich lohnen

Wir haben bereits mehrfach betont, dass am Ende der Evolution des Nets eine globale Ökonomie stehen wird. Damit schließen wir jedoch nicht aus, dass dieses Medium weiterhin eine große Anziehungskraft auf die Unterhaltungsbranche ausübt. Doch auch diese Aktivitäten, der Logik des Nets folgend, werden sich entweder den ökonomischen Regeln anpassen müssen oder in die Unsichtbarkeit privater Nischen versinken.

Eine kürzlich von Forrester Research durchgeführte Untersuchung ergab beispielsweise, dass Internet-Spiele gegenwärtig mit Startschwierigkeiten zu kämpfen hätten. Der gleiche Bericht prognostizierte aber auch eine Verdreifachung der Umsätze in diesem Bereich innerhalb der nächsten Jahre. Die Vorbedingung dafür sei, dass die uneinheitlichen Strukturen des heutigen Spielbetriebs erst einmal in „Game-Centern" konsolidiert werden. Zurzeit leidet diese Form der Online-Unterhaltung noch an zu geringen Bandbreiten und Koordinationsdefiziten – an Letzteren vor allem, weil die Versendung der Spielregeln an die Teilnehmer zu lange dauert. Hinzu kommt, dass es an einem eindeutigen und zuverlässigen Unternehmensmodell fehlt und die Zielgruppe, junge Männer, „auf Play Stations und CD-ROM-Spiele fixiert ist". Online-Spielzentren, so die Autoren der Marktanalyse, „werden die Probleme hinsichtlich Technologie, Kundenakquisition und ökonomischem Prototyp lösen", und die Umsätze in diesem Segment werden vielleicht schon Anfang des neuen Jahrhunderts 1,6 Millionen US-Dollar übersteigen.

Wenn diese Prognosen tatsächlich eintreffen, wird zumindest diese Form des Online-Entertainments den gleichen kommerziellen Pfaden folgen wie so viele andere Branchen. Unter der Führung von Microsofts Internet Gaming Zone und anderen frühen Einsteigern werden dann Game Centers zu kommerziellen Systemen mit integrierten Zahlungsoptionen und Online-Shops ausgebaut; Partnerschaften mit Autorisationsfirmen wie CyberCash entstehen und ein gesetzteres und breiteres Publikum wird angesprochen – etwa Schachspieler. Und die Game Center werden sich ein Beispiel an PlanetAll und anderen kostenlosen Dienstleistern nehmen und ihre Sites Werbern und Sponsoren entgeltlich zur Verfügung stellen.

Eine der interessantesten Begleiterscheinungen dieses Trends wird die Aufweichung der Grenzen sein, die aus Sicht der Kunden zwischen Spielen und Reklame bestehen. Die Logos der Sponsoren werden in die Spiele selbst integriert werden und, so die Auftraggeber des Berichts, „Unternehmen wie Nike, Spalding und Gatorade werden ihr Online-Klientel effektiver erreichen, indem sie Partnerschaften mit Yoyodyne Entertainment oder Sandbox Entertainment eingehen und deren Online-Ligen sponsern".

Eine solche Strategie haben wir bereits im dritten Kapitel vorgestellt und das Beispiel der Partnerschaft zwischen Fastball und Gap genannt. Diese Art von Zusammenarbeit steht in idealer Übereinstimmung mit der Entwicklungsrichtung des Nets. Die Unterhaltung wird nicht einfach von der Wirtschaft an den Rand gedrängt werden, sondern das dominierende Entertainment wird wirtschaftlich motiviert sein. Wie alles andere in diesem von Grund auf kommerziellen Medium, wird auch das Infotainment weniger umgangen als absorbiert werden.

Regeln und keine Regeln

Joe Lassiter, Managementprofessor an der Harvard Business School und ehemaliger President von Wildfire Communications, hat Dutzende aufstrebender Internet-Unternehmen unter die Lupe genommen. Aus seiner Sicht birgt die unterschiedliche Beurteilung des Nets als Entertainment-Medium einerseits und Weltwirtschaftszone andererseits wenig Konfliktstoff. Er identifiziert vielmehr eine gewisse kreative Spannung zwischen diesen beiden Vorstellungen. „Sie können das Net“, so Lassiter, „durchaus mit dem alten wilden Westen vergleichen.“

„Zu jener Zeit war es wichtig, in bestimmten Teilen des Landes Regeln zu etablieren und z.B. das Wegerecht zu sichern. Die Eisenbahn konnte über diese Schneisen ausgebaut werden und neuen Siedlungsraum erschließen. Doch ebenso wichtig war, dass es an vielen Orten noch keine verbindlichen Regeln gab. Das machte den Westen attraktiv – die Risiken und die Freiheit in einem Gebiet, in dem gleichzeitig eine grundsätzliche juristische Stabilität gewährleistet war. Eines der interessantesten Merkmale des heutigen Webs ist, dass die Regierung nicht die gesamte „Gleisstrecke“ bauen muss, sondern jeder ein kleines Stück davon legt. Jeder experimentiert mit seinen eigenen Regeln und manchmal – wie etwa im Fall Cisco – wird die Innovation tatsächlich zur Regel – oder zum Standard –, nach denen das Web errichtet wird. All diese ganz unterschiedlichen Aktivitäten erzeugen Aufbruchstimmung und der innovative Unternehmer kann, in intellektueller wie ökonomischer Hinsicht, mit hohem Tempo voranschreiten. In regelmäßigen Abständen gerät die Situation zwar außer Kontrolle – so geschah es auch im wilden

Westen – doch es entsteht eine positive Spannung zwischen Regeln und Regellosigkeit, die für raschen Fortschritt unverzichtbar ist."

Diese Spannung nutzbar zu machen, kann natürlich ein schwieriges Unterfangen sein. Wie wir im nächsten Kapitel erläutern werden, ist Professor Lassiters Vergleich mit dem Wilden Westen sehr viel treffender, als bis jetzt vielleicht deutlich wurde. Denn vor die größten Herausforderungen im „weiten Land des Nets" stellen uns – sowohl was die Regeln als auch die Innovationen angeht – die frühesten „Pioniere" des Mediums.

5. Die Internet-Pioniere werden ihre Branchen neu definieren

Obwohl das „E" in E-Business für „elektronisch" steht, könnte es ebenso gut das Wort „experimentell" abkürzen. Wenn es ein Merkmal gibt, das Internetunternehmer von ihren traditionellen Kollegen unterscheidet, dann die Bereitschaft, das Bestehende zu verändern. Die heutigen Pioniere des E-Business tun das, was die berühmten Pioniere der Vergangenheit – die Edisons, die Fords, die Gutenbergs – schon immer getan haben: Sie sahen sich die etablierten Spielregeln an und sagten sich ungeduldig: „Lasst uns endlich etwas *Neues* ausprobieren."

Wenn Sie im Internet Erfolg haben wollen, vergessen Sie, was Sie „wissen". Beginnen Sie mit der Prämisse, dass Prämissen in der Regel (jedenfalls im Net) auch falsch sein können. Hören Sie beispielsweise die erstaunlichste Erfolgsgeschichte des Web-Einzelhandels: Sie handelt vom – nach eigenem Bekunden – „größten Buchhandel der Welt".

Das unsichtbare Warenlager

Amazon.com ist ein elektronischer Buchversand mit Hauptsitz in Seattle. Die Gründer errichteten ihr Unternehmen am Pionier Square, einem malerischen Platz in der Innenstadt, der im eleganten Stil des 19. Jahrhunderts wieder hergerichtet wurde. Dieser Buchhändler hat sich den Ruf erworben, mehr Titel anzubieten als jeder andere Buchladen der Welt – eigenen Angaben zufolge über drei Millionen. Der Unterschied zwischen diesem Buchladen und einem an der nächsten Ecke besteht darin, dass Sie niemals eine reale Tür zu einem Raum voller Bücherregale öffnen werden. Die einzigen Türen, die Ihnen offen stehen, sind die virtuellen Portale zu einem virtuellen Unternehmen, das ein riesiges Sortiment an virtuellen Titeln anbietet.

Wieso virtuelle Titel? Weil Sie bei einem Besuch der Firmen-Site keine Bücherstapel sehen. Sie können kein Buch in die Hand nehmen und den Klappentext lesen oder darin blättern, um sich von der Qualität des Werkes zu überzeugen. Sie können es nicht in Ihrer Hand wiegen oder andächtig über den Einband streichen. Wenn Sie wirklich die realen Räume dieses Buchversands betreten dürften, würden Sie wahrscheinlich wenig beeindruckt sein.

Vor allen Dingen sähen Sie zuerst einmal keine drei Millionen Bücher. Mit etwas Glück und Geduld könnten Sie vielleicht erspähen, wo einige Hundert in Kartons oder auf Regalen gelagert werden. Oder einige, die herumliegen und darauf warten, in den Online-Bestand von Amazon aufgenommen zu werden. Amazons enorme Auswahl an Büchern, die es mit der vieler großer Bibliotheken aufnehmen kann, ist nämlich ebenfalls virtuell. Sie existiert als Potenzial, als digitale Möglichkeit, die realisiert, physisch gemacht wird, indem sich ein Kunde für den Kauf eines bestimmten Buchs entscheidet. Diese Entscheidung löst eine Lawine von elektronischen Vorgängen aus: etwa den Befehl, ein Buch von einem Warenlager irgendwo in der Welt zu einer Kundenadresse zu liefern und eine entsprechende E-Mail abzuschicken, die den Versand bestätigt.

„Irgendwo" bedeutet eigentlich „viele Orte". Denn Amazons riesiges Sortiment, praktisch unsichtbar in Seattle, befindet sich tatsächlich in den Lagern anderer Buchhändler und Verlage, auf die das Unternehmen (und seine Kundschaft) per Mausklick Zugriff hat. „Unsichtbar" ist deshalb vielleicht ein wenig übertrieben. Amazons Warenbestand ist im wahrsten Sinne des Wortes *verstreut* – ein wirtschaftliches Konzept, auf dem die Just-in-Time-Produktion seit Jahrzehnten beruht und das die Unternehmer aus Seattle brillant modifiziert haben.

Für die Kunden ist „verstreut" und „unsichtbar" natürlich ohne Belang. Ihnen ist es gleich, wo ein Buch herkommt, solange es zügig an die Haustür geliefert wird. Amazons schneller Lieferservice – viele Bücher werden binnen 24 Stunden verschickt – stellt die Kunden auch in dieser Hinsicht automatisch zufrieden.

Da das Unternehmen online erreichbar ist und sämtliche Daten elektronisch verarbeitet werden, kann es seinen Kunden mehr bieten als die meisten anderen Buchläden. So erstellen die Lektoren wöchentlich eine Liste mit Bestsellern und eine mit Erfolg versprechenden Titeln; Bücher, die im *New York Times Book Review* besprochen werden, sind zehn bis 40 Prozent günstiger; und Stammkunden bekommen Tips, die sich aus früher geäußerten Interessen, Lieblingsautoren, Feedback über gelesene Bücher und bisherige Kaufentscheidungen bei Amazon ergeben. Diese letzte Dienstleistung, möglich durch das Platzieren von Cookies, sorgt für die individuelle Aufmerksamkeit, die im Cyberspace immer wichtiger wird.

Seit ihrem äußerst erfolgreichen öffentlichen Zeichnungsangebot im Mai 1997 ist Amazon.com eine Aktiengesellschaft. Während der Vorbereitungen für die öffentliche Emission zog das Unternehmen den Zorn der traditionellen Buchhändler auf sich, die es als lebensbedrohlichen Konkurrenten ansahen. Barnes & Noble, ein angesehener „traditioneller" Buchverkäufer, versuchte, die Emission zu verhindern und verklagte den Emporkömmling für seine Behauptung, mehr als (zu damaliger Zeit) zwei Millionen Titel anbieten zu können. Barnes & Noble forderten Amazon tatsächlich auf, die Zahl ihrer gelagerten Bücher mit der Unmenge von Titeln zu vergleichen, die ein typischer Buchladen in den Regalen stehen hat.

Dieser Sturm beschränkte sich nicht nur auf das sprichwörtliche Wasserglas – er entstand auch unter falschen Voraussetzungen. An ihrer Reaktion auf die Herausforderung aus Seattle ließ sich erkennen, dass Barnes & Noble die Dynamik eines neuen Marketingmodells verkannt hatten, besonders, was die Lieferung von Handelswaren anging. Im guten alten Stil des 19. Jahrhunderts betrachteten sie ihr Unternehmen als einen *Ort*, an dem sich reale Artikel befanden. Wenn sich ein bestimmter Artikel nicht bereits an diesem Ort befand – so ihre Strategie –, wurde er bestellt, d.h. an den Ort verbracht. Anschließend sollte der Kunde kommen und den Artikel mit nach Hause nehmen. Barnes & Noble sahen den Buchhandel als einen Umschlagplatz, als einen unverzichtbaren Mittler zwischen Verlag und Kunden.

Nur, dass er nicht unverzichtbar war. Dies hatte Amazon.com bewiesen. Und obwohl Barnes & Noble aufrichtig daran glaubten, dass Amazon.com seinen Kunden ein falsches Bild vermittelte, war die Wahrheit noch etwas hintergründiger – und richtungsweisender. Amazon.com hatte stets wortreich betont, dass sich virtuelle Unternehmen von „traditionellen Unternehmen" unterscheiden. Virtuelle Unternehmen brauchen kein großes Warenlager innerhalb der Geschäftsräume. Sie wollen stattdessen große Warenlager geradezu vermeiden. Sie streben ein Warenlager der Größe *Null* an und unmittelbaren Zugang zu anderen, verstreuten Warenlagern. Nur so kann virtuelles Verkaufen funktionieren. Nur so kann Just-in-Time-Produktion funktionieren. Und diese Lektion war es, die Amazon.com der gesamten Buchbranche erteilt hat.

Barnes & Noble haben sich von ihrer anfänglichen Verwirrung erholt und die Lage der Dinge erkannt. Mittlerweile haben sie sich repositioniert, um Amazons schärfster Konkurrent im Online-Handel zu werden. In ihrer Printwerbung rühmen sie sich eines um 50 Prozent höheren Titelbestands im Vergleich zu Amazon.com. Ihre Web-Site übertrifft vielleicht schon die von Amazon, denn sie vermittelt dieses Gemeinschaftsgefühl, nach dem Bücherwürmer so verlangen: B&N haben schließlich das einst radikal neue Konzept umgesetzt und verwandelten ihre Buchläden in Cafés mit Bücherregalen an den Wänden. Der Kampf um die Vorherrschaft in diesem Bereich ist wohl noch lange nicht ausgefochten.

Amazon.com ist wahrhaftig ein Phänomen, doch bei weitem nicht das einzige. Es gibt viele andere Pioniere, die von den virtuellen Märkten profitieren und die innerhalb der ersten fünf Jahre erkannt haben, welche realen Möglichkeiten innovativen Unternehmern im Internet offen stehen. Im Folgenden geben wir drei Beispiele aus den zurzeit am stärksten boomenden Online-Bereichen: Reisen, Musik und Computer.

Tickets und mehr

Die Einzelkategorie mit den höchsten Online-Umsätzen ist die Touristikbranche und das Unternehmen Preview Travel mit Sitz in San Francisco ist einer der Pioniere in diesem lukrativen Bereich. Preview begann Mitte der achtziger Jahre mit der Produktion von Reisevideos und wagte sich 1994 als Online-Anbieter von Flugreisen in den Cyberspace; bis heute hat es sich auf benachbarte Bereiche wie Autovermietung und Hotelreservierung ausgedehnt und bietet eigene Urlaubsreisen an.

Der Aufstieg des Unternehmens war rasant und bemerkenswert. Die Belegschaft hat sich von fünf auf fast 200 erhöht – davon arbeiten drei Viertel im Online-Bereich. Die Online-„Büros“ profitieren von einem Exklusivvertrag mit America Online und werden durchschnittlich 125 000 Mal am Tag besucht. Die Zahl der Buchungen wächst jährlich um fast 300 Prozent und, obwohl die Gewinnzone voraussichtlich erst im Jahr 2000 erreicht wird, das Provisionsvolumen aus dem Web-Geschäft ist ebenso atemberaubend. Zurzeit sind sie die Nummer eins in der Internet-Touristik. Der Erfolg von Preview Travel belegt die Macht der Virtualität und illustriert eine Reihe grundlegender Prinzipien, die im Online-Handel gelten.

Als Erstes wäre da die Klugheit – viele Analysten nennen es die Notwendigkeit –, einen neuen Geschäftsbereich *finanziell ausreichend zu unterstützen*. Das zweite ist der Wert *strategischer Allianzen*; in diesem Zusammenhang erwiesen sich die 32 Millionen US-Dollar, die Preview an AOL gezahlt hat, als kluge Investition in erhöhtes Verkehrsaufkommen auf der Site. „Die Exklusivität und die Zahl der Besucher heizen das Geschäft an“, sagt Ken Orton, Präsident und CEO von Preview. Und drittens müssen wir uns immer wieder bewusst machen, dass, online wie offline, *Komfort* der Schlüssel zum Erfolg ist. Anlässlich eines kürzlich gestarteten Gemeinschaftsprojekts mit dem Touristikverlag Fodor's (auch hier wieder das Prinzip Partnerschaft) schwärmt Orton von den Möglichkeiten für sein Unternehmen. Er strebt eine Aufnahme der Inhalte aus den Fodor-Reiseführern in das Multimedia-Programm von Preview an. In Kombination mit dem Reservierungsservice will er dann „alle relevanten Inhalte liefern, damit sich die Kunden bei einem einzigen Besuch vollständig informieren und sämtliche Leistungen buchen können“. Preview befindet sich bereits auf dem Weg zum One-Stop-Shopping – ein Service, der besonders den heutigen Vielfliegern eine Menge wert ist.

Welches Resümee lässt sich aus dem Erfolg Previews ziehen? James Oliver Cury, der Orton für ein texanisches Computermagazin interviewte, fasst es treffend zusammen. „Preview", so schreibt er, „ergriff alle Maßnahmen, die Cyber-Experten empfehlen. Es beschaffte sich Expansionskapital von Investoren, erweiterte das Programm und bot neben Flugreservierungen eigene Urlaubspakete an, nutzte alle Möglichkeiten des Webs, kooperierte mit Fodor's, um Online-Reiseführer zu erstellen, vermarktete die Site exzellent und vergaß nie, dass der Kunde König ist." Angesichts dieses erfolgreichen Präzedenzfalls werden aller Voraussicht nach die grauen Eminenzen der Reisebranche bald nachziehen. Bereits heute bieten viele große Fluglinien eine vereinfachte Version der Online-Buchung an, die der Pionier Preview zur Marktreife entwickelte.

Musik im Net

Eine der am schnellsten wachsenden Produkt- und Umsatzkategorien im Internet ist die Musik. Und das phänomenale Interesse an Online-Musik kommt auch dem E-Business zugute, ist sie doch für Einnahmen in Höhe von 50 Millionen US-Dollar jährlich verantwortlich. Ein Grund für dieses beeindruckende Wachstum liegt darin, dass die Menschen das Internet als ideales Medium für Musik erkannt haben und den Multimedia-PC als perfektes Instrument für das Net. Im deutlichen Gegensatz zu Videos, die bei ihrer Übertragung im Internet viel an Qualität einbüßen, erlaubt das Verfahren Streaming Audio, Klänge mit hoher Qualität im Internet zu übertragen. Beim Empfänger angekommen, können die Musikstücke mithilfe von Lautsprechern hörbar gemacht werden, die als Ergänzung für Computer heute im Handel erhältlich sind. Die Großen der Musikbranche haben daraus ihre Konsequenzen gezogen und beziehen Stellung, um von diesem expandierenden Bereich zu profitieren. Einige Indizien:

- Immer mehr Plattenfirmen, von Atlantic bis zu Warner Bros., gehen online und bieten ihre Produkte über kundenfreundliche Web-Sites an.
- Der Teenagerkanal Nummer eins, MTV, hat sich mit einer großen Suchmaschine, *Yahoo!*, zusammengetan, um den Besu-

chern der Site die Suche nach anderen Musik-Sites, Festivals und Kritiken zu erleichtern.

- Während eines von Intel gesponserten Ereignisses, dem New York Music Festival im Sommer 1997, wurden die Auftritte von über 400 Bands online live in alle Welt übertragen.

Erfolgreich in diesem Bereich ist auch ein weiterer Partner von *Yahoo!*. Das Sortiment des Unternehmens CDNow umfasst mehr als 250 000 Produkte und ist einer der größten Online-Musikhändler. CDNow wurde 1994 von den Brüdern Jason und Mathew Olim im Keller ihres Elternhauses gegründet und hat heute mehr als 200000 Kunden. Die Olims kontrollieren 33 Prozent des Musikeinzelhandels im Internet und damit einen doppelt so großen Marktanteil wie die Nummer zwei. Ihr Erfolg beruht nicht nur auf ihrem ausgedehnten Sortiment, sondern auch auf zusätzlichen, kostenlosen Serviceleistungen.

Die Besucher der Site können sich beispielsweise Hitlisten und Musikkritiken herunterladen, Konzerttermine durchforsten, die aktuellen Singles der Woche anhören und in den Biographien prominenter Künstler schmökern. Zusätzlich bietet CDNow eine eigene Suchmaschine, die beim Aufstöbern seltener Pressungen hilft. Und wie in jedem guten elektronischen Forum gibt es auch bei CDNow eine Chat-Line, über die sich Fans über neue Titel oder das letzte Konzert austauschen können.

CDNow hat sich außerdem im Bereich der Echtzeit-Übertragung von Musikvorschauen hervorgetan. Die Kunden können nicht nur per Internet aus 100 000 Titeln auf CDs und Musikkassetten auswählen, sondern online auch Ausschnitte daraus hören, bevor sie kaufen. Dieses Erlebnis kommt einem Besuch in einem Musikgeschäft nicht nur sehr nahe – die meisten Kunden von CDNow bevorzugen es sogar. Denn sie müssen nicht eigens zu einem „realen“ Plattenhändler gehen, nur um dann zu entdecken, dass die Auswahl geringer als bei CDNow ist. Dies ist ein Beispiel dafür, dass das digitale Erlebnis gehaltvoller sein kann als das reale Äquivalent.

Die Kapazität des Internets, Klänge zu übertragen, hat weniger zu einer neuen Art von Musikgeschäft geführt, als vielmehr eine neue Net-Gemeinde aus Musikfans begründet. Die Zahl ihrer enthusiastischen Mitglieder nimmt stetig zu und die Zuhörer beziehen schon jetzt einen großen Teil ihrer Musik aus dem Web. Liveauftritte, besonders solche, die nicht im Fernsehen übertragen wurden, lassen sich heute von zu Hause aus per Internet verfolgen und werden durch andere visuelle und Textinformationen noch ergänzt. Wer an einem solchen musikalischen Ereignis im Web teilnimmt, erlebt es als Gemeinschaftserfahrung, denn er weiß, dass er eines von vielen Mitgliedern einer Echtzeit-Gemeinde ist. Dies ist eine wichtige Lektion: Ein gemeinsames Merkmal aller erfolgreichen Web-Sites ist, dass sie ein Gefühl der Nähe oder „Wahlverwandschaft" erzeugen.

Auftragskontrolle und Partner-Check

Während die Tourismusbranche der umsatzstärkste Servicesektor im Internet ist, verteidigt die Computerbranche mühelos ihre Spitzenposition im Produktbereich. Berücksichtigt man die technischen Grundlagen des Internets, verwundert dies nicht sonderlich. Und doch wird die Dominanz der Computer im E-Business gelegentlich vergessen, da Wirtschaftsjournalisten meist Online-Angebote wie Flugreisen nach Aruba, die neueste CD von Garth Brooks oder Pornographie-Sites ins Licht der Öffentlichkeit rücken. Nur aufmerksamen Beobachtern des E-Business entgeht es nicht, dass etwa die *Hälfte* aller Online-Umsätze mit Computern oder verwandten Produkten wie Software und PC-Literatur erzielt wird. Oder dass Computerunternehmen ein Drittel der Web-Sites betreiben, die laut *Net Marketing* die besten 200 Sites im Business-to-Business-Bereich sind.

Einer der Marktführer in diesem Sektor ist Dell Computers. Das Unternehmen aus Texas verkaufte bisher über den traditionellen Versandhandel sehr erfolgreich PCs und vollzieht zurzeit den Übergang ins Net. Für die Jahrhundertwende erwartet Dell, dass die Hälfte der Aufträge online eingehen wird. Schon heute fließen täglich vier Millionen US-Dollar über die Site der Firma herein, die von vielen Millionen potenzieller Kunden im Jahr besucht wird.

Was Dell aus der Masse der Mitbewerber heraushebt, ist eine Kombination aus maßgeschneiderten Produkten, Service nach dem Kauf und kontinuierlicher Verbesserung. Um Sonderwünsche besser erfüllen zu können, benutzt das Unternehmen ein modulares Programm für den Online-Verkauf, mit dem die Kunden ihr Systempaket aus einer unbegrenzten Vielfalt zusammenstellen können. Dell bietet außerdem an, die Abwicklung der Bestellung mitzuverfolgen. Ein Service namens Order Watch informiert den Kunden per E-Mail darüber, wann die Lieferung das Unternehmen verlassen hat und welcher Frachtführer beauftragt wurde. (FedEx und UPS bieten ihren Kunden ebenfalls an, sich über den aktuellen Aufenthalt ihrer Pakete auf dem Laufenden zu halten.) Zur weiteren Verbesserung der Firmen-Site führt Dell regelmäßig „Brauchbarkeitsstudien" durch, um sicherzustellen, dass die Funktionen auf der Site tatsächlich verstanden werden. In einigen dieser Studien befragt das Unternehmen direkt die Besucher seiner Web-Site („Was glauben Sie, wozu diese Schaltfläche gut ist?") und wertet die Ergebnisse aus. Andere „Studien", erklärt Bill Morris, der Online-Chef bei Dell, sind weniger förmlich.

> *„Viele unserer Studien sind das, was wir firmenintern ‚Partner-Checks' nennen. Sie nehmen sie mit nach Hause und fragen, ‚Was hältst Du davon?' Wir haben herausgefunden, dass Partner-Checks sehr häufig mit den Brauchbarkeitsstudien übereinstimmen. Meine Frau kann beispielsweise die Brauchbarkeit einer Funktion ebenso gut einschätzen, wie viele Informationsmanager der Topunternehmen. Es geht vor allem darum, möglichst viele Meinungen zu den geplanten Veränderungen zu hören. Denn was Ihnen und Ihren Kollegen offensichtlich erscheint, ist möglicherweise weniger plausibel, als Sie dachten."*

Diese Lektion sollten Sie bei all Ihren Aktivitäten im E-Business niemals vergessen. Wie hochtechnisiert Ihre Firma auch sein mag – im Mittelpunkt steht immer noch der Kunde. Die Technologie treibt das E-Business voran, bleibt dabei aber stets ein *Mittel zum Zweck.*

Das Ziel ist, die Technologie zum Vorteil Ihres Unternehmens und Ihrer Kunden einzusetzen.

Transformierte Branchen – gemischte Ergebnisse

All diese Beispiele haben eines gemeinsam: Sie zeigen, wie großzügig das Internet einen offensiven Start belohnt – Analysten nennen es häufig den Überraschungsvorteil. Doch diese Tatsache an sich ist weniger nützlich als interessant. Für sich allein genommen sind Erfolgsgeschichten selten von Bedeutung; wären sie es, würden wir heute noch über das Phänomen Hula-Hoop-Reifen diskutieren. Der eigentliche Wert einer Erfolgsgeschichte liegt in den Veränderungen, die sie bewirkt hat. Diese berühmten Beispiele sind deshalb so wichtig, weil ihre weitreichenden, sozialen Auswirkungen unter Umständen etablierte Paradigmen erschüttern. Sie zeigen, dass Unternehmen sich ihren jeweiligen Branchen auf eine ganz neue Weise nähern und damit die Spielregeln in diesen Branchen neu definieren.

Managementprofessor Joe Lassiter von der Harvard Business School ist Experte für Verkaufs- und Marketingstrategien. Sein Spezialgebiet sind junge Unternehmen und Firmenübernahmen. Während eines kürzlich geführten Gesprächs ging Lassiter darauf ein, was seiner Meinung nach die wichtigste Lehre aus dem Fall Amazon.com sei: Das Internet macht es möglich – und nicht nur in der Buchbranche – eine klassische unternehmerische Aufgabe, das Management des Inventars, vollkommen neuartig anzugehen.

> *„Amazon hat diesen Bereich wirklich von Grund auf umgestaltet. Es gibt ein Finanzmodell, das Aussagen über die Cashflow-Situation eines Unternehmens macht, und letztendlich ist der Cashflow Motor einer jeden Firma. Der Cashflow hängt von der Wachstumsrate, der Rentabilität und der Kapitalintensität ab. Die Kapitalintensität, und hier kommt das Inventar ins Spiel, beschreibt, wie viel Geld Sie zur Verfügung haben müssen, damit die Geschäfte laufen können. Amazon funktioniert nun nach einem ökonomischen Modell,*

in dem eine ausgedehnte Betriebsstätte unnötig ist. Darüber hinaus braucht es auch keine Warenbestände, denn Sie und ich zahlen im Voraus, wenn wir ein Buch bestellen. Dies bedeutet, dass die Kapitalintensität buchstäblich negativ ist. Mit anderen Worten: Je schneller das Unternehmen wächst, desto mehr Bargeld steht für die Finanzierung seines Wachstums zur Verfügung.

Das Modell ist so attraktiv, dass andere große Buchhändler darauf reagieren mussten. Sie kopierten das Modell und versuchten, den Wettbewerbsvorsprung von Amazon einzuholen. Doch diese anderen Buchläden, die Barnes & Nobles und Borders, sind grundsätzlich immer noch einem Unternehmensmodell verhaftet, das für viele Aktivitäten in diesem Bereich allzu archaisch ist. Sie sind immer noch von der Notwendigkeit realer Ladengeschäfte überzeugt, in denen sie reale Waren aufbewahren und zum Kauf anbieten. Einige Kunden werden die Produkte sicherlich auch in Zukunft noch anfassen wollen, doch viele Kunden – und Investoren – ziehen die Alternative von Amazon vor. Jeder bei Barnes & Noble und bei Borders sucht zurzeit nach Möglichkeiten, die Unternehmensstrukturen radikal zu reformieren und so auf die Innovation Amazons zu reagieren.

Je mehr Konkurrenten das Modell Amazons kopieren, desto stärker wird der Wert des Unternehmens sinken. Denn die Mitbewerber werden Kunden abwerben, die Preise werden fallen und der ursprüngliche Innovationsbonus wird verschwinden. Amazon ist sich dessen bewusst und versucht daher nicht nur, das Net für einen effizienteren Service einzusetzen, sondern auch, Links zu anderen Dienstleistern herzustellen. Diese wiederum werden auf ihren Sites auf Amazon schneller zurückverweisen, als die Konkurrenz sich verdoppeln kann. Der Wert der so kombinierten Dienstleistungen und die virtuelle Benutzergemeinde werden Amazons Vorsprung am Markt ausbauen helfen. Die Menschen wollen auf der Web-Site Amazons nicht nur Bücher kaufen, sondern auch die Buchkritiken lesen, die sie sonst nirgends finden; sie

möchten die Plauderforen besuchen, in den Genuss von Stammkundenrabatten kommen usw.
Dies hat unter anderem deutliche Auswirkungen auf die Buchbestellungen, die ich für meine Vorlesungen aufgebe. Jedes Jahr muss ich für meine Studenten eine Literaturliste zusammenstellen. Wenn ich sie bei Amazon zusammenstelle, bin ich schneller damit fertig, als wenn ich bei irgendeinem anderen Einzelhändler suchen würde. Außerdem stehen meine Studenten für Bücher nicht gerne Schlange, und wenn sie sich für den Kauf eines zusätzlichen Buches entscheiden, klicken sie es an und können es schon am nächsten Morgen in Empfang nehmen. Dieses Verfahren ist einfach unglaublich bequem. Natürlich beeilen sich Barnes & Noble zurzeit, das Modell Amazons zu kopieren und möglichst noch zu verbessern."

Doch diese sichtbaren Auswirkungen des Webs auf eine ganze Branche, betont Lassiter, sind immer noch eher die Ausnahme als die Regel. Es gibt die unterschiedlichsten Reaktionen auf das Vorpreschen solcher Pioniere, sie reichen von sofortiger Erwiderung bis zu trägem Desinteresse. Ein weiteres Beispiel für einen Internet-Pionier ist der Online-Autohändler Autobytel.com, den wir im nächsten Kapitel ausführlicher vorstellen werden. Die Reaktion der Automobilindustrie auf dieses innovative Unternehmen, so Lassiter, zeigt, dass Innovationen nicht ausnahmslos kopiert werden.

„Die Buchbranche, die manchmal vielleicht als etwas langsam erscheinen mag, hat tatsächlich rascher reagiert als viele andere Branchen. Die wirklich großen Erfolgsgeschichten des Internets haben deutlich gemacht, wie relativ schnell die Reaktion von Konkurrenten wie Barnes & Noble in der Buchbranche war. In der Reisebranche hat es etwas länger gedauert und noch langsamer war die Automobilbranche. Und in der Letztgenannten läuft es genau so, wie man es sich gemeinhin vorstellt. Die Großunternehmen erweisen sich als ziemlich träge und die kleineren Firmen beschreiten neue Wege im Verkauf von Autos und in der Ge-

staltung der Beziehungen zwischen Verkaufspersonal und Kunden.“

Wenn sich hier ein Muster erkennen lässt, sagt Lassiter, dann hängt es wahrscheinlich mit dem Alter und der damit verbundenen Agilität der Unternehmen zusammen. Die älteren, wie GM, scheinen einfach weniger flexibel zu sein, wenn es darum geht, ihre etablierten Verfahren zu „reformieren“.

„In beinahe jeder Branche gibt es heute einen Vorreiter, der an Reformen interessiert ist und das Internet ist das nahe liegende Instrument zu ihrer Durchführung. Amazon ist ein solcher Vorreiter. Virtual Vineyards ist ein anderer. In neuen Bereichen gibt es Aufsteiger wie AllHerb, das homöopathische Arzneien vertreibt. Da ist Chemdex, das mit chemischen Spezialprodukten handelt. Und dort, wo bestehende Branchen erfolgreich transformiert werden, geschieht dies häufig durch junge Unternehmen oder solche, die gerade aufgekauft wurden. Denn gerade sie leiden besonders häufig unter Kapital- und Zeitmangel und müssen deshalb neue Wege gehen – oder scheitern.
All das liegt nicht einfach nur an der unverbrauchten Unternehmenskultur der Neulinge, sondern an ihren Mitarbeitern. Für die alten Firmen ist es schwierig, die Net-versierten Mitarbeiter, die interessanten Menschen, zu halten. Sie wechseln zu den neuen Unternehmen, die sich bereits im E-Business engagieren. Dies geschieht häufiger in Boston und Kalifornien als anderswo. Denn dort finden Sie eine Infrastruktur aus Menschen, Geld und Know-how, die solchen neuen, experimentellen Aktivitäten förderlich ist.“

Da Boston und Kalifornien schon seit langem bevorzugte Standorte der Computerindustrie sind, verwundert es wenig, dass Professor Lassiter so begeistert von dieser Branche ist. Die Zentrale einer Firma, die vormacht, wie in diesem Bereich alte Zöpfe abgeschnitten werden, befindet sich interessanterweise jedoch genau dazwischen: in Austin, Texas. Lassiter ist von den innovativen Maßnahmen des Unternehmens Dell Computers tief beeindruckt.

> *„Zurzeit klettern die Aktienkurse Dells unaufhaltsam und jeder glaubt, das Erfolgsgeheimnis der Firma zu kennen. Das Großartige an Dell ist, dass sich der Kunde selbst bedienen kann, und er neigt dazu, mehr zu kaufen, als wenn ein Verkäufer zwischengeschaltet wäre. Dieses Online-Modell reduziert die Risiken für den Kunden, er kauft mehr Produkte der oberen Preisklasse – manchmal vielleicht etwas zu überschwänglich, manchmal aber auch durchaus dem Verwendungszweck angemessen – und es gibt keinen Verkäufer, dem Dell Provision zahlen müsste.*
> *Vor Jahren hatte Dell mit dem Verkauf über das Telefon begonnen. Der Schritt ins Web war nur eine logische Erweiterung der Strategie, da sowohl Dell als auch die Kunden von höherer Geschwindigkeit und niedrigeren Kosten profitierten. Und das Modell transformiert unübersehbar die PC-Branche. Wenn diese Entwicklung einst abgeschlossen ist, wird jeder seinen Computer von zu Hause aus konfigurieren – ja, buchstäblich entwerfen –, denn das Modell von Dell wird überall Schule machen. Diese Entwicklung ist unausweichlich. Es ist die Anziehungskraft der negativen Kapitalintensität, der sich niemand entziehen kann."*

Festzuhalten bleibt aber, dass noch nicht alles „absolut automatisch" abläuft. Sie können bei Dell einen Computer online kaufen und konfigurieren, doch Sie können sich auch immer noch von den Telefonverkäufern beraten lassen, in ein PC-Geschäft gehen, das Dell-Computer führt und sogar in werkseigenen Verkaufsstellen von Dell einen aufgerüsteten Rechner erstehen. Selbst dieser Online-Marktführer bedient sich einer Kombination von Vertriebswegen. Im folgenden Kapitel werden wir mehr über solche Kombinationen erfahren.

6. Es wird mehr Marktmodelle geben – nicht weniger

Der Ansturm auf das Web war in den letzten Jahren so gewaltig, dass es einigen Beobachtern wie ein weltumspannender Moloch vorkommt, der sich anschickt, die Alleinherrschaft über die Zukunft an sich zu reißen. Eric Schmidt, Chairman und CEO von Novell, hält diese weit verbreitete Einschätzung für allzu verwegen. Er erkennt aber an, dass sie weniger auf strategischem Denken als auf hektischem Aktivismus beruht. Was wir gegenwärtig beobachten, glaubt Eric, ist „eine Art Massenhysterie."

„Normalerweise würden Menschen nicht Abermillionen von US-Dollars in den Einstieg in neue Vertriebswege investieren, wenn sie nicht mit angemessen hohen Rückflüssen rechnen könnten. Doch in diesem Klima, in dem niemand den Anschluss verpassen will, werfen die Menschen alle rationalen Wirtschaftsanalysen über Bord und geben ziellos Geld aus, nur um sagen zu können ‚Wir sind online'. Die Einzigen, die von dieser Einstellung wirklich profitieren, sind die 22-Jährigen, die die Web-Sites entwerfen.

Natürlich gibt es für diese Hysterie gewisse Gründe. In einem Markt, der so schnell wie das E-Business wächst, können sehr geringe Zeitunterschiede zu großen Verschiebungen der Marktanteile führen. In der Branche wird dafür der Begriff ‚Vorteil des ersten Zuges' benutzt. Betrachtet man innovative Unternehmen einmal im Allgemeinen, und nicht nur die in der Web-Branche, wird deutlich, dass es stets einen enormen Vorteil darstellt, der Erste in einem Markt zu sein. Wenn Ihnen das gelingt, können Sie den Markt nach Ihren Vorstellungen definieren und alle Nachfolgenden müssen sich gegen Sie abgrenzen.

Doch diese Erkenntnis ist nicht neu. Das ihr zugrunde liegende wirtschaftliche Prinzip ist alt und zeitlos. Sie gelangen als Erster in den Markt, gewinnen Kunden, binden sie an Ihr

Unternehmen und machen sie glücklich. Der Unterschied liegt allerdings in der Geschwindigkeit, mit der dies heute geschehen kann. Und in der Geschwindigkeit, mit der sich eine frühe Präsenz in spürbare Marktanteile übersetzen lässt. Das Paradigma des Internets ist ein rasantes und interaktives. Und diese Interaktivität erfordert schnelle Reaktionen.“

Wird das Internet also zwangsläufig zum dominierenden Vertriebsweg werden? Oder zum einzigen? Werden die eher traditionellen Kanäle einfach versumpfen und in wenigen Jahren, wie einige vorausgesagt haben, sämtliche kommerziellen Aktivitäten nur noch per *Ordre de Mufti*, über das Web ablaufen?

Vielfalt der Anwendungsmöglichkeiten

Wir glauben, nein – ebenso wie Eric. Wenn wir die Vielfalt der Anwendungsmöglichkeiten berücksichtigen, sind wir, so Eric, „von einem Web als einzigem Vertriebsweg noch weit entfernt“.

„Es gibt einige wenige Menschen, die praktisch alles über das Web kaufen. Ich kann sie gut verstehen, denn ich bin einer von ihnen. Was ich auch kaufen möchte – ich schaue zuerst im Net nach. Ich habe ein Flugzeug über das Net gekauft. Als es geliefert wurde, musste ich hingehen und das Flugzeug betrachten, um mich davon zu überzeugen, dass es auch wirklich existierte. Der Kaufvertrag und die Dokumentation wurden allerdings vollständig elektronisch abgewickelt. Doch dies ist ein offensichtlicher Sonderfall. Die meisten Menschen werden über das Web wohl seltener und in kleinerem Stil einkaufen.

Aber sie werden sich vielleicht ausgiebig im Net informieren. Selbst wenn sie das Produkt schließlich nicht online kaufen, wissen viele Kunden, dass Informationen die Spezialität des Webs sind. Meines Erachtens könnte der Markt selbst effizienter werden, wenn sich mehr Menschen erst einmal im Web um genaue Informationen bemühen würden.

Beispielsweise kaufte ich vor kurzem eine Kamera für den normalen Gebrauch, nicht etwa so ein Profimodell mit 35mm-Objektiv. Zunächst hatte ich von der Materie keine Ahnung, suchte in diesem Fall aber nicht nach Informationen im Web. Ich ging in ein Fotofachgeschäft und mir wurde ein Apparat zum Kauf empfohlen. Gesagt – getan; ich nahm ihn mit nach Hause, arbeitete mich durch die Gebrauchsanleitung und begutachtete meine Bilder. Ich war recht zufrieden mit ihnen, entdeckte dann aber wenig später im Web, dass ich für diese Kamera ein sehr spezielles Objektiv brauchte, wenn ich scharfe Kontraste erzielen wollte. Allen leidenschaftlichen Fotografen im Web war dies bekannt gewesen, nur meinem Verkäufer leider nicht.
Inwieweit wäre mein Einkaufserlebnis anders verlaufen, wenn ich von jenem Objektiv schon vorher gewusst hätte? Vielleicht wäre nichts anders gewesen, vielleicht aber auch eine ganze Menge. Wahrscheinlich hätte ich diese spezielle Kamera nicht direkt aus dem Web bestellt. Ich wollte zuerst mit jemandem persönlich sprechen, selbst wenn diese Person nicht besonders gut informiert gewesen wäre. Doch zumindest hätte ich diese zusätzliche Information gehabt und das ist eines der Dinge, für die das Web wirklich nützlich ist. Man kann dort entweder direkt kaufen oder sich aktuelle Informationen über neue Produkte beschaffen. Ich benutze es für beides, andere werden sich vielleicht nur informieren.“

Mehr als „Einer für Alle“

Doch Eric weist auch darauf hin, dass es neben den unterschiedlichen Anwendungsmöglichkeiten auch bestimmte beratungsintensive Produkte gibt, die eine zukünftige Alleinherrschaft des Nets unwahrscheinlich machen. Steht am Ende der Entwicklung ein Monopol des Nets? Oder gibt es Produkte – wie Erics Kamera – die, aus welchen Gründen auch immer, eine menschliche Interaktion erfordern? Bis jetzt hat Eric die Offline-Vertriebswege noch nicht abgeschrieben:

„Wie viel Prozent Ihrer Einkäufe werden Sie voraussichtlich nächstes Jahr über das Net tätigen? Lassen Sie uns von zehn Prozent ausgehen. Die anderen 90 Prozent Ihrer Produkte werden Sie in realen Geschäften einkaufen. Wenn Sie ein typischer Net-Käufer sind, werden sich diese zehn Prozent aus Computerzubehör oder Software, einigen Bücher oder CDs und Informationsdienstleistungen wie Börsennachrichten zusammensetzen. Je mehr Produkte über das Net erhältlich sind, desto höher wird auch ihr prozentualer Anteil an Ihrem Haushaltsbudget werden. Dabei werden Sie entdecken, dass das Net der Ort des effizientesten Einkaufens ist – wenn Sie wissen, was Sie wollen. Wenn Sie nicht wissen, was Sie wollen, ist es der denkbar schlechteste Ort, denn es gibt dort keinen allumfassenden Produktkatalog.
Was wäre nun, wenn es einen solchen Katalog im Web gäbe – ein riesiges Gesamtwarenverzeichnis für jedes nur erdenkliche Produkt? Warum könnte nicht ein cleverer Unternehmer ein virtuelles Geschäft – nennen wir es KomplettKonsum – eröffnen und jeden Artikel der Welt anbieten? Er hätte außerdem meine Kreditkartennummer, mein Käuferprofil und wüsste über meine Interessen und Vorlieben Bescheid. Dann könnte ich mich einfach einloggen, eine Datenverbindung herstellen, den Namen des gewünschten Produkts eingeben, eine Taste drücken und am nächsten Morgen würde ich die Ware an meiner Haustür in Empfang nehmen. Sie könnte Wirklichkeit werden, diese riesige, allumfassende elektronische Version von Kmart oder Wal-Mart.
Doch wie hoch ist die Wahrscheinlichkeit, dass es so etwas geben wird? Ich weiß es nicht. In der Zeit vor dem Internet, mit ihren weit verstreuten Warenlagern, waren die Kapazitäten nicht vorhanden für ein Geschäft, in dem alles erhältlich sein würde. Technisch ist so etwas heute machbar. Doch es gibt Grenzen – definiert durch die Natur des Menschen und darum auch für das Marketing bindend.
Wenn ich z.B. Bücher kaufe, gehe ich nur dann in einen Buchladen, wenn ich nicht weiß, wonach ich suche. Das mag bei Ihnen anders sein. Viele Menschen möchten die Atmo-

sphäre und die gepolsterten Sessel nicht missen. Oder sie wollen persönlich mit ihrem Bankangestellten sprechen – obwohl die Stadtteilfilialen der Banken leicht durch das Internet-Banking ersetzt werden könnten. Oder sie bevorzugen Dienstleister aus dem eigenen Viertel. Vielleicht werden Sie Ihr Fernsehgerät auch weiterhin vom Händler um die Ecke kaufen, damit er bei einem Defekt schnell helfen kann.
Es gibt in diesem Bereich also solche und solche Produkte und wir können den Unterschied bislang noch nicht so recht in Worte fassen. Es hat den Anschein, als ob einige Dinge aus Bequemlichkeit bald nur noch von wenigen Monopolisten gekauft werden – darunter beispielsweise Bücher, Bankgeschäfte und Finanzdienstleistungen. Verstärkend wirkt, dass in Netzwerken der Global Player unter Kostengesichtspunkten eindeutig besser dasteht. Auf der anderen Seite gehe selbst ich in ein Fotofachgeschäft. Und ich schaue mir auch immer noch die Werbung in Zeitschriften an, um zusätzliche Informationen zu bekommen. Es läuft also definitiv nicht alles auf einen Vertriebsweg hinaus und es reicht nicht ‚Einer für Alle'."

Erics Einschätzung teilt auch John White, der ehemalige Chief Information Officer des Computerriesen Compaq. John glaubt nicht, dass das Web traditionelle Marketingstrategien zunichte macht. Er betrachtet es vielmehr als eine flexible Arena, in der sich unterschiedliche „Unternehmenspersönlichkeiten" entwickeln können. Während sich manche beispielsweise fragen, ob das „wirkliche" Web ein elektronisches Dodge City ist oder ein eher privater Raum für kommerzielle Transaktionen, hält John diese beiden Modelle nicht zwangsläufig für inkompatibel.

„Die Flexibilität des Internets kann der Ausprägung beider Persönlichkeiten gleichermaßen förderlich sein. Die zugrunde liegende Technologie macht es möglich, jedem Menschen alles nur Erdenkliche zu liefern. Deshalb können im Internet einerseits Räume geschaffen werden, die der Allgemeinheit offen stehen, wo jeder auf ungeschützte Informationen zu-

greifen kann, die unverschlüsselt und öffentlich sind. Und es kann Bereiche im Internet geben, die nur solchen Benutzern zugänglich sind, die auf Sicherheit großen Wert legen.

Mit dem Internet lässt sich genau genommen eine Vielzahl virtueller privater Netzwerke innerhalb des gesamten Netzwerks unterstützen. Jedes Unternehmen, das im E-Business aktiv ist, wählt bestimmte Benutzer aus, an die es Informationen etwa über Liefer- und Zahlungsbedingungen weitergibt. Sie können bestimmen, welcher Art dieser Benutzerkreis sein soll und dann mit den entsprechenden Sicherheitsmechanismen entweder eine kleine Interessengemeinschaft zulassen oder das große Publikum. Beides lässt sich mit der gleichen Infrastruktur realisieren.

Meines Erachtens werden gewisse Firmen bald höhere Sicherheit und bessere Erreichbarkeit nachfragen. Unternehmen, die solche robusten Zugangsmechanismen für viele anbieten können – z.B. eine Antwortzeit von 27 Millisekunden für eine bestimmte Funktion –, dürfen mit vollen Auftragsbüchern rechnen. Und die nachfragenden Firmen werden bereitwillig zahlen, denn für sie stellt eine so hohe Servicegeschwindigkeit einen enorm wichtigen Aktivposten dar.

Ursprünglich war das Internet als leicht zugängliches und öffentliches Netzwerk konzipiert, das auf gegenseitigem Vertrauen basierte. Wenn Sie heute darauf zugreifen, nehmen Sie deshalb ziemlich lange Reaktionszeiten in Kauf, ohne sich zu beschweren. Denn der Service, so langsam er auch sein mag, ist praktisch kostenlos. Doch von exklusiveren, privaten Netzwerken dürfen Sie schnellere Übertragungsraten erwarten. Aus diesem Grund werden Unternehmen wie AT&T und MCI-Worldcom profitieren, indem sie nicht öffentliche Netzwerke errichten. Der Service in diesen Net-Bereichen wird schneller und besser sein und zahlenden Kunden zur Verfügung stehen, die auf einen solchen Wettbewerbsvorteil nicht verzichten können.

Je leistungsfähiger die Technologie wird und je hochwertiger und benutzerfreundlicher das Dienstleistungsniveau, desto eher lässt sich damit Geld verdienen. Die Kunden werden sich daran gewöhnen und es wie selbstverständlich als käuflichen Service betrachten. Darüber hinaus werden wir unter Umständen mit einer Kombination aus virtuellen und physischen Netzwerken arbeiten. Wenn Sie ausschließlich mit dem Net arbeiten, wird die Datenmenge so komplex, dass Sie nicht mehr sicher sein können, wohin Ihre Daten übertragen werden oder von welchem Provider. Deshalb habe ich Zweifel, dass das Internet allein allen Sicherheitsanforderungen gerecht werden kann. Wir haben einfach zu wenig Erfahrung mit einer so weit reichenden Verteilung von Informationen. Daher glaube ich, dass einige Transaktionsformen über Netzwerke abgewickelt werden müssen, die von AT&T oder MCI-Worldcom bereitgestellt werden. Nur durch solche separaten Netzwerke lässt sich die erforderliche Qualität der Dienstleistungen garantieren. Für alle anderen wird das Internet ideal und ausreichend sein. Aber die Art der Dienstleistungen und die Höhe des Serviceniveaus wird sich weiter differenzieren.“

Wie Johns Sicht der Dinge zeigt, wird die Höhe des Dienstleistungsniveaus nicht von irgendeiner idealen Kombination der Vertriebswege bestimmt, sondern vom Kundenbedarf – einem Bedarf, der von Konsumgewohnheiten abhängt. Diese Kaufgewohnheiten, die sich im Cyberspace nach und nach verändern, sind außerordentlich zahlreich und flexible Unternehmen identifizieren sie und reagieren dann darauf. Aus diesem Grund betreibt die Wells Fargo Bank, die eine großartige, interaktive Web-Site hat, ihre Filialen im ganzen Land auch weiterhin. Und deshalb verkauft Intuit sein populäres Finanzplanungspaket Quicken sowohl über das Net als auch über die Agenturen. Und auch J. Crew verkauft seine Waren heute über alle drei Kanäle, nachdem er mit einem traditionellen Bekleidungsgeschäft begonnen hatte und dann erst ins Versandgeschäft und schließlich ins Net eingestiegen war.

Die Chancen im Internet sind so fantastisch und werden so schnell genutzt, dass dieser Bereich mittlerweile eine große Anziehungskraft auf Anleger ausübt. Aber es ist nicht der einzige Bereich und wird es niemals sein. Die Kundenwünsche lassen sich nicht durch einen einzigen, engen Kanal befriedigen. Wenn Sie Ihre Umsätze erhöhen wollen, müssen Sie sich dieser Tatsache stellen.

Vorauswahl per Net

Eric Schmidt bildet mit seiner Gewohnheit, fast alles im Web einzukaufen, die Ausnahme. Nur ein kleiner Prozentsatz der potenziellen Internetkunden kauft tatsächlich alles im Net. Für sehr viel mehr Menschen – im Einzelhandel sind es immer noch die meisten – bedeutet ein Besuch im Web etwas anderes. Sie wollen dort Informationen einholen, um besser informierte Kaufentscheidungen treffen zu können. Durchaus häufig fallen diese Entscheidungen dann zugunsten von realen Ladengeschäften aus.

Mit anderen Worten: Sie benutzen die Suchmechanismen des virtuellen Marktes, um sich erst einmal über das bestehende Angebot im realen Markt zu informieren. Und dann entscheiden sie, welche Produkte *nicht* ihrem Geschmack oder Geldbeutel entsprechen. Sie treffen eine „Vorauswahl“. Die offene Architektur des Nets und seine detaillierten Suchmaschinen stellen ideale Voraussetzungen für das Treffen einer Vorauswahl dar. Nur wenige haben bislang erkannt, dass hier ein lukrativer Markt nur darauf wartet, erschlossen zu werden.

Nur einer kleinen Zahl von Unternehmern ist bewusst, dass sie davon profitieren können, ihrer Kundschaft die Vorauswahl zu *erleichtern*, statt sie subtil zum Kauf der eigenen Lagerüberhänge zu verleiten. Sie weigern sich, ihren Kunden und sich selbst Zeit und Geld zu ersparen. Wenn Sie so wollen, ist dies die „pessimistische“ Version eines E-Business, in dem die Unternehmen auf jeden Kunden einzeln eingehen können. Bis Firmen die Vorauswahl tatsächlich unterstützen, wird es vielleicht noch eine ganze Weile dauern. Beispielsweise ist das Sortieren gefundener Übereinstimmungen, das heute von Online-Mittlern erledigt wird, nichts anderes als das Treffen einer Vorauswahl zum Nutzen des Kunden. Wenn Sie die Suche anhand eines Schlüsselbegriffs im weitesten Sinne betrachten, dann sind auch Yahoo! und Excite Dienstleister, die eine Vorauswahl treffen: Sie erlauben dem Kunden, seine ganz speziellen Interessen genau einzukreisen. Und während viele Einzelhändler ihre Web-Sites einsetzen, um die Besucher in ihre virtuellen Geschäfte zu locken, benutzen die Kunden diese Sites als einen dem Kauf vorgeschalteten Filter.

Kombinierte Vertriebswege: Zwei Autohändler

Am erfolgreichen Werdegang zweier sehr unterschiedlicher Autohändler wollen wir das Prinzip der Vorauswahl veranschaulichen. Das erste Unternehmen ist Autobytel.com, auf das Joe Lassiter von der Harvard Business School bereits im vorigen Kapitel eingegangen ist. Der Autohändler hat sich einen Namen gemacht, da er weit reichende Veränderungen in bestimmten Segmenten der Autobranche anstieß.

Praxisbeispiel 1: Autobytel.com

Das Unternehmen schrieb in der ersten Generation des Nets eine der großen Erfolgsgeschichten, indem es die Lektion der Webunterstützten Flexibilität anwandte. Obwohl es während seiner ersten drei Jahre keine Gewinne erwirtschaftete, konnte es sich zur Nummer eins der Online-Autohändler entwickeln.

Moment mal, möchten Sie jetzt vielleicht einwenden. Werden nicht grundlegende Prinzipien des intelligenten Einkaufens verletzt, wenn man ein Auto kauft, ohne es vorher gesehen zu haben? Sollte man für eine Anschaffung dieser Größenordnung nicht zum Händler fahren und das Auto begutachten, mal gegen die Reifen treten? Aufgrund der kombinierten Vertriebswege lautet die Antwort „Ja und Nein“, oder eher noch „Ja, Nein und Manchmal“.

Autobytel.com wurde vom kalifornischen Unternehmer Peter Ellis gegründet, dessen neues Modell den Kunden die Feilscherei um Preise erspart. Der „analoge“ Autohändler Ellis ging mit seinem Unternehmen im Jahre 1995 online und stellte kurz darauf bei dem Provider Prodigy seine eigene Web-Site ins Netz. Seitdem ist das virtuelle Unternehmen nicht nur rasant gewachsen (zwei Milliarden

US-Dollar Umsatz im ersten Geschäftsjahr und allein ein Prozent aller Neuwagenverkäufe im letzten Jahr), sondern es hat auch den gesamten Autohandel positiv beeinflusst. Chrysler schätzte vor kurzem, dass weltweit zwischen ein und zwei Prozent seiner Neuwagen online verkauft werden und es gibt keinen großen Automobilhersteller ohne eigene Web-Site mehr. Dabei sind die anderen „Autoriesen" wie AutoNation, AutoVantage und CarMax noch gar nicht berücksichtigt – die ebenfalls dem Beispiel Ellis' gefolgt sind und am Online-Erfolg teilhaben.

Das Modell ist einfach, aber überzeugend. Autobytel.com führt auf seiner Web-Site mehr als 2000 einzelne Autohändler, verwaltet deren Lagerbestände in einer zentralen Datenbank und vermittelt den Händlern Aufträge, die sich aus den Online-Anfragen der Kunden ergeben. Die Kunden können sich auf der Site kostenlos informieren, doch für das Privileg, in diesem lukrativen Bereich gelistet zu sein, erhebt Ellis von den Händlern Gebühren. Sie setzen sich aus einem jährlichen Grundbeitrag von 2500 US-Dollar und einer monatlichen Gebühr zusammen, die zwischen 150 und 1500 US-Dollar liegt, je nachdem, wie viele Kaufverträge durch seine Hilfe zustande kommen.

Da der Großhandel Autobytel.com auf einer einzigen Web-Site eine große Zahl von Klienten repräsentiert, profitiert er von Skaleneffekten und Diversifikationsvorteilen. Beispielsweise kostet die Händler die Anbahnung jedes Kaufvertrags nur etwa 25 US-Dollar – sehr viel weniger als die Hunderte von US-Dollar, die traditionelle Vertriebsmethoden, darunter Werbung und Promotion, verschlingen. Andere Vorteile für die Händler sind ebenfalls gewaltig. Durch die niedrigeren Gemeinkosten können sie die Verkaufspreise stark senken und dennoch Gewinne erwirtschaften. Darüber hinaus wird auch das Sortiment breiter, da sie mit anderen Händlern in Konkurrenz treten, von denen sie normalerweise gar nichts wüssten. Ein Autohaus aus New Jersey, das bei Autobytel eingetragen ist, verkauft beispielsweise 50 Autos monatlich durch diesen Service und geht davon aus, dass jeder einzelne Vertrag ein Zuwachsgeschäft ist.

Analysten prognostizieren für das Jahr 2000, dass über 25 Prozent der Autokunden online einkaufen werden. Bis dahin müssen die Online-Infrastrukturen noch erheblich ausgebaut werden; doch Autobytel.com hat Vorkehrungen getroffen. Für das künftige Wachstum geht Autobytel.com von Investitionen in Höhe von 60 Millionen US-Dollar aus. Im letzten Jahr stiegen die Umsätze auf fünf Millionen von nur einer Viertelmillion im Jahr davor.

Wie kaufen aber nun die Kunden bei Autobytel.com ein? An dieser Stelle kommen wir auf das „Ja, Nein und Manchmal" zurück – und erfahren, wie sich Vertriebswege kombinieren lassen. Es hat sich herausgestellt, dass die Kunden solche Sites wie die von Autobytel.com zu zwei verschiedenen Zeitpunkten während der Entscheidungsfindung besuchen. Sie beginnen diesen Prozess, indem sie sich zunächst einmal auf der Site einen Überblick über Preise und Ausstattung verschaffen. Mit diesen genauen Informationen versorgt, können sie dann zu einem Autopavillon gehen, vor die Reifen treten und eine Testfahrt machen. Zu diesem Zeitpunkt haben sie bereits eine Vorstellung davon, welche Sorte Auto sie kaufen möchten und wie viel sie dafür anlegen sollten. Wenn anschließend die Entscheidung über das exakte Modell getroffen ist, besuchen sie abermals die Site von Autobytel.com, um den preisgünstigsten Anbieter für ihr Wunschauto zu finden.

Indem sie so den Vertriebsweg während der Entscheidungsfindung wechseln, müssen die Kunden für gewöhnlich nur einen Preis zahlen, der weit unter dem eines traditionellen, nicht-elektronischen Händlers liegt. Zudem können sie sicher sein, dass sie ein Auto mit genau der Ausstattung bekommen, die sie verlangen. Die Lehre, die sich aus dem Erfolg dieser Site ziehen lässt, ist also diese: Der Vertrieb über den Cyberspace muss Ihre Aktivitäten im realen Einzelhandel nicht verdrängen; der Logik kombinierter Vertriebswege folgend, kann er sie sogar ergänzen.

Praxisbeispiel 2: Ira Motor Group

Das zweite Beispiel handelt von einem weniger bekannten Unternehmen namens Ira Motor Group. Teilweise durch den Erfolg von Autobytel.com und anderen Online-Autoverkäufern angespornt, hat Ira Motor die Flexibilität des Webs und die physische Lagerhaltung zum eigenen Vorteil verschmolzen.

Einerseits betreibt das Unternehmen auch weiterhin seine neun Autohäuser, die es erfolgreich gemacht haben. Andererseits stattete es aber vor kurzem sämtliche Ausstellungsräume mit Web-tauglicher Technologie aus. So können die Kunden heute eine Vorauswahl treffen, bevor sie auch nur ein Wort mit einem Verkäufer gewechselt haben. Mittlerweile gibt es in jeder Filiale von Ira Motors mehrere Computer mit berührungsempfindlichen Bildschirmen. An diesen können die Kunden Lagerbestände durchforsten, sich über Modelloptionen und Preise informieren, Kreditfinanzierung beantragen und entsprechende Verträge sofort abschließen.

Das System druckt selbst die Unterlagen aus, die für den endgültigen Vertragsabschluss und die Unterzeichnung durch einen „analogen" Verkäufer benötigt werden. Doch bis dahin lässt sich alles online erledigen und die Belastungen für den Kunden und die Kosten für den Händler werden reduziert: Durch den Einsatz des Webs, so IT-Vice President Bob Staretz, spart das Unternehmen pro Transaktion Vertriebskosten in Höhe von mehreren 100 US-Dollar.

Beachten Sie, dass es – wie bei Autobytel.com – immer noch Ausstellungspavillons und Verkäufer gibt. Doch in diesem Modell erleichtern sie den Verkaufsprozess, statt ihn zu behindern. In einer Branche, die häufig als ein Paradies für Halsabschneider verunglimpft wird, ist diese Tatsache nicht eben unwichtig. Wie Staretz es formuliert: „Der Kauf eines Autos wird so für den Kunden sehr viel angenehmer und für uns sehr viel kosteneffektiver." Ein Geheimnis dieser Effektivität ist die Kombination der Vertriebswege.

Kundenservice von A bis Z bei Charles Schwab

Ein letztes Beispiel für die Kombination mehrerer Vertriebswege liefert ein Topunternehmen aus dem Online-Wertpapierhandel: Charles Schwab. Der unbestrittene Pionier im Verkauf von Aktien über das Internet bietet seit mehr als zehn Jahren den elektronischen Börsenhandel an und führt heute über 1,9 Millionen Online-Konten. Obwohl sich die Presse lieber auf spektakuläre Aufsteiger wie die großen Suchmaschinen und Amazon.com konzentriert, werden sie im Online-Handel von Schwab übertroffen. Der Chefstratege des

Unternehmens, Daniel Leemon, sagt, dass Schwabs Kunden pro Woche Wertpapiere für zwei Milliarden US-Dollar kaufen und verkaufen. Damit ist Schwab wohl „das weltweit größte Unternehmen im E-Business. Was wir tun, lässt AOL und Amazon.com wie Zwerge erscheinen."

Angesichts der demographischen Struktur seiner Kundschaft war der Schritt ins Net eine logische Konsequenz für Schwab. Leemon führt aus:

„Dabei denke ich an die Kunden, die uns zu dem gemacht haben, was wir heute sind. Ursprünglich zog das Internet jüngere, aktivere und unabhängigere Investoren an. Durch diese Eigenschaften zeichnen sich unsere Kunden aus, und hätten wir nicht selbst den Weg ins Internet gefunden, wir wären früher oder später von unseren Kunden dorthin geführt worden. Ich bezweifle, dass sich das Gleiche von der Kundschaft Merrill Lynchs sagen lässt. Heute ist unser gesamtes Unternehmen sehr stark auf das E-Business ausgerichtet und der Trend zum Online-Handel wird sich fortsetzen. Für die nahe Zukunft erwarten wir, dass bis zu 80 Prozent unserer Kunden über das Internet investieren werden. Es ist einfach ein Vertriebsweg mit einem riesigen Potenzial."

Doch ist es, wie Leemon rasch ergänzt, nur einer von mehreren Vertriebswegen. Obwohl das Wachstum Schwabs im Online-Bereich phänomenal war, beabsichtigt das Unternehmen dennoch nicht, seine physische Infrastruktur aufzugeben.

„Zurzeit wickeln wir die Hälfte unserer Aufträge über das Net ab. Bei einem so hohen prozentualen Anteil erliegt man leicht dem Glauben, dass dieser eine Vertriebsweg alle anderen verdrängt. Doch das ist ein Irrtum. Wir sollten das Net nicht als einen Ersatz betrachten, sondern als eine Ergänzung. Es stellt einen wichtigen Vertriebsweg dar, vielleicht den wichtigsten für viele Unternehmen und einen sehr kosteneffektiven dazu. Doch damit wir einen umfassenden Kun-

denservice liefern können, müssen wir das Net im Zusammenhang mit all unseren anderen Optionen sehen.
Denn genau das ist es, was unsere Kunden verlangen. Wir betreuen Portfolios für insgesamt 5,5 Millionen Kunden, davon 1,9 Millionen online. Sieht man von all der Aufregung um das Net einmal ab, eröffnen die meisten Kunden ihr Konto immer noch in einer unserer Zweigstellen und kommunizieren mit uns über zahlreiche Kanäle. Sie wollen sich die Option offen halten, das Internet zu benutzen, per Telefon anzurufen oder ein persönliches Gespräch zu führen. Die Kunden nehmen Sie als ein einziges Unternehmen wahr und erwarten von Ihnen, dass Sie auf allen Kanälen effektiv arbeiten. Ein umfassender Service bedeutet, dies zu respektieren."

Dass der Kunde im Mittelpunkt steht und seine Wünsche respektiert werden, zeigt sich auch im Online-Engagement des Unternehmens. „Unsere Philosophie ist ziemlich unkompliziert", erklärt Leemon.

„Wir glauben, dass das E-Business, wie alle geschäftlichen Unternehmungen, beim Kunden anfängt. Deshalb versuchen wir vorauszuahnen, wo der Kunde hingehen wird und bemühen uns, dort zu sein, wenn er oder sie ankommt. Besonders im Internet ist dies von entscheidender Bedeutung. Die Kunden im Net erkennen sehr schnell, wenn Sie einfach nur Ihre Marketingpflichtübungen absolvieren. Sie müssen sehr genau darauf hören, was Ihnen Ihre Kunden erzählen – was wirklich von Nutzen für sie ist – und auf dieser Grundlage Ihre Online-Angebote gestalten. Ein willkürlich platziertes Werbebanner ist relativ nutzlos; eine gezielte E-Mail, um einen Kunden über die Entwicklung seines Portfolios zu informieren, kann sehr wirksam sein. Aber Sie sollten eine solche E-Mail nur dann versenden, wenn der Kunde darum gebeten hat. Im Internet sitzen die Kunden am langen Hebel und alles, was Sie ohne Aufforderung unternehmen, wird als aufdringlich empfunden."

Das Unternehmen Schwab hat dieses Prinzip umgesetzt, indem es unter anderem seine Dienstleistungen über den kostengünstigen Handel hinaus ausgedehnt hat und diesen erweiterten Service zunehmend kundenspezifisch gestaltet. Diese Trends hängen zusammen, wie Leemon beobachtet, und werden durch die scharfe Konkurrenz im Online-Handel verstärkt:

> *„Unsere Mitbewerber haben die Kosten des Handels im Internet kontinuierlich gesenkt und die Transaktionen lassen sich heute extrem kostengünstig durchführen. Dennoch sind wir der Ansicht, dass der billige Aktienhandel irgendwann nur noch eine Fußnote in der Geschichte des Internets sein wird. In Zukunft wird es im Online-Investmentgeschäft vor allem darum gehen, die Kunden mit maßgeschneiderten Informationen über die Märkte zu versorgen. Wenn es erst einmal so weit ist, werden wir das gleiche Vertrauen genießen wie derzeit die traditionellen lizensierten Aktienmakler – nur, dass wir im Net den gleichen Service sehr viel kostengünstiger und rund um die Uhr anbieten können."*

Dies hört sich nicht zufällig nach Mass Customization* an. Wenn Leemon über die Zukunft des E-Business spekuliert, verweist er auf die Erfahrungen, die sein Unternehmen als Vorreiter in diesem Bereich gemacht hat. Seines Erachtens wird der Markt aus unendlich vielen Segmenten bestehen und die Lösungen für den Kunden werden nach einem Eins-zu-eins-Modell entwickelt werden. Auf dieses Modell gehen wir in Kapitel 8 noch ausführlicher ein.

Von der logistischen Kette zum logistischen Web?

Noch eine letzte Bemerkung zur Flexibilität des virtuellen Marktes. In diesem Buch haben wir häufig über die Bedeutung von Partnerschaften gesprochen – und darüber, wie das Internet diesen Bedarf

* mass customization: Trotz einer großen Zahl von Kunden werden die Wünsche des Einzelnen individuell berücksichtigt.

an Kooperation verstärkt. Eine der interessanten Konsequenzen daraus wird sein, dass die alte Metapher von der „logistischen Kette“ bald korrigiert werden muss, um dem Entstehen neuer „logistischer Webs“ Rechnung zu tragen. Denn auch auf der beschaffungswirtschaftlichen Seite verändern sich die Rahmenbedingungen.

Schon heute übertragen beispielsweise Unternehmen große Teile ihres Vertriebs an FedEx, entscheiden Hersteller von Fall zu Fall über verschiedene Zulieferer, sind Ersatzteile durch virtuelle Auktionshäuser überall verfügbar und stellen Kunden ihren Computer aus den Einzelteilen dreier unterschiedlicher Produzenten zusammen. Wenn sich die traditionelle Beschaffungs- und Distributionswirtschaft in dieser Weise verändert, wissen Sie, dass sich in der logistischen Kette einiges tut. Softwareunternehmen haben das Potenzial in diesem Bereich bereits erkannt und bieten Programme an, mit denen sich die Kette flexibler managen lässt. Worauf sie eigentlich reagieren, ist eine Auflösung der traditionellen Grenzen zwischen Großhändlern, Einzelhändlern und Maklern – mit anderen Worten: auch hier eine Kombination der Kanäle.

Wie diese Entwicklung verlaufen wird, bleibt abzuwarten. Doch rechnen Sie auch in Zukunft mit einem Zuwachs an Flexibilität. Wir teilen die Ansicht des Computermanagers James E. Skinner, der sagt: „Die Kunden wollen nicht über Beschaffungs- oder Vertriebswege nachdenken, und das wollen auch wir nicht (...). Unsere Aufgabe ist es, den Kunden zu folgen, wo immer sie auch hingehen.“ Wir werden deshalb nicht umhin können, uns auf verschiedenen Schauplätzen zu engagieren.

7. Die Online-Firma auf dem Weg zum Para-Unternehmen

Der Einzelhandel im Internet ist ziemlich aufregend – zunächst jedenfalls sehr viel aufregender als *Interactive Week* ihn beschreibt: „Jeden Tag das eintönige Bestellen von Nachschub und der Austausch von Waren und Dienstleistungen mit Geschäftspartnern." Gleichwohl sind die meisten Aktivitäten im E-Business Routinearbeiten. Es sind diese laufenden Geschäfte – und nicht die spektakulären Einzelerfolge –, die gegenwärtig 78 Prozent aller elektronischen Einnahmen generieren. Und daran wird sich wohl auch in absehbarer Zukunft nichts ändern. Das Business-to-Business-Geschäft hat, wie es ein Marketingdirektor formuliert, „nicht den Glanz und die Fallstricke, wie es sie in anderen Web-Bereichen gibt. Ganz bestimmt hat es aber das größte langfristige Potenzial. Es ist recht einfach, den Unternehmen zu zeigen, wie sich mit diesen Systemen Einsparungen und Produktivitätszuwächse erzielen lassen."

Mit „diesen Systemen" meint er Web-unterstützte „Intranets" und „Extranets". Über sie werden wir in diesem Kapitel sprechen. Wer solche Systeme in seinem Unternehmen einführen will, muss andere Herausforderungen meistern als ein Einzelhändler oder Unternehmer, der in erster Linie die Endverbraucher erreichen möchte.

Da ist zuerst einmal die Größenordnung. So manchem Neuling im Net mag es schon schwierig erscheinen, seinen Kunden eine Online-Bestellung über seine Web-Site zu ermöglichen. Doch *das* ist ein Kinderspiel im Vergleich mit der Entwicklung eines Firmenkommunikationsmodells; eines Systems, das die Büros im Hinter- und Vordergrund Ihres Unternehmens, Ihre Lieferanten und Ihre strategischen Partner zu einem einzigen, nahtlosen und rentablen Netzwerk miteinander verbindet – zu einer geschmeidigen Organisation, die tatsächlich so etwas wie ein erweitertes, ein „Para-Unternehmen" ist. Wenn Sie ein Para-Unternehmen aufbauen wollen, müssen Sie Ihre firmeninternen Prozesse umstrukturieren. Sie müssen Stellen abbauen, die keinen Mehrwert generieren und die internen und externen Abläufe koordinieren, um den reibungslosen Echtzeit-Austausch von Informationen zu gewährleisten. Das ist eine weit komplexere Aufgabe, als einen Web-Manager zu engagieren und zu sagen: „Dann fangen Sie mal an.“

Zum Zweiten gibt es Unterschiede im Marktverhalten. Während sich im Verbraucher-Web viele junge Unternehmen und Einzelkämpfer tummeln, ist das Firmen-Web reifer (das ist eine Feststellung, keine Wertung) und sensibler für Aggregationsvorteile. Viele Unternehmen wissen, welche Chancen der Aufbau einer Gemeinschaft bieten kann, und präsentieren sich deshalb auf branchenspezifischen „Gruppen-Sites“ wie Digital Market für die Mitglieder der elektronischen Gemeinde oder Industry.net für Ingenieure und Produzenten. Durch solche aggregierten Web-Sites entstehen „kommerzielle Gemeinschaften“. Mit ihrer Hilfe lassen sich „Transaktionskosten reduzieren, bestehende Beziehungen zu Kunden pflegen und neue gewinnen, kostengünstig globale Marketingstrategien verfolgen und neue und schnellere Vertriebswege entwickeln“.

Die dritte Herausforderung heißt Zeitnot. Die Welt des Einzelhandels mag über das Potenzial des Nets noch geteilter Meinung sein, doch auf der Ebene der Unternehmen ist man sich einig. Auf dieser Ebene haben wir die Stufe des „Abwartens“ hinter uns gelassen. Die Frage lautet nicht mehr, ob wir mit unserem Unternehmen überhaupt online gehen sollten; die Fragen lauten: *Wie* wollen wir ins Internet und *wie schnell* können wir online sein. Große Unternehmen, zu denen die Botschaft noch nicht durchgedrungen ist, so ein Internet-Berater, „wachen mittlerweile auf und merken, dass sie den Anschluss verlieren, da die meisten ihrer Kunden online sind – im Gegensatz zu den Endverbrauchern.“

Unternehmen, die dies erkannt haben, dürfen mit beträchtlichen Zuwächsen rechnen. Dazu unser erstes Beispiel, die Firma Soligen Technologies.

Präzision statt Papier

Viele Unternehmen, die komplexe Produkte herstellen, bekommen ihren Nachschub von Produktionsfirmen, die ihrerseits auf die Herstellung von Einzelteilen spezialisiert sind. Typischerweise sind diese Lieferfirmen relativ klein. Sie beschäftigen meist hoch qualifizierte Facharbeiter, die nicht nur verstehen, wie Designer denken, sondern auch, wie man einen Konstruktionsplan liest. Diese Zeichnungen, zweidimensionale Darstellungen von in Wirklichkeit dreidimensionalen Werkstücken, sind häufig der einzige Anhaltspunkt, der als Input in den Herstellungsprozess eingeht. Deshalb kann eine missverständliche Zeichnung schwere Folgen haben und zum unternehmerischen Scheitern sowohl der abnehmenden Firma als auch des spezialisierten Produzenten führen.

Der kalifornische Hersteller Soligen Technologies wollte sich mit diesem Risiko nicht abfinden und führte ein Design- und Lieferverfahren ein, das ohne Papier auskommt. Mit diesem Verfahren, das durch Subventionen des National Institute of Standards and Technology angeschoben wurde, kann Soligen mehr als 60 Prozent der Aufträge online abwickeln. Während der Herstellung, die mittlerweile völlig automatisiert ist, werden die Drehbänke und Fräsen direkt von einem Computer gesteuert und dreidimensionale metallene Werkstücke lassen sich mit einer Genauigkeit von 0,0001 Zentimetern formen. Zudem ist auch die Kommunikation mit den Geschäftspartnern automatisiert und birgt keine der Risiken mehr, die mit der schriftlichen Übertragung von Informationen einher gehen.

Die Vorteile für die Kunden sind gewaltig. Statt mit einem CAD-System* zu arbeiten und die Ergebnisse auszudrucken, können sie jetzt die CAD-Datei selbst elektronisch an Soligen versenden. Und da sie über das Net geschickt wird, kommt sie binnen Sekunden an. Bei Soligen wird die CAD-Datei benutzt, um die Fräsen einzurichten und die Arbeitsschritte der Maschinen zu definieren. Ein Unternehmen, das den umfassenden Online-Service von Soligen in Anspruch nimmt, braucht auf eine Rückmeldung praktisch nicht mehr zu warten. Der Prototyp wird bereits geliefert, wenn ein traditioneller Hersteller noch mit den ersten Zeichnungen beschäftigt ist. Auf diese Weise können sofort Tests und Analysen

* CAD: computer aided design – dt: Computer-gestützte Entwicklung

des Prototyps durchgeführt werden, ohne dass lange Phasen des Leerlaufs zwischen den Produktionszyklen entstehen.

Vor kurzem erhielt Soligen eine Anfrage von einem großen europäischen Automobilkonzern, der an komplexen Verteilern interessiert war. Soligen machte ein detailliertes Angebot und das Unternehmen erteilte den Auftrag komplett über das Internet. Soligen konnte die Verteiler innerhalb von zwei Wochen herstellen und an das Unternehmen versenden – eine erstaunlich kurze Zeit, berücksichtigt man, dass normalerweise die Geschäftsanbahnung allein so lange dauert. In einem anderen Fall lieferte Soligen einem Kunden zwölf Getriebegehäuse aus Aluminium in nur vier Wochen. Der einzige alternative Hersteller hätte für den Auftrag drei Monate gebraucht.

Soligen konnte so beeindruckend viel Zeit sparen, da sich durch die elektronischen Prozesse verschiedene Unternehmen koordinieren lassen und während der Arbeit viele Phasen des Leerlaufs wegfallen. Vor allem verkürzt sich das Warten auf die Auftragsbestätigung. Traditionelle Hersteller mögen so etwas als unvermeidlich betrachten. Net-Unternehmer kontern mit einem „auf keinen Fall“ und machen sich ans Werk. Im Fall Soligen erhöhte sich nicht nur die Produktivität der Kunden beträchtlich, sondern auch die Qualität der eigenen Erzeugnisse. Die gleiche CAD-Datei, die zur Herstellung des Werkstücks selbst benutzt wurde, kam auch in seiner Weiterverarbeitung zum Einsatz: darunter spanende Formung, Analyse und Simulation. Papier, mit seinen typischen Mängeln, behinderte den Prozess an keiner Stelle.

In gewisser Weise ist Soligen ein Ausnahmebeispiel. Das Unternehmen hat es bereits geschafft und die Gewinnzone im E-Business erreicht. Was ist mit den Firmen, die erst noch am Anfang stehen? Wie können sie von diesem Beispiel profitieren? Und was müssen sie in den nächsten Jahren verändern, um ein vergleichbares Maß an Kosteneffektivität zu erreichen?

Auf diese Fragen gibt es zwei Antworten. Die eine lautet: Beobachten Sie den Verlauf der „E-Volution“ – schätzen Sie ab, welche Fortschritte die elektronische Datenverarbeitung machen muss, bevor das E-Business wirklich reibungslos funktionieren kann. Das ist, als wenn Sie einen D-Zug aus der Vogelperspektive betrachten und seine Geschwindigkeit und Richtung taxieren. Die andere Antwort lautet: Klären Sie, welche Elemente in Ihrem Unternehmen realisiert sein müssen, bevor eine Strategie für das E-Business tatsächlich umgesetzt werden kann. Das ist, als wenn Sie sich in einem Abteil des Zuges befinden und unter die Lupe nehmen, welche verschiedenen Komponenten eine ruhige Fahrt ermöglichen.

Werfen wir zunächst einen Blick auf den evolutionären Verlauf des E-Business.

Die E-Volutions-Kurve: Vier Schritte zum Erfolg

Nachdem im Oktober 1997 der Dow-Jones-Index abgestürzt war, hielt Alan Greenspan, Chef der US-Notenbank, eine Rede, um das Vertrauen der Investoren in die amerikanische Wirtschaft zu stärken. Er blickte optimistisch in die Zukunft und versprach, dass höhere Arbeitseffizienz und Produktivität die Gewinne steigern und die Wirtschaft ankurbeln würden. Er führte weiter aus, dass sich diese Effizienz- und Produktivitätssteigerungen direkt aus der Automatisierung interner Prozesse ergeben würden. Alles sollte mithilfe von Computern erledigt werden – von der Produktentwicklung über die Handbücher für die Mitarbeiter bis zur Spesenabrechnung. Die teure Formularflut würde eingedämmt werden und die langen Wartezeiten auf eine Auftragsbestätigung fielen weg. Das Bruttosozialprodukt wiederum, so die logische Folgerung, würde steigen, da alle Informationen digital bearbeitet werden könnten und personelle Engpässe nicht mehr aufträten.

Der Wirbel, der in den achtziger Jahren um Reengineering gemacht wurde, spiegelt viel von diesem Glauben an die Automation der internen Prozesse wider, die als Allheilmittel für die kränkelnde Wirtschaft galt. Das Mittel selbst ist zwar zugegebenermaßen wirksam, reicht aber allein nicht aus – ebenso wenig wie ein paar Aspirin und die Bitte „Klingel mich morgen früh aus dem Bett". Um eine langfristige, stabile Produktivitätssteigerung zu erreichen, müssen wir mit der Prozessautomation beginnen, dürfen es aber nicht dabei bewenden lassen. Ein Szenario für die „Zeit danach" identifiziert vier Schritte auf dem Weg in eine vollkommen digitale Zukunft.

Auf Stufe eins automatisieren wir alle internen Verfahren, indem Informationen nicht mehr schriftlich, sondern elektronisch übermittelt werden. Die typischen Erfolgskriterien auf dieser Stufe sind Reduktion der Dokumentenflut, höhere Genauigkeit und mehr durchführbare Transaktionen pro gegebener Zeiteinheit.

Auf Stufe zwei verändern wir ausgewählte interne Prozesse. Auf dieser Stufe legen wir neue, prozessorientierte Maßstäbe an und versuchen, die Produktentwicklung und die Taktzeiten zu verkürzen, die Arbeitskosten zu senken und unsere Debitorenkonten schneller auszugleichen.

Auf Stufe drei verändern wir die Geschäftsprozesse von Grund auf. Wir gehen nicht Abteilung für Abteilung vor, sondern implementieren gleichzeitig im gesamten Unternehmen effiziente Automationsmodelle. Unsere Ziele sind effizientes Reagieren auf Kundenwünsche (ECR, efficient customer response), Just-in-Time-Lagerhaltung (JIT) und konsequente Sorgfalt. Auf dieser Stufe lässt sich der Erfolg unserer Maßnahmen ablesen an Veränderungen der Gesamtproduktivität, des Cashflows, der Produktqualität und der Wertketteneffizienz.

Auf Stufe vier gehen wir über die Grenzen des individuellen Unternehmens hinaus und streben Allianzen mit unseren Geschäftspartnern an. Der Aufbau eines solchen Para-Unternehmens ist heikler als die Maßnahmen auf den vorgeschalteten Stufen. Wir müssen das Unternehmen selbst neu definieren, neue, virtuelle Korporationen bilden und das Zusammenspiel *kooperativer* Prozesse akzeptieren. Um den Erfolg auf dieser Stufe messen zu können, werden wir uns relativ unerforschten Bereichen zuwenden müssen: neuen Vertriebswegen, neuen Wegen der Kommunikation mit unseren Kunden, den Auswirkungen dieser neuen Wege auf den Marktanteil unseres Unternehmens und schließlich die Veränderung der Rentabilität. Darüber hinaus werden wir mehr Möglichkeiten haben, das Feedback unserer Kunden einzuholen. Diese Informationen werden wir nutzen, um die Entwicklung neuer Produkte voranzutreiben.

Sie werden bemerkt haben, dass wir bei der Diskussion der vierten Stufe von der Gegenwart in die Zukunft geglitten sind. Das ist kein Zufall. Die Maßnahmen der ersten drei Stufen der E-Volution wurden in vielen Unternehmen bereits umgesetzt – es sind die Früchte des Prozess-Reengineerings der letzten zwei Dekaden. Doch nur eine Hand voll von Pionieren hat es bislang auf die vierte Stufe geschafft, vor allem, weil viele Firmen noch zögern, ihren Lieferanten gegenüber „aus der Deckung zu kommen".

Aus der Vogelperspektive haben wir einen Blick auf den Zug geworfen und gesehen, wohin die Reise geht. Schauen wir uns nun genauer an, was an Bord geschieht. Für den Erfolg im E-Business spielen zwei Komponenten eine wichtige Rolle, zwischen denen ein enger Zusammenhang besteht. Die erste Komponente, die das Fortkommen bis zur dritten Stufe erleichtert, ist eine interne.

Der Aufbau eines Intranets

Bevor Sie daran denken können, die Effektivität eines Para-Unternehmens wie Soligen zu erreichen, müssen Sie zunächst die digitalen Strukturen Ihres eigenen Unternehmens in Ordnung bringen. Das bedeutet: Aufbau eines durch und durch effizienten und automatisierten, internen Kommunikationsverfahrens, besonders in der Buchführung über Bestellungen, Außenstände und Zahlungseingänge. Überspringen Sie diesen Schritt nicht. Andernfalls werden sämtliche Kostenvorteile, die Ihnen im Internet durch die enorme Geschwindigkeit des Mediums entstehen, unverzüglich durch interne Engpässe wieder zunichte gemacht.

Vinnie Mirchandani, Vice President der GartnerGroup, macht diesen Sachverhalt gern an folgendem Beispiel deutlich. Beim Umgang mit Lieferanten verlangen traditionelle Hersteller seit jeher zahlreiche Verifikationen, Konnossemente und Quittungen – die Kosten dafür belaufen sich pro Auftrag auf etwa 150 US-Dollar. Durch eine Net-unterstützte Dokumentenkontrolle lassen sich diese überflüssigen Ausgaben drastisch senken, doch viele Unternehmen sträuben sich dagegen. Sie vertrauen weder ihren eigenen Lieferanten *noch* der neuen Technologie – es ist, als würden sie mit dem einen Fuß auf der Bremse und dem anderen auf dem Gaspedal fahren. So gelangen Sie nirgends hin und außerdem leidet der Motor.

Die heute existierenden internen Automationsprozesse, die sich der Webtechnologie bedienen und dem Internet nachgebildet sind, werden im Allgemeinen als interne Netzwerke bezeichnet – oder einfach als Intranets. Mit ihrer Hilfe lassen sich Arbeitsabläufe sehr stark rationalisieren. Eines der frühesten und besten Intranets war Microsofts MSMarket.

MSMarket rationalisiert den Einkauf

Microsoft verkauft u. a. einen kommerziellen Internet-Server mit integrierter Sicherheits- und Transaktionsunterstützung. Auf dieses System aufbauend hat das Unternehmen ein internes Einkaufs-/Zahlungsverfahren eingeführt und rühmt sich deshalb gern, „das eigene Hundefutter nicht zu verschmähen". So etwas ist natürlich nur möglich, wenn Sie in der Softwarebranche tätig sind. Doch auch wenn Sie Ihr „Hundefutter" nicht selbst herstellen und kaufen müssen (von Microsoft oder einer anderen Firma), können Sie von dem Beispiel dieses erstklassigen Intranets profitieren.

Microsoft schätzt, dass es jährlich etwa 1,1 Milliarden US-Dollar für Produkte ausgibt, die unternehmensintern verbraucht werden. Dazu gehören vor allem Büromaterialien, Lebensmittel für die Kantinen, PCs, Computerzubehör und -literatur. Der größte Teil dieser Produkte stammt von Lieferanten wie Boise Cascade, Marriott, Vanstar und Barnes & Noble. Um ein solches Transaktionsvolumen bewältigen zu können, entwickelte das Unternehmen innerhalb von sechs Monaten eine Intranet-Anwendung, MSMarket, auf die heute über 7000 Mitarbeiter zugreifen und täglich mehr als 800 Bestellungen aufgeben. Durch das System können Manager Bestellungen schneller genehmigen und mittlerweile lassen sich durch die Technologie auch die Spesenabrechnungen verwalten.

Seit der Einführung von MSMarket sank die Zahl der Angestellten, die den internen Nachschub für Microsoft organisieren, von 19 auf zwei. Zudem verkürzte sich durch das System der Einkaufszyklus von acht auf drei Tage und eine weitere Reduktion ist in Aussicht. Auch die Spesenabrechnungen lassen sich nun schneller bearbeiten und nach spätestens drei Tagen wird ein Scheck ausgestellt. Einige Mitarbeiter sind der Ansicht, dass sich die Investition allein deshalb gelohnt hat.

Einer der Schlüssel zum Erfolg von MSMarket ist die beinahe vollständige Integration der E-Business-Technologie. Die Software für die Ressourcenplanung liefert die Anwenderoberfläche für die Einkäufe, fungiert als Zugangskontrolle und erstellt automatisch die elektronischen Zahlungsdokumente. Heute wird der gesamte Nachschub im Wert von 1,1 Milliarden US-Dollar pro Jahr über MSMarket abgewickelt und Microsoft geht davon aus, dass sich die Investition bereits mehrfach amortisiert hat.

Microsoft hat nicht nur die Papierflut eingedämmt, die bei Lieferungen für den Eigenbedarf des Unternehmens entstand, sondern auch abteilungsübergreifende Prozesse definiert und eingeführt, um ältere Verfahren abzulösen. Obwohl von diesen neuen Prozessen heute fast jeder Mitarbeiter von Microsoft betroffen ist, konnte die Umgewöhnungsphase sehr schnell abgeschlossen werden. Die neuen Verfahren beruhen auf Web-Anwendungen für das Intranet. Mit ihrer Hilfe können alle Angestellten vom Unternehmen oder von zu Hause aus auf dieses gesicherte Intranet über eine normale Internet-Verbindung zugreifen. So kann selbst ein Mitarbeiter, der sich auf Geschäftsreise befindet, das neue System nutzen, solange er eine Verbindung zum Internet herstellen kann.

Die Bearbeitung der Spesenabrechnungen konnte durch das neue System ebenfalls erheblich beschleunigt werden, indem die Genehmigungen per E-Mail erteilt werden. Wenn ein Mitarbeiter eine Spesenabrechnung elektronisch einschickt, wird zunächst der verantwortliche Manager automatisch per E-Mail (mit der Spesenabrechnung als Anlage) davon benachrichtigt. Genehmigt er die Ausgaben, löst er anschließend mit einer entsprechenden E-Mail die Ausstellung eines Schecks aus. Auch hier hilft die Digitalisierung, Zeit zu sparen.

Effizientere Projektplanung bei MCI-Worldcom

Einen ähnlichen Erfolg konnte ein weiterer Marktführer der Technologiebranche, MCI-Worldcom, erzielen. Laut Mike Betzer, dem

IT-Chef des Unternehmens, geht das Management von einer veränderten Einstellung seiner Angestellten gegenüber der neuen Technologie aus, die sich sowohl auf interne als auch auf externe Geschäftsprozesse auswirkt. Mike erklärt:

> *„Seit es Intranets gibt, hat sich die Wahrnehmung dieser neuen Technologie bei vielen Menschen gewandelt. In unserem Unternehmen werden die internen Abläufe so vollständig elektronisch abgewickelt, dass man sich dem neuen Medium selbst vorsätzlich nicht mehr entziehen könnte. Das Firmenhandbuch, sämtliche Personalakten, Spesenabrechnungen, Bestellformulare – alles befindet sich im Web; es gibt bei uns nicht einmal mehr gedruckte Bestellformulare. Wenn ich unterwegs bin und meine Sekretärin wegen einer Telefonnummer anrufe, schaut sie nicht in einem Rolodex nach; sie erfährt die Nummer aus dem Internet und informiert mich darüber per E-Mail. Das ist der Standard der nahen Zukunft. Und er gilt nicht nur für Informationen aus dem Personalbüro. Wer nicht selbst in der IT-Branche arbeitet, ist sich dessen nicht immer bewusst, doch heute lassen sich große Mengen äußerst technischer Informationen online aufbewahren und ausgewählten Nutzern zugänglich machen. All unsere technischen Dokumente und Architekturpläne sind für den Online-Zugriff aufbereitet worden. Deshalb kann jemand, der ein System in seiner speziellen Abteilung aufbauen will, von uns lernen. Er kann sich per Internet darüber informieren, wie wir ein bestimmtes System verschiedenen Nutzern zugänglich gemacht haben, ohne pfundschwere Gebrauchsanleitungen schleppen oder endlose Sitzungen besuchen zu müssen. Unsere Sitzungen finden jetzt virtuell, im Cyberspace, statt und alle Entwicklungsgruppen im gesamten Unternehmen können daran teilnehmen."*

Wie Mike berichtet, war das unmittelbare Ergebnis ein „unglaublich effizienteres Management von Projekten und Kapital". Doch darüber hinaus ergeben sich auch Lerneffekte – ein Plus, das zu wertvollen Synergismen führt.

„Durch die Arbeit mit dem Intranet werden die Menschen sehr viel schneller mit der neuen Technologie vertraut. In der Firma gehen sie täglich damit um und bewegen sich wie selbstverständlich darin. Diese Erfahrungen können sie deshalb auch auf die Anwendungen im Business-to-Business-Geschäft übertragen. So kommen mit der Zeit innerhalb der Kundschaft synergistische Effekte zum Tragen. Denn viele Kunden eines jeden Unternehmens kommen aus anderen großen Unternehmen. Und diese Menschen lernen die Spielregeln des Webs an ihrem eigenen Arbeitsplatz. Das heißt, wenn Sie ihnen etwas über das Web verkaufen möchten, wissen sie bereits über die Funktionsweise des Mediums Bescheid."

Die Arbeit mit dem Intranet ist also gleichzeitig das Training für den Umgang mit anderen Firmen. Das Intranet lehrt den produktiven Sektor, wie man effizienter einkauft, und wird so zu dem, was Mike einen „Motor für die vernetzte Ökonomie selbst" nennt.

Die Titanic läuft vom Stapel

Sie müssen kein Softwaregenie sein, um von einem Netzwerk profitieren zu können. Werfen wir einen Blick auf die Erfahrungen, die ein ganz anderes Unternehmen mit dem Intranet gemacht hat: der Filmproduzent Twentieth Century Fox aus Los Angeles.

Als Fox im Jahre 1997 mit der Produktion des Kinohits *Titanic* begann, zeichnete sich ab, dass der Aufwand für diesen Film beispiellos sein würde. Rasch stellte sich heraus, dass die Verwaltung der Requisiten – das Äquivalent zur unternehmerischen Lagerbestandskontrolle – unerwartet hohe Kosten verursachte. Die vielen historischen Kostüme, das Mobiliar und nicht zuletzt die unzähligen Einzelteile, aus denen Regisseur James Cameron 90 Prozent der Original-Titanic nachbauen ließ, gehörten dem Unternehmen und mussten verwaltet werden. Allerdings waren sie aus den verschiedensten Quellen beschafft worden und lagerten an einer Vielzahl von Orten. Dementsprechend ähnelte die Requisitenverwaltung eher einem Ramschverkauf als einer geschäftlichen Aktivität. Die sechs Produktionsleiter (bei den meisten Filmen gibt es einen) waren am Ende ihrer Geduld angelangt, als auf der Vorstandsetage das Problem erkannt wurde. Um Abhilfe zu schaffen, stellte man einen Datenbankentwickler, Rod Henson, als IT-Direktor ein.

Henson ging nicht etwa mit Bleistift und Notizbuch an die Arbeit, sondern mit einer digitalen Kamera. Er nahm Web-kompatible Bilder von allen Rettungsbooten, allen Porzellanservices und allen Liegestühlen auf, die er finden konnte. Anschließend sortierte er die Bilder in eine Intranet-Datenbank ein, die von Filemaker Inc. entwickelt worden war. Er katalogisierte die Aufnahmen unter 850 Rubriken und präsentierte dem Filmstudio eine elektronische Lösung, die alle vorangegangenen Versuche lächerlich erscheinen ließ. Mit dieser digitalen Lagerbestandskontrolle konnte jeder Mitarbeiter von Fox, der zum Zugriff berechtigt war, noch das winzigste Requisit per Mausklick orten und herausfinden, ob es verkauft werden sollte oder es bereits war.

Gerade diese Information war ganz bewusst in die Datenbank mit aufgenommen worden. Wenn der Film an den Kinokassen ein Flop geworden wäre, hätte Fox die Requisiten verkauft, um den Verlust zu begrenzen. Auch dafür brauchte die Produktionsfirma einen Katalog mit hochwertigen Bildern und Hensons digitales Inventar kam da gerade recht. Natürlich wurde *Titanic* dann doch kein Flop und die Kosten für das digitale Inventar rissen nur ein sehr kleines Loch in das Studiobudget von 200000 US-Dollar, das insgesamt für Hard- und Software bewilligt worden war (die gesamten Produktions- und Marketingkosten beliefen sich schließlich auf 300 Millionen US-Dollar). Fox war von den Möglichkeiten dieses Systems so beeindruckt, dass es voraussichtlich auch bei zukünftigen Produktionen eingesetzt wird.

Von diesem Beispiel können nicht nur Filmmagnaten lernen. Digitale Bilder über das Intranet eines Unternehmens zugänglich zu machen, kann eine wirksame Maßnahme zur Erhöhung der Gesamtproduktivität sein. Ron Rappaport, ein Analyst von Zona Research, rühmt die Lösung von Fox als Modell, dem die Verfechter des papierfreien Büros nacheifern sollten. Ein solches Intranet, so Rappaport, hilft den Angestellten, „ihre Arbeit zu erledigen, ohne dass sie vom täglichen Organisieren vereinnahmt werden (...).

Informationen der physischen Welt, beispielsweise Dokumente in einem Aktenordner, können komprimiert und in eine digitale Welt übertragen werden. Dort lassen sich die Informationen problemlos einsehen, organisieren und abrufen. Das Intranet spart Zeit, Ressourcen und den Aufwand des physischen Versands."

Weniger Papier, mehr Zeit, mehr Informationen: eine treffende Beschreibung eines effektiven Intranets – in welcher Branche Sie auch tätig sind.

Vom Intranet zum Extranet

Wenn das Intranet erst einmal funktioniert, dann sind Sie reif für die zweite Komponente des korporativen E-Business: Verbinden Sie die Stärken Ihres Unternehmens mit denen Ihrer Geschäftspartner. Dies entspricht der vierten E-Volutionsstufe und Sie gelangen dorthin, indem Sie etwas errichten, das im Silicon Valley „Extranet" genannt wird. Ein Extranet entsteht, wenn Sie Ihre internen Prozesse – oder zumindest einige davon – per Internet Ihren Kunden, Lieferanten oder anderen privilegierten Geschäftspartnern zugänglich machen.

Vielen Unternehmern macht diese Vorstellung Angst. Und in manchen Fällen mag sie auch durchaus berechtigt sein. Aber das ist ein geschäftliches Problem, kein technologisches. Genau genommen kann das Problem erst durch die Technologie gelöst werden. Denn wenn Sie Ihr Intranet zu einem Extranet ausbauen, wird der Zugang zu Ihren firmeninternen Informationen – *oder auch nur zu Teilen davon* – vollständig von Ihnen kontrolliert. Durch die individuelle Gestaltung Ihrer Web-Site können Sie bestimmen, wer in welcher Weise auch auf das kleinste Detail zugreifen darf. Dieser Aspekt des E-Business leuchtet vielen noch nicht so recht ein und deshalb wollen wir zunächst auf eine wichtige Unterscheidung hinweisen.

Es gibt zwei unterschiedliche Arten korporativer Web-Sites. Auf einer *öffentlichen* Site finden Sie all die Informationen, die ein Unternehmen der Öffentlichkeit, und den potenziellen Kunden, zugänglich machen möchte. Je nach Unternehmen gehört dazu ein

Firmenportrait, eine Produktliste, Biographien der Manager, ein Jahresbericht, Zeitungsartikel usw. Die Site kann kurz und bündig sein oder sehr ausführlich. Da jedoch eine öffentliche Site per definitionem der Öffentlichkeit zugänglich ist, werden Sie darauf niemals vertrauliche oder privilegierte Informationen finden.

Eine *private* Site ist dagegen voll von solchen Informationen. Auf ihr könnte ein Unternehmen Rabattstaffeln veröffentlichen, Produkte beschreiben, die in naher Zukunft auf den Markt kommen oder interaktive Demos präsentieren. Private Sites enthalten fast nur vertrauliche Informationen – Informationen, die nur für vertrauenswürdige Partner und Mitarbeiter des Unternehmens bestimmt sind. Daher *können Sie diese Sites nicht besuchen*, wenn Sie nicht in die eine oder andere Kategorie passen. Um auf eine private Site zu gelangen, brauchen Sie ein spezielles Passwort, das nur an privilegierte Personen vergeben wird. Der Eigentümer der Site bestimmt, wer die elektronische Pforte passieren darf.

Nun wird deutlich, warum ein solches Extranet vorteilhaft für Ihr Business-to-Business-Geschäft sein kann. Wenn Sie mit einem bewährten Partner in Kontakt treten, macht Ihnen Effizienz keine Angst mehr; Sie wollen so effizient wie möglich sein. Wenn Sie als Einkäufer tätig sind, wollen Sie Liefer- und Zahlungsbedingungen vergleichen können, ohne fünf verschiedene Lieferanten anrufen zu müssen. Wenn Sie ein Hersteller sind, wollen Sie Ihren Kunden die Plazierung ihrer Aufträge erleichtern und Schecks zügig bestätigen und verbuchen lassen. Wenn Sie ein Einzelhändler sind, brauchen Sie aktuelle Informationen über Rabatte und Produkte. Wer Sie auch sein mögen – Sie benötigen die richtigen Informationen und zwar ohne Verzögerungen. Jeder Geschäftsmann ist in erster Linie auf einen perfekten Datenaustausch angewiesen.

Bis auf einige bemerkenswerte Ausnahmen sind wir davon noch ein Stück weit entfernt. Um herauszufinden, warum das so ist, wollen wir uns das zurzeit am weitesten verbreitete Datenaustauschsystem anschauen. Es heißt EDI und obwohl es sicherlich einen Fortschritt gegenüber dem Schriftverkehr bedeutet, ist es doch nur ein Zwischenstopp auf dem Weg zum perfekten E-Business.

Die Aufwärmphase: EDI als Vorläufermodell

Die Geschwindigkeit des Internets veranlasst so manchen, das E-Business als brandneu zu betrachten. Doch in gewisser Hinsicht ist es bereits seit den späten sechziger Jahren für Tausende von Unternehmen eine Realität. Damals entstand das System für den elektronischen Datenaustausch EDI (Electronic Date Interchange). In den Tagen der Großrechner geboren, sollte es geschäftliche Transaktionen vom Papier unabhängig machen und wurde erfolgreich von vielen Unternehmen eingesetzt, die Aufträge von hohem Wert abwickelten. Mit seiner Hilfe konnten Bestätigungen, Lieferbestimmungen, Rechnungen und andere geschäftliche Routinedokumente elektronisch und in großer Zahl versandt werden.

Das ursprüngliche Ziel bestand in einer dramatischen Senkung der Verwaltungskosten und der völligen Automatisierung des Verfahrens. Viel zu häufig kann man auch heute noch die manuelle Abwicklung dieses Prozesses beobachten. Die Aufträge müssen geschrieben und ausgedruckt, mit der Post verschickt und dann vom Empfänger sortiert und in ein anderes Computersystem eingegeben werden. Mit EDI lassen sich Aufträge und andere Dokumente innerhalb von Minuten verschicken und empfangen. Allein die Einsparungen aus diesem ersten Schritt waren enorm. Während des traditionellen Schriftverkehrs kostete die Bearbeitung eines typischen Auftrags 55 US-Dollar; mit EDI nur noch 2,50 US-Dollar. Ein Unternehmen mit hohem Transaktionsvolumen kann so 200 000 US-Dollar und mehr pro Jahr sparen.

Doch während die EDI-Pioniere den elektronischen Handel erfunden haben mögen, kann EDI selbst nicht die letzte Antwort sein. Diese Tatsache ist seit der Entstehung des Webs immer offensichtlicher geworden. Warum? Weil EDI, so innovativ es auch war, noch immer der Ära der Großrechner verhaftet und zu stark auf urheberrechtlich geschützte Hard- und Software angewiesen ist. Daraus ergeben sich für kleinere Firmen hohe Kosten und daher Schwierigkeiten, überhaupt an EDI-Transaktionen teilzunehmen.

EDIs Funktionsweise beruht auf der Bereitstellung von Standardformaten, mit denen verschiedene Computer geschäftliche Daten austauschen können. Diese Formate spezifizieren Standardfelder für Aufträge, Versanddokumente, Rechnungen, Zahlungseingänge und Hunderte anderer Arten von Datentransaktionen. Diese Vorgänge werden normalerweise komprimiert, „gepackt", und über eine für diesen Zweck reservierte Telefonleitung oder ein von Dritten betriebenes Netzwerk versandt. Um an EDI teilnehmen zu können, müssen Unternehmen ihr zentrales Computersystem sehr gewissenhaft mit der EDI-Software verbinden und dann die Protokolle mit den Systemen ihrer Geschäftspartner synchronisieren. Die starren und komplexen EDI-Formate sind nur schwer mit modernen Anwendungen in Einklang zu bringen. Und obwohl große Datenmengen übertragen werden können, geschieht dies mit einer Geschwindigkeit, die im Vergleich mit den heute entstehenden Standards als vorsintflutlich erscheint.

Die Kosten für diese Art der Informationsübermittlung betragen normalerweise 25 US-Dollar pro übertragenes Kilobyte und nur sehr große Unternehmen können sich so etwas leisten. Viele Firmen, die EDI benutzen, geben allein für den elektronischen Versand von Aufträgen und Rechnungen monatlich mehrere 10 000 US-Dollar aus. Hinzu kommen die Kosten für die lizenzierte Hard- und Software, die angeschafft werden muss, bevor man in die EDI-Gemeinschaft kooperierender Unternehmen aufgenommen wird. Insgesamt ist der Einsatz dieses Systems mit beträchtlichem finanziellen Aufwand verbunden. Verglichen mit dem Internet, das kostenlos genutzt werden kann, schneidet es denkbar schlecht ab.

Mittlerweile wird EDI von einigen Anbietern für das Internet kompatibel gemacht, die ihm so neues Leben einhauchen wollen. Unternehmen brauchen heute für den Versand von Dokumenten nicht mehr die teuren Netzwerke Dritter in Anspruch zu nehmen, sondern können ihre EDI-Transaktionen mit Programmen wie Templar der Firma Premenos direkt über das Internet verschicken. Templar verschlüsselt diese Transaktionen und der Empfänger kann sie nur dekodieren, wenn er den Schlüssel kennt. Dennoch müssen die versendenden und empfangenden Unternehmen immer noch im Besitz der lizenzierten Software sein und ihre Operationen ständig koordinieren. Nicht gerade ein Segen für spontane Geschäfte.

Auf der anderen Seite bietet das Internet die Möglichkeit, Tausende von neuen Lieferanten und Kunden zu erreichen. Und es braucht dazu nicht mehr als einen Internet-Zugang und einen Web-Browser. Zudem kann das Net für die Kommunikation zwischen Firmen sehr viel mehr leisten als EDI. Über das Internet lässt sich die gesamte Auftragsabwicklung koordinieren: von der ersten Produktinformation bis zum Kundenservice nach dem Kauf. Darüber hinaus braucht es für die Abwicklung von Routinevorgängen wie etwa Bestellungen lediglich Programme, die leicht selbst geschrieben oder preisgünstig gekauft werden können.

Das Beispiel Compaq

Compaq ist seit langem ein geschätzter Geschäftspartner der Firma Siebel. John White, der ehemalige Chief Information Officer des Unternehmens mit Sitz in Houston, erklärt, dass Compaq sich dem E-Business wie viele andere Unternehmen genähert hat: mit EDI.

> *„Die ersten Erfahrungen mit dem elektronischen Handel sammelten wir bereits vor zehn Jahren. Damals führten wir die EDI-Technologie bei Compaq ein. Unser Unternehmen war eines der ersten, die diese Technologie einsetzte und wir kaufen und verkaufen unsere Produkte seit langem mit dieser Methode, besonders innerhalb der USA.*
> *Während der letzten fünf oder sechs Jahre nahmen wir 95 Prozent all unserer US-Aufträge – ob von Kunden, Großhändlern oder Einzelhändlern – elektronisch durch EDI entgegen. Auf die gleiche Weise arbeiten wir mit unseren Lieferanten zusammen. Wir benachrichtigen sie elektronisch darüber, was wir kaufen möchten und sie informieren uns darüber, wann sie liefern können. Es gibt also eine ganze Reihe von Transaktionen – Kauf- und Lieferaufträge, Rechnungen, Versanddokumente, Neufassungen von Spezifikationen, Werkverträge und andere mehr – die von uns über EDI abgewickelt werden. Seit Jahren unterstützen wir diese Transaktionen mal als Käufer, mal als Lieferant.*

Während fast alle Aufträge bei uns elektronisch eingehen, bemühen wir uns auch darum, die Technologie effektiver und in anderen Bereichen einzusetzen. So haben wir etwa den Zahlungsverkehr auf EDI umgestellt. Unsere Einzahlungen bei den Banken erfolgen elektronisch und die Buchungsbestätigungen erhalten wir auf die gleiche Weise. Sämtliche Warenempfangsscheine werden bei uns elektronisch erstellt. Und in unserer Auftragsannahme wird fast überhaupt kein Papier mehr benutzt.
Was also EDI betrifft, sind wir eines der Vorzeigeunternehmen dieser Technologie, obwohl natürlich auch andere Firmen EDI in großem Maßstab eingesetzt haben. Dabei kam uns der Charakter unseres Unternehmens zugute, denn wir arbeiten mit Firmen der Hightechbranche zusammen und nur relativ wenige Großkunden generieren einen großen Teil unserer Umsätze. Es war daher nur folgerichtig, dass wir eine elektronische Kommunikation zwischen uns und unseren Lieferanten aufbauten. Gerade in unserer Branche konnten wir davon ausgehen, dass unsere Geschäftspartner mit dieser Technologie ausgerüstet und vertraut sein würden. Schwieriger wäre es im Umgang mit kleineren Lieferfirmen geworden, da sie in der Regel nicht über die Technologie verfügen und auch nicht binnen kurzer Zeit einführen können.“

John weist darauf hin, dass Compaq in EDI investierte, als das Internet noch in den Kinderschuhen steckte. Daher wurde bei Compaq in jüngster Vergangenheit verstärkt über die elektronische Präsenz des Unternehmens nachgedacht und man hat erkannt, dass sich die Erfolgsaussichten erweiterter Para-Unternehmen stetig verbessern. Was in den frühen Tagen des Internets – also vor fünf oder sechs Jahren – noch als zweckdienlich erschien, wird heute von der technologischen Entwicklung rasch überholt. Mit dieser Entwicklung Schritt zu halten, erklärt John, bietet unter anderem den Vorteil, dass Compaq Lösungen für das lästige Problem „verschleppter“ Informationen in den Griff bekommt.

„Heute werden die meisten unserer EDI-Transaktionen nicht über das Internet abgewickelt. Wir beauftragen damit stattdessen klassische Netzwerkanbieter, die die Herstellung einer Verbindung zwischen Käufer und Verkäufer als Service bereitstellen. Mit einem solchen Dienstleister schließen wir einen Vertrag ab und senden ihm unsere EDI-Transaktionen zu. Der Anbieter verwaltet für uns gesicherte elektronische Postfächer, in denen die EDI-Transaktionen zunächst gespeichert und von denen aus sie dann an ihren Bestimmungsort weitergeleitet werden. Die Kommunikationsdienstleister sind im Wesentlichen Vermittler elektronischer Transaktionen.

Die Entwicklung des Internets macht diese Vermittler aber in zunehmendem Maße entbehrlich: Durch das Internet können wir uns heute direkt mit unseren Geschäftspartnern in Verbindung setzen. Zwar nicht automatisch, denn Käufer und Verkäufer müssen immer noch gemeinsame Standards und das Prozedere des Informationsaustauschs vereinbaren. Doch sobald Sie dies getan haben, entstehen Ihnen sehr viel niedrigere Kosten und Sie vermeiden das ‚Verschleppen' der Informationen. Dieser Begriff bezeichnet in der IT-Branche die Verzögerung, die entsteht, wenn Informationen von einem Punkt A zu einem Punkt B fließen und dort so lange verharren, bis sie eine bestimmte Schwelle erreichen und in die nächste Etappe der elektronischen Verarbeitung ‚hinüberschwappen'.

Bei vielen EDI-Transaktionen bedienen sich Käufer und Verkäufer der Netzwerke verschiedener Kommunikationsdienstleister. Die Informationen fließen also vom ersten Beteiligten zu seinem Netzwerk, verharren dort eine Weile, fließen von dort zum Netzwerk des zweiten Beteiligten – wo sie ebenfalls verschleppt werden – und gelangen erst dann zum Empfänger der Informationen. Bei Compaq tritt dieses schwerwiegende Problem sehr häufig auf. Angenommen, wir möchten ein fertig gestelltes Produkt am 31. August ausliefern. Nachdem uns der Kunde den Auftrag elektronisch erteilt hat, übersetzen wir ihn in eine Produktionsanweisung für einen

unserer Partner aus Fernost. Dieser informiert uns über den Termin der Fertigstellung, wir schicken ihm Versandinstruktionen, er benachrichtigt uns, dass das Produkt das Werk verlassen hat und von unserer Auftragsbearbeitung wird automatisch eine Rechnung erstellt. All dies geschieht elektronisch, so dass wir im Berichtszeitraum August das Produkt berechnen und auch die Summe gutgeschrieben bekommen.
Doch wenn die EDI-Transaktionen verschleppt werden, gerät unser Berichtswesen durcheinander. Unsere Revisoren richten sich nach einer strikten Regel, die besagt, dass Lieferungen nur bis Mitternacht möglich sind; alles was wir später versenden, wird erst im darauf folgenden Berichtszeitraum berücksichtigt. So kann eine Verzögerung von nur 15 oder 20 Minuten einen großen Unterschied machen, vor allem, wenn es deren mehrere gibt und sie sich zu einigen Stunden addieren.
Wenn wir EDI erst einmal durch den Internet-gestützten Datenaustausch ersetzt haben werden, können wir ohne Zeitverzögerungen zu unseren Partnern in Kontakt treten. Genau genommen werden wir das Internet benutzen, um in zwei Phasen vorzugehen. Wenn wir einen Auftrag in unserem System verbuchen wollen, werden wir zunächst eine E-Mail schicken und mit der endgültigen Verbuchung warten, bis unser Partner, etwa aus Taiwan, den erfolgten Versand bestätigt hat. Wir werden der Echtzeit-Synchronisation sehr nahe kommen. Darin besteht einer der wesentlichen Vorteile des Internets. Es bietet einfach so viele Möglichkeiten, elektronische Transaktionen zu optimieren.“

Welcher Zukunft sieht diese Pionierlösung also entgegen? Die Anwort darauf hängt davon ab, ob Sie bereits seit langem im Web tätig sind oder erst vor kurzem dazugestoßen sind. Viele Beobachter haben vorausgesagt, dass EDI rasch an Bedeutung verlieren wird, wenn das E-Business erst einmal angelaufen ist. Doch es erscheint sehr unwahrscheinlich, dass dieses bereits existierende digitale Gerüst, mag es auch noch so unvollkommen sein, einfach verschwinden wird. Dafür sind zu viele Millionen US-Dollar in seinen Aufbau und in die Schulungen der Mitarbeiter geflossen. Und schließlich versieht es ja auch durchaus seinen Dienst und unterstützt papierfreie Transaktionen. Mit höherer Wahrscheinlichkeit werden Unternehmen, die bereits in EDI investiert haben, es auch weiterhin benutzen; so lange, bis ein leicht handhabbarer Komplettersatz zur Verfügung steht. Und bis dahin wird es wohl noch eine Weile dauern.

Für die Neuankömmlinge im E-Business ist EDI allerdings ein Dinosaurier. Wenn Sie gerade dabei sind oder planen, den Schritt ins Internet zu tun, sollten Sie diese begrenzte und kostspielige Lösung besser gar nicht erst in Erwägung ziehen. Zumindest nicht in ihrer heutigen Funktionsweise. Die Zukunft liegt im Net-unterstützten Transfer – und dies gilt auch für EDI selbst, das zunehmend enger mit der Internet-Technologie verflochten wird. Eine Prognose geht davon aus, dass im Jahre 2003 mehr als 30 Prozent aller EDI-Daten über das Net versandt werden. Mit anderen Worten: Sie werden über korporative „Extranets" reisen.

Extranets: Vier Beispiele

Jeff Bezos, CEO von Amazon.com, bemerkte kürzlich, dass wir uns noch in der „Spielgeldphase" des elektronischen Handels befänden. Damit wollte er wohl sagen, dass es noch einige Zeit dauern wird, bevor der Beweis für den Erfolg des E-Business erbracht ist. Doch wie auch Bezos' eigener Erfolg zeigt, erwirtschaften viele Online-Unternehmen bereits heute ansehnliche Gewinne. Und wenn sie im Business-to-Business-Geschäft tätig sind, verlassen sie sich immer häufiger auf Extranets. Hier nun einige Beispiele dafür, wie dieses neue Modell – in verschiedenen Ausführungen – das E-Business abheben lässt.

Ein Logistiker denkt logisch

Das Unternehmen Genstar Container vermietet seine Transportbehälter den Herstellern industrieller und anderer Ausrüstungsgüter. Er erkannte, dass seine Branche immer stärker den Gesetzen der normalen Warenmärkte folgt, und baute deshalb ein Extranet auf. Über dieses Extranet können die Online-Kunden heute Spezifikationen der Container abrufen, die Verfügbarkeit einzelner Behälter checken, Aufträge in kürzester Zeit plazieren und die Zahlungsmodalitäten in personalisierten Formaten herunterladen. Sie können außerdem Container untereinander austauschen, statt sie zuerst an Genstar zurückzugeben – eine Geld- und Zeitersparnis für alle Beteiligten. Das neue System war nicht billig. Genstar gab 1,5 Millionen US-Dollar für die Entwicklung aus und schuf eine neue, 15-köpfige Abteilung zur Betreuung des Projekts. Doch die Investition zahlte sich aus. Die Umschlagzeit verkürzte sich von einer Woche auf 15 Minuten und die meisten Anwendungen amortisierten sich innerhalb von sechs Monaten. Das Buchungsprogramm, das eine stolze halbe Million US-Dollar gekostet hatte, machte sich schließlich an einem einzigen Tag bezahlt.

One-Stop-Shopping in L.A.

Stellen Sie sich vor, Sie sind Leiterin der Beschaffungswirtschaft für einen Kreis mit zehn Millionen Einwohnern und verantwortlich für den Einkauf von Waren und Dienstleistungen im Wert von 650 Millionen US-Dollar pro Jahr – und Ihnen steht nur ein papierabhängiges System zur Verfügung, das vollkommen unsystematisch ist. Dieser Alptraum verfolgte Chrys Barnes bis 1998. Doch dann beauftragte sie die nordkalifornische Softwarefirma Commerce One, ein Net-gestütztes Warenwirtschaftsprogramm zu entwickeln, das den Kreis Los Angeles mit seinen 25000 regelmäßigen Lieferanten verbinden sollte. Mit dem neuen System können die Einkäufer des Kreises von ihren mehreren hundert Büros aus unmittelbar auf eine gemeinsame, zentrale Datenbank zugreifen. Dort werden ihre Kaufaufträge aufgrund definierter Kriterien entweder genehmigt – oder an einen Manager weitergeleitet. Die ersten Erfolge des Systems umfassen eine geschätzte Ersparnis von 38 Millionen US-Dollar für ein zentrales Warenlager, das nun nicht mehr gebraucht wird, zweistellige Millionenbeträge, die durch Preisvergleiche gespart werden konnten und den Wegfall doppelter Bestellungen. Managerin Barnes schätzt, dass die Einsparungen „riesig“ sind.

„Zeit ist Geld"

Das Unternehmen Adaptec Inc. stellt elektronische Speichermodule her, die auf importierten taiwanesischen Microchips basieren. Durch den Import aus Fernost lassen sich einerseits Kosten einsparen – andererseits können aber auch Lieferengpässe entstehen. In einer Branche, in der man, wie es Einkaufsleiterin Dolores Marcial formuliert, „entweder schnell oder draußen ist", stellte eine schnelle Verständigung mit Taiwan eine geschäftliche Notwendigkeit dar. Um sie zu gewährleisten, entwickelte Adaptec ein Net-gestütztes Kommunikationssystem. Heute können zwischen der Firmenzentrale und den chinesischen Partnern nicht nur Aufträge in Echtzeit versendet werden, sondern auch Produktionsanweisungen und Konstruktionszeichnungen. Durch das Extranet verkürzte sich die Bearbeitungszeit für Aufträge von Tagen auf Minuten und die Lieferfristen von vier auf weniger als zwei Monate. Für Adaptec hat sich die investierte Million bereits amortisiert und die gleichen Aufgaben können heute mit einer schlankeren, produktiveren Belegschaft bewältigt werden. „Wir wollten nicht, dass unsere Mitarbeiter nur Formulare hin- und herschieben", sagt Marcial. „Wir wollten, dass sie die Beschaffung und die Lagerhaltung managen." Der Aufbau eine Extranets hat sie auf dem Weg zu diesem Ziel ein großes Stück weitergebracht.

Virtuelle Konferenzen

David K. Burnap Electronic Marketing ist eine Werbeagentur, die Kunden wie AT&T und NCR betreut. Wie für Adaptec ist auch für Burnap die Übermittlung von digitalen Grafiken von großer Bedeutung. Als die Agentur noch nicht online war, mussten die Werbegrafiker vor Telekonferenzen häufig über Nacht die Entwürfe kolorieren. Zudem traten bei diesen Konferenzen häufig entweder Übertragungsfehler auf oder sie passten nicht in den Terminkalender der viel beschäftigten Manager. Dies gehörte der Vergangenheit an, nachdem man das Softwareprogramm Rooms der Firma ichat Inc. eingeführt hatte. Heute kann die Agentur Grafiken weltweit und ohne Zeitverzögerung versenden. Rooms ermöglicht den Kunden, während einer Konferenz Rückmeldung zu geben: Ein geteilter

Bildschirm gestattet Echtzeit-Gespräche (wie in einem Chat Room im WWW), während Burnap und seine Klienten gleichzeitig die Grafiken auf ihrem Browser betrachten. Natürlich ist der Zugang zu diesem Extranet nur über ein Passwort möglich.

Darüber hinaus ist das System flexibel genug, dass auch berechtigte Dritte – etwa am Projekt beteiligte Subunternehmer – zu der Konferenz zugelassen werden können, um ihr Urteil beizusteuern. Gerade diese Eigenschaft stellt für David Baker, den technischen Entwicklungsleiter von Burnap, einen entscheidenden Vorteil dar: „Versuchen Sie nur einmal, jemanden aus Wichita mit einzubeziehen, ohne dass er per Internet zugeschaltet wird – die Kosten sind exorbitant. Doch wenn er an das Extranet angeschlossen ist, zack! – schlüpft er problemlos unter dem Firewall durch, loggt sich ein und kann seinen Beitrag zur Entwicklungsarbeit leisten." Auch hier ist es wieder die *Reichweite* des Nets, die es so flexibel macht.

Wenn es perfekt sein soll: Der Star des E-Business

Wir wollen mit einem berühmten Beispiel schließen – in gewisser Hinsicht das berühmteste von allen.

Das Unternehmen Cisco Systems ist ein globaler Marktführer im Bereich der technologischen Infrastruktur für das Internet und wird gern als der Star des elektronischen Business-to-Business-Geschäfts bezeichnet. Durch eine brillante Strategie, einfallsreiche technologische Innovationen und harte Arbeit wandelte sich Cisco in nur drei Jahren von einem normalen zu einem virtuellen Unternehmen. Im Jahre 1997 machte Cisco im E-Business Umsätze, die höher waren, als die all seiner weltweiten Konkurrenten zusammengenommen. Die Einnahmen beliefen sich damals auf beeindruckende drei Milliarden US-Dollar. Heute haben sich die Online-Umsätze bereits verdoppelt und das Unternehmen ist am Fortschritt der Online-Revolution maßgeblich beteiligt. Mehr als zwei Drittel seiner Aufträge kommen über die Web-Site herein und am Ende des Jahrhunderts sollen es mehr als 80 Prozent sein.

Wie hat Cisco den Übergang ins Net so erfolgreich und rasch bewältigen können? Einer der Gründe dafür liegt in der Natur ihres

Unternehmensgegenstandes: Cisco ist ein Marktführer in der Konstruktion von Routern. Mit diesen Hightechapparaten werden die Daten im Internet von Knotenpunkt zu Knotenpunkt weitergeleitet. Aber darüber hinaus arbeitete das Unternehmen kontinuierlich auf ein genau definiertes Ziel hin und wurde zum Vorbild für andere Firmen, die den Erfolg im Internet suchen.

Cisco ging konsequent vor und begann seinen Erfolg mit dem Aufbau eines Intranets – ein Vorhaben, für das die gesamte Infrastruktur des Unternehmens automatisiert werden musste. Der Verantwortliche für diese Aufgabe war Pete Solvik, der Chief Information Officer von Cisco, und seine Fortschritte wurden von Vorstandsmitglied und CEO John Chambers persönlich überwacht. Als ersten Bereich nahmen sich Solvik und sein Team den technischen Service vor.

Pionier in der technischen Kundenbetreuung

Als Cisco den Entschluss fasste, eine Online-Strategie zu verfolgen, wuchs das Unternehmen bereits um 100 Prozent pro Jahr. Man sah voraus, dass über das Internet sehr viel mehr Kunden den Weg zu Cisco finden würden und erkannte, dass auch die Servicekapazitäten proportional würden steigen müssen. Das Ziel bestand darin, auch in Zukunft den erstklassigen Service zu liefern, den die Kunden bereits als Standard des Unternehmens akzeptiert hatten, (Man denke an das Überlastungsproblem von Volvo.) Cisco rechnete damit, dass sich durch den Schritt ins Net viele Fragen bezüglich des Service stellen würden. Das Unternehmen wollte sie mit Automatisierung beantworten.

Im ersten Schritt wurde ein telefonisch erreichbares Mailbox-System entwickelt, mit dem sich die Kunden zum ersten Mal selbst helfen konnten. Solvik erinnert sich, dass das System anfangs recht gut funktionierte, mit zunehmendem Erfolg des Unternehmens aber schon bald an seine Grenzen stieß. Im Jahre 1992 stolperte das Team über Mosaic, einen an der Universität von Illinois entwickelten Browser, und erkannte ihn als idealen Ersatz für das Mailbox-System. Einen Teil seiner Attraktivität verdankte er der Tatsache, da er kostenlos zu haben war.

Bei all dem dürfen wir nicht vergessen, dass das Web zu jener Zeit noch gar nicht existierte – so weit war Cisco seiner Zeit damals voraus. Das Team begann 1993 damit, Mosaic weiterzuentwickeln und errichtete Anfang 1994 seine erste Online-Site – fast ein Jahr, bevor der erste kommerzielle Browser, Netscape 1.0, auf den Markt kam. Während eines Gesprächs über das damalige Projekt schwärmte Solvik von den Errungenschaften des Cisco-Teams:

> *„Heute werden 70 Prozent unseres technischen Service und 90 Prozent unseres Softwarevertriebs über das Web abgewickelt. Wir machen es unseren Kunden leicht, das Web so selbstverständlich zu benutzen wie einen Bankautomaten. Wir wissen, dass die Menschen sich am liebsten selbst helfen und deshalb sind wir, genauso wie die Bankautomaten, jeden Tag rund um die Uhr von jedem Ort der Welt aus erreichbar. Unsere Abteilung für technische Dienstleistungen erwirtschaftet schon jetzt fast eine Milliarde US-Dollar Umsätze pro Jahr. In diesem Bereich sind die Bruttogewinne zwar geringer, dafür aber die Nettogewinne höher.“*

Auf seinem Weg ins Net konnte Cisco diese Phase des technischen Services als vollen Erfolg verbuchen. Damals entstand ein System zur technischen Kundenbetreuung, das noch heute zu den besten der gesamten Branche zählt. Im nächsten Schritt dehnte Cisco das Prinzip der Automatisierung auf andere Servicebereiche aus. Nun konnten die Kunden ihre Produkte auch online auswählen und bezahlen. Mit dieser Maßnahme eroberte sich Cisco einen Spitzenplatz unter den Para-Unternehmen. Wie Solvik erklärt, hatte der Erfolg Ciscos während dieser Phase viel mit dem Einsatz von Softwareanwendungen zu tun, die als „Agenten“ bezeichnet werden. Sie leisten das Gleiche wie menschliche Mitarbeiter im Kundenservice, sind aber schneller und effizienter.

> *„Unser erster Agent im Net war der Statusagent. Sie konnten ins Internet gehen, eine Mailbox-Nummer eingeben und dann erfahren, wie weit Ihr Auftrag bereits ausgeführt war. Hatte das Produkt das Werk bereits verlassen, verband Sie der*

Agent direkt mit FedEx oder UPS und teilte Ihnen den genauen Aufenthaltsort der Ware mit. Wir waren die ersten, die auf dieses Konzept des Hotlinking gekommen waren und FedEx, DHL und UPS veränderten ihre Web-Sites, um eine solche Direktverbindung zu unterstützen. Wenn Sie Cisco heute einen Auftrag erteilen und sich über seinen Status informieren möchten, brauchen Sie nicht einmal mehr die Site des Frachtführers aufzusuchen und eine Suchnummer einzutippen. Unsere Site wird Sie direkt mit dem Ergebnis verbinden.

Da der Statusagent so erfolgreich war, begannen wir damit, etwa alle drei Monate einen neuen Agenten einzuführen. Den Preisagenten, den Lieferzeitagenten, den Konfigurationsagenten, den Agenten zur Erteilung eines Auftrags, den Rechnungsagenten, den Agenten für das Anfordern einer einzelnen Dienstleistung und den Agenten für längerfristige Serviceverträge. So hatten wir schließlich etwa acht Agenten im Net, die zusammen eine Komplettlösung für den elektronischen Handel darstellten."

Zukunftsweisend – Netzwerk – Partnerschaften

Zwei Dinge sind in dieser Beschreibung besonders wichtig. Zum einen wird eine kommerzielle Arena definiert, innerhalb derer praktisch alle Funktionen automatisch über das Net abgewickelt werden, von der ersten Anfrage bis zum Service nach dem Kauf. In einem späteren Kapitel werden wir noch ausführlicher auf diese Form der Automatisierung eingehen. Doch schon das Beispiel Ciscos vermittelt einen ersten Eindruck vom Potenzial der Agenten. Es zeigt, wie viel sich erreichen lässt, wenn man die Papierflut eindämmt und eine solide Unternehmensvision mit der neuesten Web-Technologie kombiniert.

Und zweitens wird in der Beschreibung Solviks deutlich, wie wichtig die Verknüpfung mit geeigneten Partnern ist. Der Chief Information Officer ist berechtigterweise stolz darauf, dass Cisco die Direktverbindung als Erster eingeführt hat. Doch das Hotlinking ist mehr als eine technologische Innovation. Diese Verbindungen sind einerseits Merkmale der Software, andererseits aber auch Ausdruck einer Philosophie. Die Investitionen Ciscos in Direktverbindungen mit seinen großen Frachtführern sind Teil einer erweiterten geschäftlichen Strategie. Wie jeder andere Online-Marktführer im Business-to-Business-Geschäft weiß auch Cisco, dass der Cyberspace zu riesig ist, als dass er von einem Unternehmen allein kontrolliert werden könnte. Und deshalb bemüht man sich bei Cisco verstärkt um den Aufbau von Partnerschaften.

Der CEO des Unternehmens, John Chambers, betrachtet die Netzwerk-Partnerschaften geradezu als Schlüssel zum Erfolg. „Wir sind der Ansicht“, sagte er 1997 in einer programmatischen Rede, „dass all jene Unternehmen zurückbleiben werden, die es nicht verstehen, Partnerschaften zu bilden, zu fusionieren und Joint Ventures einzugehen. Und wenn Sie erst einmal anfangen, über geeignete Partnerschaften nachzudenken, werden Sie erkennen, dass Netzwerke die geeignete Form dafür sind (...). Die nächste Generation wird eine der Partnerschaften sein.“

Ein Merkmal dieser Partnerschaften ist, dass sie beiden Seiten nützen. Sowohl im Cyberspace als auch in der realen Welt brauchen Kunden handfeste Gründe dafür, warum sie mit Ihnen ein Team bilden sollten. Cisco hat im Web die Erfahrung gemacht, erinnert sich Solvik, dass die Gründe auch im neuen Medium Zeit- und Geldersparnis heißen.

„Im ersten Schritt machten wir Informationen zugänglich und forderten unsere Kunden auf, sich selbst zu helfen und nicht uns die Arbeit erledigen zu lassen. Den größten Vorteil hatten also wir. Die Kunden profitierten in geringerem Maße.

Uns wurde die Arbeit ganz erheblich und unmittelbar erleichtert. Weniger Bestellungen waren fehlerhaft, weniger Formulare mussten ausgefüllt werden und wir konnten die Geschäfte schneller und präziser abschließen. Die Vorteile für Cisco waren enorm. Aber auch unsere Kunden profitierten. Es nützte selbst solchen Kunden, die mit dem neuen System nur ihre Produkte konfigurierten und diese Spezifikationen ihrer schriftlichen Bestellung anfügten. Sie hatten vom

Tag der Auftragserteilung an die besseren Chancen, Missverständnisse und zeitraubende Rückfragen zu vermeiden. Darüber hinaus konnten wir und unsere Kunden Zeit sparen. Bei Lieferungen innerhalb der USA sparten wir drei Tage und im internationalen Versand sechs Tage. Die Kunden erhielten also schneller ihre Waren und die Aufträge wurden exakter und nachvollziehbarer ausgeführt. Immer noch müssen sie die Konfiguration der Produkte und das Platzieren des Auftrags selbst leisten. Ein nicht zu unterschätzender Aufwand. Aber alles in allem halten unsere Kunden ihn offenbar für vertretbar."

Individualisierung des Kundenservice

Mit diesem ausgeprägten Sinn für Partnerschaft steuert Cisco nun behutsam darauf zu, die nächste Wachstumsstufe zu erreichen und sich als virtuelles Unternehmen weiterzuentwickeln. Und das heißt, so Solvik, die Bedeutung des individuellen Kunden anzuerkennen und das elektronische Äquivalent zur Mass Customization zu liefern.

„Unternehmen werden immer größer und die Kosten pro Mitarbeiter steigen ständig. Daher versuchen viele Firmen, Managementebenen zu reduzieren und Personalausgaben zu beschränken. Auch im Umgang mit den Kunden werden immer weniger Mitarbeiter eingesetzt. Unternehmen betreiben im Bereich Kundenservice nicht mehr den personellen Aufwand, wie sie es noch vor 20 Jahren getan hätten. Es ist ihnen zu teuer. Stattdessen sagen sie: ‚Hier ist unser Standardprodukt, hier ist unser Standardvertrag und hier ist unsere Rabattstaffel. Mehr dürfen Sie nicht erwarten.' Die Unternehmen gehen deshalb so vor, weil sie die Effizienz ihrer Organisation erhöhen wollen. Ihr Motto heißt ‚alle über einen Kamm' – sämtliche Produkte werden standardisiert.
Doch dank Internet gibt es möglicherweise auch einen gegenläufigen Trend. Denn wenn Sie zu Ihren Kunden eine

elektronische Beziehung aufbauen, entstehen viele Probleme erst gar nicht.

Angenommen, Ihr größter Kunde sagt zu Ihnen, ‚Wissen Sie, ich möchte, dass Sie die Kisten für mich mit fortlaufenden Nummern versehen. Der Versandaufkleber soll auf der Seite der Kiste sein und meine speziellen Angaben enthalten. Wenn sie dann bei uns ankommen, können wir die Kisten in der Warenannahme nach Abteilungsnummer, Postleitzahl oder Artikelkennung sortieren.‘ Werden Sie seine Wünsche erfüllen? Können Sie sich das leisten? Sie müssen. Im Konkurrenzkampf des Nets können Sie es sich nicht leisten, solche Wünsche zu ignorieren.

Beim Verkaufen geht es vor allem um die Beziehungen zum Kunden. Mit Briefen und Telefonaten den Kontakt zum Kunden zu halten ist relativ aufwendig, doch mithilfe des Internets lässt sich diese Aufgabe leichter bewältigen. Wenn Ihr Kunde also sagt: ‚Der Versandaufkleber soll so und so aussehen und ich möchte diese Felder,‘ dann können Sie darauf eingehen. Sie können außerdem eine sehr viel effektivere Kommunikation zwischen den beiden Unternehmen etablieren, wenn Sie Formulare, Faxe und Telefonanrufe durch das Web ersetzen. Und dann sind Sie bereit für die nächste Stufe: das Beziehungsmanagement oder Relationship Management. Dank der Elektronik sind wir heute in der Lage, Kundenbeziehungen in Form ganzer Servicesysteme aufzubauen. So werden unsere Unternehmen kundenzentrierter und kundenfreundlicher.

Wir nähern uns dieser Aufgabe auch im Hinblick auf die Produkte. Wir bei Cisco pflegen enge Verbindungen zu jedem unserer Partner. Wir wissen heute, welche Produkte sie benutzen, welche Softwareversionen sie verwenden, mit welchen technischen Problemen sie zu kämpfen haben und in welchem Zustand sich ihr Netzwerk befindet. Gemeinsam werden wir uns dann auf die nächste Ebene der technischen Zusammenarbeit begeben. Dort können wir aktiv mitverfolgen, wie unsere Partner ein Produkt einsetzen, wie es bei ihnen funktioniert und können sie gegebenenfalls warnen.

Vielleicht will einer unserer Partner ein bestimmtes Produkt ausbauen. Wäre es nicht großartig, wenn er auf unsere Web-Site käme und wir sagen könnten: ‚Da wir Ihre aktuelle Konfiguration kennen, wissen wir genau, was Sie benötigen. Sie brauchen nicht irgendeine Hauptplatine zu kaufen in der Hoffnung, dass der Speicherplatz ausreicht, die RAMs in Ordnung sind und die Energieversorgung nicht zusammenbricht.' Und was wäre, wenn wir über ein Inventar seines Netzwerks verfügten und die verwendeten Produkte kennen würden? Dann könnten wir die Erweiterung an die bestehende Konfiguration anpassen. Es wird zunehmend wichtiger, Verantwortung für die Beziehungen zwischen Verkäufer und Käufer zu übernehmen. Es geht darum, direkter und aktiver zu werden.

In unserer langfristigen Vision müssen unsere Kunden nicht mehr zu uns kommen, um sich über den Status ihrer Aufträge zu informieren; vielmehr werden wir sie informieren, wenn sich etwas Neues ergibt. Unsere Kunden werden über ein Art Armaturenbrett mit Cisco verbunden sein. An diesem Armaturenbrett werden die Kunden z.B. folgende Informationen ablesen können: ‚In diesen Fällen haben wir Ihnen in technischen Fragen zur Seite gestanden. Sie benutzen eine Softwareversion, in der wir diese Fehler gefunden haben und Sie sollten Folgendes tun, um sie zu beheben. Diese Produkte sind Ihnen auf Kredit von uns geliefert worden. Diese Beträge stehen noch offen und dieser Kreditrahmen für Wiederverkäufer kann noch ausgeschöpft werden. Diese Aufträge haben Sie bei uns platziert. Folgende Aufträge haben wir in der gesamten Geschäftsbeziehung für Sie ausgeführt.'

Mit den Möglichkeiten zum Datenmanagement, die uns heute zur Verfügung stehen, können wir alle Veränderungen in den Beziehungen zu unseren Kunden überwachen und die Kunden gegebenenfalls praktisch unverzüglich davon informieren. Dies ist wirklich das langfristige Konzept, auf das wir hinarbeiten.“

Da sich dieses Konzept auf den Cyberspace bezieht, mag es futuristisch klingen. Das ist es jedoch ganz und gar nicht. Es beruht auf den besten Absichten traditioneller Unternehmen: die Konzentration aller Kräfte mit dem Ziel, die Kunden erfolgreicher zu machen. Und das Konzept basiert auf der Technologie von heute, damit es nicht bei der Absicht bleibt.

Genau darum geht es bei Cisco. Und darum geht es im Idealfall auch im gesamten E-Business. Dieses Ziel macht die Web-gestützte Technologie mehr als nur technologisch beeindruckend. Durch dieses Ziel wird aus dem Net nicht nur ein Motor für Gewinne, sondern ein Garant für Zufriedenheit – die höchste Kundenzufriedenheit, die es je gab.

8. Der individuelle Kunde als Zielgruppe

In einer Gemeinschaft kommen Menschen normalerweise zusammen, um ein gemeinsames Ziel zu verfolgen oder Interessen zu teilen. In den frühen Tagen des Webs hofften viele, dass der Cyberspace selbst zu einer freien und weltweiten Gemeinschaft ohne Grenzen werden würde – Marshall McLuhans* globales Dorf, zusammengehalten von Computern. Heute sehen wir, dass das Internet eine Vielzahl von Gemeinschaften beherbergt. Jede Einzelne von ihnen ist nicht geographisch bestimmt, sondern definiert sich über ihre gemeinsamen Interessen. Und wir staunen darüber (zumindest sollten wir), wie verschiedenartig diese Bündnisse sind. Der grenzenlose Markt bietet Raum für die ausgefallensten Nutzerinteressen – einen zu großen Raum, wie konservative Kritiker bemängeln. Man kann davon ausgehen, dass es irgendwo im Web Menschen gibt, die von der gleichen fixen Idee wie Sie besessen sind, wie abstrus, schrullig oder eigenartig sie auch sein mag. Und das Internet bietet die besten Voraussetzungen dafür, dass diese Menschen zueinander finden und die einzelnen Individuen ihrem Anliegen gemeinsam Ausdruck verleihen.

Als Unternehmer im E-Business sollten Sie an diesem Punkt ansetzen. Konzentrieren Sie sich darauf, jene Gemeinschaften im Cyberspace zu finden und zu fördern, die dem Wachstum Ihres Unternehmens am zuträglichsten sind.

Das Wissen über Interessengruppen

Don Peppers und Martha Rogers beschreiben „das Wissen über Interessengruppen“ als das, was ein Unternehmen über Kunden mit ähnlichen Vorlieben und Bedürfnissen herausfinden kann. Ziel dieser Informationsbeschaffung ist es, „das Unternehmen in die Lage

---

* McLuhan, Herbert Marshall – kanadischer Literaturwissenschaftler und Publizist, veröffentlichte u. a.: War and peace in the global village (1968; dt. Krieg und Frieden im globalen Dorf)

zu versetzen, den Bedarf des individuellen Kunden vorauszuahnen, noch bevor er selbst weiß, dass er diesen Bedarf entwickeln wird". Das beste Beispiel dafür ist die Musik-Site von Firefly, auf der dem Musikfan diejenigen CDs (und seit kurzem auch Videofilme) empfohlen werden, die wahrscheinlich seinem Geschmack entsprechen. Auf welche CDs oder Filme er hingewiesen wird, richtet sich nach den gemeinsamen Vorlieben seiner „affinen Gruppe".

Die so bezeichneten Gruppen sind weder bewusste noch objektive Phänomene. Sie werden von Agents Inc., dem Betreiber der Web-Site, auf der Basis aussagekräftiger Spuren konstruiert, die jeder Besucher auf der Site hinterlässt. Die gewonnenen Kundenprofile werden in eine Datenbank eingegeben, um die Gruppen zu identifizieren (genau genommen: um sie zu kreieren). Da sich mithilfe von Computern heute Datenbanken präzise verwalten lassen, können bei der Erstellung von Kundenprofilen sehr viel mehr Nischen berücksichtigt werden. Und ist eine virtuelle Gemeinschaft erst einmal identifiziert, kann man ihre Mitglieder gezielt ansprechen.

Wenn Sie beispielsweise bei einer konventionellen Marktuntersuchung auf Ihrem Fragebogen „Countrymusic" den Vorzug geben, erhalten Sie möglicherweise nach vier bis sechs Wochen ein Angebot über die neueste Garth-Brooks-CD. Hört sich doch eigentlich ganz vernünftig an, oder? Was aber, wenn Sie einer von diesen Traditionalisten sind, für die Country aus Kentucky kommen muss und die glauben, Garth Brooks sollte dafür ausgepeitscht werden, dass er die „echte" Countrymusic ins Grab bringt? Das Angebot würde bei Ihnen nicht fruchten und Sie unter Umständen sogar abstoßen. Durch das System, mit dem Firefly seine Kundenprofile erstellt, kann ein solches Problem umgangen werden. Mit der Geschwindigkeit und der Präzision der elektronischen Datenverarbeitung würde Sie das System als Mitglied einer speziellen affinen Gruppe identifizieren. Und es würde nicht jedermanns Zeit vergeuden, indem es Ihnen solche breit gestreuten Werbebotschaften schickt.

Am Ende dieser Entwicklung werden natürlich Angebote stehen, die auf jeden Kunden individuell zugeschnitten sind. Das hört sich vielleicht wie das Gegenteil von Zielgruppenmarketing an. Doch es ist im Grunde nur eine verfeinerte Form des gleichen Verfahrens. Um einen beliebigen Kunden individuell ansprechen zu können, müssen Sie zunächst klären, zu welcher Zielgruppe er gehört – und diese Gruppe von scheinbar ähnlichen abgrenzen. Erleichtert wird Ihnen die Arbeit dabei durch die enorme Reichweite des Nets und die multidimensionalen Analyseinstrumente, die Ihnen im heutigen Kundenmanagement zur Verfügung stehen.

Bei der Ortung affiner Gruppen im Web könnte Ihnen ein Unternehmen behilflich sein, das sich DoubleClick nennt (www.doubleclick.com). Es fungiert als Vermittler zwischen Besitzern von Web-Sites und werbenden Firmen, die ein spezifisches Zielpublikum suchen. DoubleClick hat mit seinen Klienten wie Quicken Financial Network, Excite und United Media ein „Netzwerk im Netzwerk" aufgebaut und ergänzt die Werbeaktivitäten seiner Kunden. Werbenden Unternehmen bietet DoubleClick an, unter Berücksichtigung verschiedener Parameter Märkte zu identifizieren. Dabei richtet es sich nach Kriterien wie Standort, Service Provider, Organisationsgröße, persönlichen Interessen, Dauer und Zeitpunkt des Aufenthalts im Web und Art der Domain – selbst das Betriebssystem des individuellen Anwenders wird berücksichtigt.

Da diese Herangehensweise mit hoher Präzision verbunden ist, lassen sich Resultate sehr viel schneller und kostengünstiger erzielen als etwa mit gezielten Befragungen im Rahmen traditioneller Werbestrategien. „DoubleClick kann den Unternehmen fast augenblicklich Informationen über die relevanten Zielmärkte liefern", schreibt Chuck Martin; „Die Firmen können Tests durchführen, in denen sie neue Produkte praktisch über Nacht bestimmten Verbrauchergruppen anbieten und je nach Ergebnis ihre Strategie korrigieren." Ein gewaltiger Vorteil beim Orten und Aufbauen von Zielgruppen.

Von der Zielgruppe zur Kommunikation

Die Firefly-Site ist nicht nur ein Modell für die Bestimmung von Zielgruppen, sondern sie illustriert auch die hohe Bedeutung der Kommunikation. Das von Agents Inc. angebotene Profilierungssystem erlaubt den Unternehmen, die Wünsche ihrer Kunden in Erfahrung zu bringen. Der Kreis schließt sich, wenn die Firmen ihren Kunden dann solche detaillierten Informationen liefern, mit denen die Verbraucher intelligente Kaufentscheidungen treffen können. Unternehmen im Internet haben die einmalige Chance, eine solche Kommunikation mit den Kunden Wirklichkeit werden zu lassen. Das E-Business hat in dieser Hinsicht einen Vorsprung vor der analogen Wirtschaft, da die interaktive Technologie einen höheren Komfort ermöglicht.

Wir mit unserem eigenen Unternehmen gehören zu der affinen Gruppe des Beziehungsmanagements in Unternehmen, auch Enterprise Relationship Management genannt. Siebel Systems ist seit langem maßgeblich an der Weiterentwicklung dieser Technologie beteiligt. Unsere erfolgreiche Optimierung der Abläufe in Call-Centern war beispielsweise eine direkte Folge der verbesserten Profilerstellung per Computer. Vor nicht allzu langer Zeit musste sich ein Kunde, der die Service-Hotline einer Firma anrief, jedes Mal aufs Neue identifizieren. Seit es automatisiertes Kundenmanagement gibt, gehört diese Prozedur der Vergangenheit an.

Wenn Sie heute ein vernetztes Unternehmen zum zweiten Mal anrufen, sind die Informationen des ersten Kontakts bereits im System, und dem Mitarbeiter, der Ihren Anruf entgegennimmt, sind Sie schon bekannt. Seine erste Frage muss also nicht mehr lauten: „Wie heißen Sie?“ Er kann direkt zur zweiten Ebene kommunikativer Kompetenz übergehen: „Guten Morgen, Herr Weber. Rufen Sie wegen der Unterlagen über das System 110 an, die wir Ihnen am dritten April haben zukommen lassen?“ Mit automatisiertem Kundenmanagement lernen wir aus früheren Gesprächen. Jedes Mal, wenn ein Kunde anruft, erfahren wir ein wenig mehr über ihn – und können sehr viel besser reagieren, interagieren und kommunizieren.

Mit dem Internet sind wir auf dem richtigen Weg. Man denke an das automatische Erstellen von Profilen, ohne auch nur eine einzige Befragung durchgeführt zu haben. Man denke an die detaillierten Informationen, die jedes Mal ergänzt werden, wenn ein Kunde an Ihre elektronische Haustür klopft; an die Möglichkeit, sofort zu wissen, wer dieser Kunde ist und welche Interessen er hat. Und man denke daran, was es für Sie bedeuten würde, wenn jeder Besucher

Ihrer Site ein persönliches Logbuch mit sich führte. Sie könnten dann seine Vorlieben und Interessen an den Zwischenstopps ablesen, die er während seiner Reise im Internet eingelegt hatte.

Das Unternehmen Aptex Software mit Sitz in San Diego ist ein Pionier in diesem technologischen Bereich und hat bereits von der Tenagra Corporation die begehrte Auszeichnung für exzellentes Internetmarketing verliehen bekommen. Aptex hat ein Softwareprogramm namens SelectCast for Ad Server entwickelt, das im Hintergrund viel besuchter Sites läuft (zu den Kunden Aptex' zählen unter anderen die beiden großen Suchmaschinen Infoseek und Excite). SelectCast analysiert in Echtzeit die Klicks der Besucher und verwendet die resultierenden Profile, um Zielgruppen zu identifizieren. Wie Tenagra feststellte, geht das Programm dabei in dynamischer Weise vor:

> *„Die Profile werden ständig aktualisiert, um die Plazierung der Werbebotschaften kontinuierlich zu verfeinern. Die Software ortet Zielgruppen, indem sie für alle Site-Besucher Profile erstellt. Sie analysiert die Profile und fasst sie zu Gruppen zusammen, um Nutzer mit ähnlichen Interessen zu identifizieren. Dann wählt die Software angemessene Werbebotschaften aus und platziert sie auf den Sites, die von der entsprechenden Zielgruppe häufig frequentiert werden. Dieses Verfahren zur Erkennung von ‚Affinitätsmustern' identifiziert außerdem automatisch neue Zielgruppen, sobald sie entstehen.“*

Schon jetzt ist das Verfahren ein voller Erfolg. PC Financial Networks, eines der Unternehmen, die SelectCast einsetzen, erhält bereits zwölf Prozent mehr Reaktionen auf seine Online-Werbung. Ein anderes, Microsoft Carpoint, konnte durch das Programm die Zahl der Anfragen auf seiner Site verdoppeln.

Außerdem hat Aptex den Schritt zum Informationsfeedback in Echtzeit bewältigt. Diese Erweiterung der Kommunikation wird durch kleine Programme ermöglicht, die „Cookies“ heißen. Ein Cookie ist eine winzige Information, die der Betreiber einer Web-Site automatisch auf Ihrem Browser ablegen kann. Während Sie durch das Web reisen, sammeln Sie unter Umständen mehrere solcher Cookies auf Ihrem Browser. Zusammen stellen sie ein detailliertes Bild Ihrer Vorlieben und Interessen dar. Wenn Sie eine neue Site besuchen oder die gleiche Site ein zweites Mal, kann der Betreiber diese Informationen wie einen Lebenslauf lesen. Die Spur des Kunden mit Hilfe von Cookies nachzuvollziehen, ist schon seit geraumer Zeit eine fest etablierte Methode, den Kunden „zuzuhören" – selbst dann, wenn der Kunde gar nicht wirklich spricht. In vielen Fällen wird er sich natürlich äußern und Sie sollten ihn dazu ermutigen. Sie können dies einfach und kostengünstig tun, indem Sie auf Ihrer Web-Site eine E-Mail-Funktion anlegen. Stellen Sie nur sicher, dass Sie nicht den gleichen Fehler wie Volvo begehen. Wenn Sie die Menschen um ihre E-Mails bitten, sorgen Sie dafür, dass Sie sie auch beantworten können.

Sie dürfen natürlich auch aktiver vorgehen und etwa der Firma Greet Street nacheifern, die kundenspezifische Grußkarten versendet oder dem Beispiel des Online-Floristen 1-800-FLOWERS folgen. Beide Unternehmen erinnern ihre Stammkunden per E-Mail rechtzeitig daran, dass ein Geburtstag oder Feiertag ansteht. Dank moderner Computersysteme konnte auch der Versand dieser Erinnerungsschreiben bereits automatisiert werden. Auch viele andere Firmen, deren Geschäft nicht wie das mit Grußkarten oder Blumen saisonalen Schwankungen unterliegt, verschicken aktiv E-Mails. Sie informieren Web-Nutzer, die Interesse am Empfang solcher Nachrichten gezeigt haben, über neue Produkte oder besondere Preisaktionen. Wir bedienen uns dieses Verfahrens seit jeher in analoger Weise, indem wir Werbebriefe aufsetzen. Mithilfe der Computer können wir diese Arbeit heute effizienter erledigen.

Jedem sein maßgeschneidertes Produkt

„Je mehr Kunden ein Unternehmen mit maßgeschneiderten Produkten beliefern kann (in Relation zur Konkurrenz), desto größer der Wettbewerbsvorteil", schrieb Stan Davis 1987 in *Future Perfect*. Angesichts der Entwicklung seit der Veröffentlichung des Buches war diese Aussage beinahe prophetisch. In seiner klassischen Studie *Mass Customization* definiert Joe Pine II diese entstehende Geschäftsstrategie nicht nur als einen neuen Schauplatz des Konkurrenzkampfes, sondern auch als wahrhaft systemweiten Paradigmenwechsel; eine Transformation der grundlegenden Gebote kapitalistischer Volkswirtschaften. Nach Pines überzeugender Darstellung erreichte die Massenproduktion – das bis in die jüngste Vergangheit gültige Paradigma des „Amerikanischen Systems“ – ihre Dominanz in einer Phase homogener Märkte und stabiler Nachfrage. Die Unternehmer konnten sich auf lange Entwicklungs- und Produktzyklen verlassen und große Stückzahlen kostengünstiger, standardisierter Produkte herstellen. Seit den sechziger Jahren schwindet allerdings die Homogenität der stabilen Märkte und die Kunden haben heute einen eigenwilligeren Geschmack und sind anspruchsvoller als damals. Angesichts dieser Entwicklung erweist sich die Massenproduktion als Erfolgsbremse. Um im nächsten Jahrhundert zu überleben, müssen Unternehmen extrem kurze Produktlebenszyklen akzeptieren und in der Lage sein, den Wünschen einzelner Kunden nach maßgeschneiderten Produkten – in großem Umfang – nachzukommen. Sie müssen die Größenvorteile durch Diversifikationsvorteile ersetzen.

Dieses Marketingmodell ist vollkommen neuartig. Pine übertreibt nicht, wenn er es als Paradigmenwechsel bezeichnet – es ist in der Tat so universell. Es lässt sich in Branchen beobachten, die so unterschiedlich wie Hightech und Fast Food sind. Wir lassen die Ära hinter uns, in der Henry Ford den Kunden sein T-Modell mit den Worten „in jeder Farbe erhältlich, solange sie schwarz ist“ anbieten konnte. In der kommenden Ära werden die Kunden auf der ganzen Welt „ein Wörtchen mitzureden“ haben. Toyota lädt beispielsweise seine Kunden dazu ein, mit einem mobilen CAD-System ihre Autos aus modularen Elementen nach eigenen Wünschen zusammenzustellen. Ein alter Bekannter aus der Pharmabranche, der Hustensaft für alle Atemwegserkrankungen, wird heute durch Arzneien für Keuchen, Röcheln, Schniefen und andere „spezielle“ Hustenarten abgelöst. Edward Rensi, Präsident von McDonald's USA, erlaubt den einzelnen Restaurantmanagern mittlerweile anzubieten, „was die Umgebung verlangt“ – und sei es Haferschleim oder Cappuccino. Die Marriott Corporation vermarktet ihren Hotelservice nicht mehr nur über Ketten wie Courtyard und Residence Inn, sondern hat auch ein Gasterkennungssystem eingeführt, das die Zimmerwünsche einzelner Kunden in einer zentralen Datenbank speichert.

Da die elektronische Datenverarbeitung Mass Customization begünstigt, ist das entstehende Paradigma im Net bestens aufgehoben. Angesichts der Geschwindigkeit von Computern und der unkomplizierten Navigation per Mausklick sind Kunden mit sehr speziellen Wünschen die logische Zielgruppe für Online-Unternehmen. Web-Seiten lassen sich ohne weiteres so einrichten, dass diese „Ein-Personen-Märkte" mit dem versorgt werden, was die Marketingberater Don Peppers und Martha Rogers eines der Erfolgsgeheimnisse der Mass Customization nennen: die Möglichkeit für den Kunden, an der Entwicklung seines eigenen Produkts mitzuwirken. Eine solche Beteiligung ist bereits in vielen Bereichen der Elektronikbranche Realität. Und die Kunden haben sie durch ihre jahrelangen Erfahrungen mit Bankautomaten schätzen gelernt. So „unpersönlich" diese Geräte auch sein mögen, ermöglichen sie doch jedem Kunden eine ganz individuelle Interaktion. Und die Bankautomaten sind nur ein erstes Indiz für das elektronische Potenzial.

Dank der unbegrenzten Navigationsmöglichkeiten des Mediums ist Mass Customization im Net bereits eine funktionierende Strategie. Wenn Sie eine Web-Site durchforsten oder von einer Site zur nächsten surfen, kreieren Sie auf Ihrer Suche nach Informationen eine einzigartige Reiseroute – Ihren ganz speziellen Interessen und Bedürfnissen entsprechend biegen Sie in Nebenstraßen ein, wenden, kehren manchmal sogar um und bahnen sich so Ihren Weg durch das Web. In diesem Sinne macht das Phänomen der Klickitis deutlich, welche Macht die Maus den Benutzern verleiht. In der Welt des E-Business verlangen die Kunden ganz selbstverständlich spezifische Produkte und Dienstleistungen und maßgeschneiderte Lösungen. Je bequemer die Kunden diese Ansprüche bei Ihrem Unternehmen geltend machen können, desto größer Ihr Vorsprung vor der Konkurrenz. Die beste Web-Site macht es dem Kunden leicht, sich selbst einzubringen.

Dies gilt nicht nur für Informationen, sondern auch für Produktspezifikationen und die Auftragserteilung. Als Vorreiter im E-

Business bieten wir unseren Kunden die Möglichkeit, ihre Produkte selbst zu konfigurieren. Virtual Vineyards und Amazon.com tun das Glciche im Einzelhandel und erlauben ihren Kunden, „Online-Einkaufswagen" mit Waren zu füllen. Dem Beispiel Dells folgend, gehen heute zahlreiche Computerfirmen individuell auf jeden Kunden ein und bieten ihnen an, Computersysteme online zusammenzustellen und zu ordern. Es gibt keinen triftigen Grund, warum sich große Hersteller nicht des gleichen Modells bedienen könnten, und zwar sowohl für Firmenkunden als auch für den einzelnen Endverbraucher.

Individueller Zuschnitt für Endverbraucher und Firmenkunden

Ein Beispiel für einen solchen großen Hersteller ist das Unternehmen Compaq mit Sitz in Houston. Der ehemalige Chief Information Officer John White erklärt, wie die Bemühungen Compaqs um Mass Customization „private" und „öffentliche" Web-Sites (siehe auch Kapitel 7) gleichermaßen mit einbeziehen.

> *„Wenn Sie als Endverbraucher am Kauf eines Rechners interessiert sind, besuchen Sie einfach unsere Site unter www.compaq.com und klicken dort auf die aufgeführten Produkte. Wir werden Ihnen dann zeigen, wie Sie das gewünschte Produkt kaufen können. Dieses Verfahren wird sich in Zukunft als Standard etablieren. Und die Unternehmen, die einen solchen Einkauf am leichtesten, zuverlässigsten und einladendsten gestalten, werden den größten Erfolg im Internet-Handel haben. Für unsere Firmenkunden gilt im Prinzip das Gleiche. Der Unterschied besteht nur darin, dass sie größere Aufträge über andere Schnittstellen erteilen; d.h., sie interagieren mit uns über Web-Seiten, die den Endverbrauchern nicht zugänglich sind.*
>
> *Für den elektronischen Handel haben wir ein Modell entwickelt, mit dem wir Lösungen für die drei wichtigsten Zielmärkte anbieten können. Den einen Markt bilden unsere Ein-*

zelhandelspartner, über die wir den größten Teil unserer Produkte absetzen; die zweite Zielgruppe sind die Firmenkunden; und die dritte Gruppe ist die der Endverbraucher. Wir haben ein Reihe von Instrumenten für den elektronischen Handel geschaffen, mit denen sich verschiedene Aspekte realisieren lassen, darunter Produktkataloge, Konfigurationen, Preise, Produktspezifikationen, Verfügbarkeit und Problemlösungen. Jedes dieser Instrumente bewältigt ein Bündel von Aufgaben. Welche wir für einen Partner zusammenstellen und ihm dann präsentieren, hängt davon ab, wer er ist, welche Instrumente er unterstützen kann und welche Preisliste für ihn gilt. Natürlich bieten wir einem Firmenkunden, der 1000 Stück kauft, oder einem Einzelhändler, der 100 000 Systeme ordert, andere Produkte zu anderen Preisen an, als einem Endverbraucher, der nur einen Computer braucht.

Doch diese Vorgänge lassen sich alle mit der gleichen Software steuern. Deshalb haben wir die verschiedenen Funktionen der Software für bestimmte Zwecke speziell kombiniert. So können wir unsere Kunden äußerst flexibel über den Stand der Auftragsabwicklung informieren, ihnen eine pünktliche Lieferung garantieren oder sie auch einfach nur mit Produktinformationen versorgen. Für jeden unserer Märkte haben wir eine zielgruppenspezifische Persönlichkeit aufgebaut. Wir erwarten von unseren Kunden nicht, dass sie alle die gleichen Wünsche haben. Dementsprechend präsentieren wir uns ihnen auch, d.h., ihren spezifischen Bedürfnissen angemessen und jedem anders.

Wenn wir ein Produkt einem Firmenkunden, z.B. Siebel Systems, verkaufen, gehen wir davon aus, dass dieser Kunde nur baugleiche oder ähnliche Rechner benötigt. Denn in einer Firma benutzen meistens alle Mitarbeiter die gleichen Anwendungen und die Computer sollen untereinander kompatibel sein. Deshalb spezifizieren wir für unsere Firmenkunden in aller Regel nur vier oder fünf Produkte. Wenn ein solcher Partner mit uns über das Extranet Kontakt aufnimmt, präsentieren wir ihm eine Reihe von Produktoptionen – große Desktop-PCs, kleine Desktop-PCs, Notebooks usw. – zusam-

men mit einer Auswahl von Preisoptionen, die sich aus der Art der gewünschten Laufwerke und weiterer Komponenten ergeben. Doch normalerweise ist es das gleiche Produkt, das wir in großer Stückzahl an denselben Firmenkunden verkaufen.
Beim Geschäft mit unseren Endverbrauchern verhält es sich anders: Wir wissen nicht, was der einzelne Kunde wünscht. Da er meist nur ein einziges Rechnersystem kauft, bieten wir ihm sehr viel mehr Möglichkeiten, sein Produkt zu konfigurieren. Der Online-Kunde muss sich zunächst für einen Desktop oder ein Notebook entscheiden. Dann wählt er aus einem Basisangebot aus und gelangt schließlich zu der gewünschten Konfiguration mit genau den Komponenten, die er für seine Zwecke braucht. In diesem Sinne ist auch unsere Software unterschiedlich konfiguriert, je nach Persönlichkeit der Zielgruppe."

John weist darauf hin, dass unterschiedliche Persönlichkeiten auch auf der Ebene des individuellen Kunden berücksichtigt werden. Und auch dies sollte in die Marketingstrategie eines jeden Unternehmens aufgenommen werden, das die Zufriedenheit seiner Kunden steigern will. Durch das Internet können wir sehr viel leichter die logischen Konsequenzen daraus ziehen, als es noch in den Tagen der Werbebeilagen und Reklameschreiben möglich war.

„Seit einiger Zeit erstellen wir nun Profile unserer Online-Kunden und die Ergebnisse erweisen sich schon jetzt als überaus wertvoll. Wenn Sie Ihre Produkte indirekt verkaufen, wissen Sie häufig nicht, wer der Endverbraucher eigentlich ist. Wir haben unseren Käufern immer angeboten, dass sie uns eine Postkarte schicken oder uns unter einer bestimmten Nummer anrufen können und uns Informationen über ihre Produkte zukommen lassen. Aber ehrlich gesagt, sehen die Kunden nicht recht ein, welcher Nutzen für sie damit verbunden ist. Und so finden wir unter Umständen nur dann heraus, wer ein bestimmtes Produkt gekauft hat, wenn er damit ein Problem hat. Eine solche Methode zur Gewinnung von Kun-

denprofilen ist nicht besonders attraktiv. Deshalb haben wir damit begonnen, die Vorteile der Profilierung per Internet zu nutzen.
Wir können mehr und mehr Informationen über unsere Kunden in unsere Datenbank eingeben und bleiben so auf dem Laufenden darüber, welche technische Grundausstattung sie benutzen. Wenn ein Kunde heute ein Produkt kauft, kann er sich einfach und bequem per Internet bei uns registrieren lassen. Und wenn jemand online bei Compaq nach einem Produkt sucht, geben wir ihm Gelegenheit, uns direkt zu sagen, wer er ist. Während wir den Online-Direktvertrieb immer weiter ausbauen, können wir gleichzeitig die Informationsprofile unserer Kunden ergänzen. Und meines Erachtens wird sich dieser Trend in der gesamten Wirtschaft durchsetzen. Durch unser Engagement im Internet werden wir mehr und mehr über unsere Kunden in Erfahrung bringen.“

Kundenprofile einmal anders

Eric Schmidt, CEO von Novell, setzt in der Betrachtung dieses allgemeinen Trends seinen ganz persönlichen Akzent und spricht vom Entstehen einer globalen Vernetzung in Echtzeit. Er weist darauf hin, dass diese Vernetzung zusammen mit der besonderen Demographie der Internet-Nutzer neue Ansätze erforderlich macht. Wir werden mit unseren Marketingstrategien die Botschaften paradoxerweise nicht breiter streuen müssen, sondern sie noch gezielter an den individuellen Kunden zu richten zu haben. Diese Konzentration auf den einzelnen Verbraucher folgt genau genommen, so Schmidt, der Natur des Mediums selbst.

„Jeder dritte Amerikaner sagt, dass er online ist; doch zwei Drittel aller amerikanischen Teenager sagen, dass sie online sind. Sie möchten wissen, wo die Teenager sind? Sie sind bei AOL. Und was tun sie dort? Sie schicken ihren Freunden Nachrichten über ‚Buddy-Lists‘. Buddy Lists sind das am schnellsten wachsende Phänomen in den Vereinigten Staaten

und diese Tatsache weist nicht nur auf einen Trend hin, sondern auf ein universelles Prinzip. Es wird nicht mehr lange dauern, bis jeder Mensch online ist. Jeder wird für jeden in Echtzeit erreichbar sein und jeder wird jedem anderen Nachrichten zusenden können. Ohne Zeitverzögerung. Das ist keine haltlose Spekulation. Es liegt in der Natur des Mediums.
Wie sollen wir nun damit umgehen? Diese Frage stellten sich Geschäftsleute schon vor 35 Jahren, als das Fernsehen aufkam. Heute entsteht wieder ein fantastisches, neues Medium. Es bietet alle Möglichkeiten sowohl für soziale und politische Indoktrination als auch für Marketingstrategen. Wie gehen wir nun damit um? Indem wir das neue Medium kommerziell verwerten, übernehmen wir eine große Verantwortung. Und die Konsequenzen werden schwerwiegender sein als vor 35 Jahren, denn mit dem Internet können wir heute zum ersten Mal Menschen auf einer sehr persönlichen und höchst interaktiven Ebene erreichen.
So etwas hat es in der Geschichte noch nie gegeben. Es ist mit der heutigen Technologie untrennbar verbunden und bietet jedem, ob Individuum oder Konzern, Interaktivität mit der Geschwindigkeit von einem Megabyte und mehr. Darin besteht der entscheidende Unterschied zwischen dem existierenden Internet und dem Internet der unmittelbaren Zukunft. Und interessanterweise ist es gerade diese Eigenschaft, die die Menschen am häufigsten verwirrt. Das Internet mag vielen wie ein Medium vorkommen, mit dem Nachrichten massenhaft gestreut werden können. Doch das ist es nicht. Es ist in höchstem Maße persönlich. Für den Handel bedeutet das: Ich allein interagiere als Individuum mit dem Lieferanten. Fachleute bezeichnen diesen Sachverhalt als One-to-One-Marketing und könnten ihn nicht treffender charakterisieren. Oder zumindest können wir davon ausgehen, dass die Entwicklung in diese Richtung verlaufen wird. Wir sind noch nicht am Ziel angelangt. Zurzeit beschäftigen wir uns im elektronischen Handel vor allem damit, herauszufinden, was mit Profilen und Identitäten eigentlich gemeint ist."

Obwohl die Wirtschaftspresse und das Internet selbst voll von Artikeln über One-to-One-Marketing sind, glaubt Eric, dass wir erst am Anfang dieser Marketingstrategie stehen und die Technologie selbst dem gefeierten Modell von Peppers und Rogers noch lange nicht entspricht. Das Problem, sagt er, hängt damit zusammen, dass der Begriff der Identität noch zu unscharf ist. Und obwohl ein effektives Marketing auf dieses Konzept nicht verzichten kann, ist es bislang noch nicht über die Stufe des „Kontextes" und der „Kategorien" hinausgekommen. Eric erklärt:

„Obwohl es so wichtig ist, die Identität des einzelnen Kunden zu verstehen, wissen wir bislang nur etwas über kontextuelle Identitäten. Für Amazon.com sind Sie eine Liste der Bücher, die Sie dort gekauft haben. In einem Chat Room sind Sie ein bestimmtes Hobby oder ein Bündel von Erfahrungen. Auf einer Sport-Site sind Sie entweder Schalke- oder Bayern-Fan. Niemals kommt all dies zusammen, da die Märkte einfach zu unterschiedlich sind.
Die einzigen Orte, an denen all diese Informationen zu einem wahrhaft individuellen Profil zusammengefasst werden könnten, sind Portal-Sites wie die von Yahoo! oder AOL. Natürlich werden dort solche Profile erstellt. Yahoo! hat beispielsweise in seinen persönlichen Yahoo!-Profilen 18 Millionen Menschen registriert, deren Daten an verschiedenen Stellen gespeichert sind. Diese Informationen wären für eine Marketingabteilung sicherlich höchst interessant. Doch sie sind nicht öffentlich, sondern befinden sich im Besitz der Unternehmen. Und der Wert dieser Informationen ist sehr hoch.
Auf dem Weg zum wirklichen One-to-One-Marketing sind wir noch nicht sehr weit gekommen, vor allem deshalb, weil das Internet noch so jung ist. Was heute One-to-One-Marketing genannt wird, ist tatsächlich nicht mehr als das Eingrenzen von Zielgruppen. Man schert Sie mit den Leuten über einen Kamm, die genauso viel wie Sie verdienen oder die gleiche Postleitzahl haben. Mit anderen Worten: Sie werden in eine Kategorie eingeordnet. Ist dies ein Schritt in die richtige

Richtung? Vielleicht nicht. Denn eines der Dinge, die uns das Internet lehrt, ist, dass jeder Mensch einzigartig ist. Wenn Sie das vergessen, tun Sie es auf eigene Gefahr.

Man denke an die großen Erkenntnisse des modernen Massenmarketings. Wir entdeckten, dass bestimmten Bevölkerungsgruppen – ob Teenager, Homosexuelle oder Lateinamerikaner – ein erheblicher Teil ihres Einkommens zur freien Verfügung steht. Deshalb entwickeln wir subtile Werbekampagnen, die all diese Gruppen ansprechen sollen. Vielleicht lässt uns gesellschaftlicher Druck manchmal nur schwer zugeben, dass wir nichts anderes als das tun. Doch wir werden solche Kampagnen auch in Zukunft starten und darin liegt nichts Schlechtes. Denn sie helfen uns dabei, Kundenkreise zu erreichen, die in der Vergangenheit ignoriert wurden.

Was aber, wenn die Zielgruppe sehr, sehr klein ist? Wir fahren bereitwillig unterschiedliche Marketingstrategien für Männer und Frauen, da sie jeweils die Hälfte der Bevölkerung darstellen. Wie gehen wir aber mit den Mitgliedern des Vereins der Hobbyastrologen um? Und wie mit den Linkshändern unter ihnen, die gleichzeitig Romane von Tom Clancy lesen? Haben die auch Geld? Oder sind sie alle arm? Und wie könnten wir sie eins-zu-eins über das Internet erreichen?

Oder stellen wir uns vor, wir hätten ein Produkt, aber keine Idee, wer es haben will. Wie könnten wir das in Erfahrung bringen? Dem alten Muster folgend, würden wir Kundenbefragungen durchführen oder Marktforschungsinstitute beauftragen. Was wäre dem neuen Paradigma angemessen? Nun, wir würden zunächst eine Web-Site einrichten. Was täten wir aber, wenn niemand die Site besucht? Wir würden bei Yahoo! Werbung dafür machen. Was aber, wenn unser Zielpublikum nicht zu Yahoo! geht?

Wir fangen gerade erst an, diese Mechanismen zu verstehen und neue Instrumente für den Umgang mit Zielgruppen zu entwickeln. Wir können viele Fragen nicht beantworten, da wir noch zu wenig über die Charakteristika der Menschen im Internet wissen. Wir sprechen hier nicht über das ‚reale' In-

dividuum, was immer das ist. Uns geht es um das Individuum, dem wir etwas verkaufen können. Es ist sehr schwierig, diese Person genau zu definieren."

Zurzeit versucht eine Reihe von Unternehmern, dieses Ziel mit Hilfe von Cookies zu erreichen. Eric verspricht sich von diesem Versuch weniger als viele andere in seiner Branche. Er glaubt, dass der Einsatz von Cookies das Problem nur kurzfristig löst.

„Früher oder später werden die Cookies verschwinden. Sie sind nicht wirklich sinnvoll, da sie am falschen Ort gespeichert werden. Sie befinden sich auf meinem Computer und mein Computer ist nicht mit meiner Person identisch. One-to-One-Marketing sollte sich an mich richten, nicht an meinen Computer. Meine Cookie-Datei ist zwar eine Art Kundenprofil, doch sie nützt nur etwas, wenn ich mich auch an meinem eigenen Computer ins Net einlogge. Wäre es nicht besser, wenn sie irgendwo in einem Verzeichnis gespeichert wäre, auf das ich von jedem beliebigen Rechner aus zugreifen könnte? Ich hätte wirklich gerne einmal eine Zusammenstellung all der Cookies, die ich bislang kreiert habe, all meiner Passwörter und all meiner Zugangsberechtigungen. All diese Informationen an einem Ort. Denn ehrlich gesagt, ich habe den Überblick über das ganze Zeug verloren. Und ich glaube, ich bin da nicht der Einzige."

So wird es also auch in Zukunft, wie Eric betont, noch reichlich Gelegenheiten für findige Unternehmer geben. Wenn man ihn fragt, wohin das alles führen wird, verlegt er sich auf kluges Schweigen. „Ich weiß es nicht", gibt er zu. „Wir befinden uns noch immer in der Anfangsphase und ich habe wenig Vertrauen zu den Internet-Gurus, die uns weismachen wollen, sie könnten die zukünftige Entwicklung genau vorhersehen. Meines Erachtens ist das Net sehr viel mächtiger als jedes Individuum, jede Regierung oder jedes Unternehmen. Es folgt seiner eigenen Logik, die auf seinem Ausdehnungsvermögen und seiner Unbestimmtheit basiert. Gerade deshalb ist es ja auch so interessant. Die Phase, in der wir uns heute befinden, ist die beste von allen. Wir wissen es nicht."

Schlussbemerkung: Das Unternehmen Schwab

Um das Thema Kundenprofile und Mass Customization abzuschließen, wollen wir noch einmal auf das Beispiel Charles Schwab zurückkommen – dieses Unternehmen logischerweise deswegen, weil es die Spielregeln für Privatinvestoren am nachhaltigsten umgeschrieben hat. Wenn Daniel Leemon, der CIO von Schwab, darüber reflektiert, wie weit es sein Unternehmen in zehn Jahren digitalen Wertpapierhandels gebracht hat, kommt er zu folgendem Urteil:

> *„Zurzeit tun wir nichts Geringeres, als die Dienstleistungen im Aktienhandel völlig neu zu definieren. Das Internet ist das perfekte Medium für eine solche Umwandlung. Mit seiner Hilfe lassen sich Unmengen detaillierter Informationen verwalten – historische Informationen, Echtzeit-Daten, Investorenprofile – und Sie können sehr schnell auf die Anforderungen der einzelnen Kunden reagieren. Darin liegt eine gewisse Ironie. Denn einem investitionsbereiten Laien kommt das Internet häufig wie ein Kaufhaus im Ausland vor – er wird von einer Flut von Informationen überwältigt, spricht aber nicht einmal die Landessprache. Doch die Kapazitäten, die im Internet selbst angelegt sind, können diese falsche Wahrnehmung korrigieren. Wir sind heute in der Lage, Informationen für beliebig viele Nutzer individuell zusammenzustellen, so dass jeder Kunde einen persönlichen Wegweiser durch das Kaufhaus in seiner eigenen Sprache erhält. Wir lassen den reinen Aktienhandel hinter uns und stoßen in den Bereich der Beratung und Unterweisung vor. D.h., dass wir ein Stadium erreichen, in dem wir Informationen wirklich verarbeiten.*
>
> *Da wir heute Kundenprofile erstellen und gegebenenfalls proaktive Warnmeldungen verschicken können, wird Mass*

Customization zur kosteneffektiven Realität. Das Internet ist dabei der einzige Vertriebsweg, der dies erlaubt, und darin liegt ebenfalls eine gewisse Ironie. Dieses riesige, scheinbar unpersönliche Medium macht im Grunde genommen eine ganz persönliche Marketingstrategie erst möglich.

Nehmen wir einmal an, ein Kunde hat massiv in Technologieaktien investiert und der Kurs eines dieser Wertpapiere fällt seit mehreren Monaten. Ob der Investor über diese Entwicklung nun auf dem neuesten Informationsstand ist oder nicht – mit unserem umfassenden, Internet-gestützten Wertpapierservice wird ihn das System über die schwache Aktie informieren. Und wenn er darum gebeten hat, proaktive Warnmeldungen zu erhalten, wird es automatisch eine E-Mail an seinen Computer schicken und ihm ein anderes, besseres Wertpapier vorschlagen. Es dreht sich alles darum, dem Kunden Entscheidungen proaktiv zu erleichtern, und Schwab ist eines der Unternehmen, die uns den Weg dorthin weisen. Denn genau das ist die Richtung, in die sich das Internet entwickelt."

Den Wert des Internets für Charles Schwab zusammenfassend, weist Leemon auf den Unterschied zwischen Spielzeug und Werkzeug hin. Das Unternehmen war eines der ersten, die die neue Technologie einsetzten, und Schwab war sich ihres kommerziellen Potenzials stets bewusst und hielt sie nie für eine Modeerscheinung oder nur eine Spielerei.

„Wir betrachten das Internet nicht als ein Spielzeug, sondern als ein Werkzeug, das für unsere Kunden außerordentlich nützlich sein kann. Denn es steigert unsere Möglichkeiten, ihnen den Service zu bieten, den sie verlangen. Das kann natürlich auch Spaß machen – man kann sich mit der Materie ernsthaft beschäftigen, ohne trübsinnig zu werden. In diesem Bereich hat das Internet die Regeln tatsächlich ein wenig verändert. Für die meisten Menschen ist Investieren Arbeit und kein Vergnügen. Doch das Internet kann diese Einstellung revidieren und die Arbeit zum Vergnügen

> *machen. Investitionen über das Internet sind nicht in der gleichen Weise vergnüglich wie eine Party. Der Unterschied besteht darin, dass der Kunde Entscheidungen eigenverantwortlich treffen kann und wirklich zufrieden gestellt wird.“*

Zweifellos eine Erfolg versprechende Kombination, ob online oder offline. Denn welche Strategie Sie auch verfolgen und welcher Art Ihre Geschäfte auch sein mögen – Ihr wertvollster Aktivposten ist immer noch ein zufriedener Kunde.

9. Vertrieb und Marketing in der veränderten Wirtschaftslandschaft

In der digitalen Steinzeit (also vor sieben Jahren) gingen viele davon aus, dass das Net den Tod für Vertreter und Zwischenhändler bedeuten würde. Bestellungen über das Web würden den Vertreter seiner Daseinsberechtigung berauben und der Direktverkauf an die Kunden würde den Zwischenhandel ausschalten. Doch bislang war dies nicht der Fall und es wird auch in Zukunft nicht dazu kommen. Stattdessen werden sich Vertrieb und Marketing anpassen müssen wie flexible Organismen, die einer ökologischen Katastrophe die Stirn bieten. Tatsächlich hat die Umstellung in den agilsten Unternehmen bereits eingesetzt. Wir wollen dieses Kapitel mit der Untersuchung einiger Herausforderungen beginnen, mit denen das E-Business Vertrieb und Marketing der alten Schule konfrontiert. Anschließend erklären wir, wie sich diese Funktionen dem Cyberspace anpassen können – und müssen.

Virtuelle Zwischenhändler

Eines der neuen virtuellen Modelle wird das des digitalen Vermittlers sein; einer Person, die Käufer und Verkäufer zusammenbringt, ohne auch nur einen von beiden zu sehen. Kevin Jones beschreibt es in einem Artikel in *Interactive Week* folgendermaßen: Diese Unternehmer mit der Geschwindigkeit eines Wirbelwinds sind ein Segen für Branchen, in denen sich „Informationen über Preis, Qualität oder Verfügbarkeit nur schwer gewinnen lassen und Käufer und Verkäufer zahlreich und verstreut sind." Das Web löst das Problem der Distanz und der digitale Vermittler kann beiden potenziellen Partnern gefilterte und gezielte Informationen präsentieren.

Das Unternehmen Realbid Inc., unter www.realbid.com erreichbar, erfüllt diese Funktion des Filterns und Präsentierens im kommerziellen Immobilienhandel. Ende 1997 gegründet, wertet Realbid die zahllosen Beschreibungen und Spezifikationen aus, die normalerweise mit institutionellen Immobilienangeboten einhergehen. Das Ergebnis dieser Auswertung ist ein übersichtlicher Katalog von Basiskriterien, der den potenziellen Online-Kunden präsentiert wird: Wo befindet sich die Immobilie? Wie groß ist sie? Was soll sie kosten? usw. Die Interessenten, die Realbid aus seiner ständig wachsenden Datenbank auswählt, werden nur zu solchen Immobilien gelenkt, die viele Übereinstimmungen mit ihren Wünschen aufweisen. Die Verkäufer haben den Vorteil, dass sie durch Realbid ein großes und kreditwürdiges Publikum ansprechen können. Auf diese Weise sparen alle Beteiligten Zeit. „Wir erfüllen ganz bewusst nur eine begrenzte Funktion", sagt Firmenchef Bob Potter, „doch die zwei bis fünf Minuten, die [potenzielle Käufer] auf unserer Site verbringen, ersparen ihnen einige Stunden."

Im seinem ersten großen Coup half Realbid dem Unternehmen Prudential Real Estate Investors dabei, ein ganzes Industriegelände mit mehreren Lagerhäusern zu verkaufen. Seitdem konnte Realbid zahlreiche Manager von Pensionsfonds als Kunden gewinnen, die von der Sachkenntnis des Unternehmens als Vermittler in Nischenmärkten angezogen werden. Und diese genauen Kenntnisse über Nischen sind von entscheidender Bedeutung, wie ein Kapitalgeber im Hinblick auf das Vermittlermodell im Allgemeinen feststellt. „Den Sieg", sagt Hummer Winblad, ein Gesellschafter von Bill Gurly, „werden diejenigen davontragen, die alle Aspekte einer bestimmten Branche kennen und über das Net daraus Kapital schlagen können. Denn sie aggregieren Kontexte – alles, was es braucht, um in dieser Branche Käufer und Verkäufer zusammenzubringen."

Was im Immobilienhandel funktioniert, ist auch bei der Vermittlung von Flugreisen erfolgreich. Die Firma Priceline ging im April 1998 online und wirbt für sich als „Kaufservice". Doch ihre Strategie ist tatsächlich die eines digitalen Vermittlers. Sie bringt Menschen, die nach preisreduzierten Vergnügungsreisen suchen, mit Fluglinien zusammen, bei denen täglich insgesamt eine Million Sitzplätze leer bleiben. Wenn eine Kundin auf www.priceline.com klickt, teilt sie dem Unternehmen mit, wann und wohin sie fliegen möchte und wie viel sie dafür auszugeben bereit ist. Priceline sucht dann nach einem entsprechenden Flug mit leeren Plätzen in seiner

Datenbank und vermittelt an eine Fluggesellschaft, die das Gebot akzeptiert.

Vielleicht kommt nicht immer ein Geschäft zustande, doch wenn ein Flug vermittelt werden kann, profitieren Käufer und Verkäufer gleichermaßen – und zwar, dank der Technologie, mit Net-Geschwindigkeit. Mit den Worten des Schauspieler William Shatner, dem Sprecher von Priceline: „Sie wissen binnen einer Stunde, ob wir Ihnen die Tickets zum genannten Preis besorgen können. Die Fluglinien füllen ihre Maschinen mit Passagieren auf (...) und Sie fliegen zu Ihrem Preis. So einfach ist das.“

Und außerdem ist es effektiv. Nachdem Priceline erst eineinhalb Monate online war, hatte das Unternehmen bereits etwa 10000 Tickets verkauft. Der Marktforscher Relevant-Knowledge Inc. fand bei der Beobachtung von Verbraucherströmen im Web heraus, dass die digitale Agentur zu den zehn meistbesuchten Sites der Welt gehört. Im Sommer 1998 fasste das Unternehmen den Plan ins Auge, seinen Vermittlungsservice auf Neuwagen auszudehnen. Firmen wie Autobytel.com sollten sich also auf einiges gefasst machen.

Einen anderen Typ des virtuellen Zwischenhändlers repräsentiert Reliance Insurance Company’s InsureDirect. Wenn Sie über eine neue Versicherung für Ihr Auto nachdenken, können Sie die Site des Versicherungsdienstes besuchen. Klicken Sie auf www.insuredirect.com und ein virtueller Agent wird die gängigen Informationen über Ihren Versicherungsbedarf aufnehmen, nach verfügbaren Optionen suchen und Ihnen innerhalb eines Tages ein detailliertes Angebot unterbreiten. Im Gegensatz zu Realbid und Priceline ist InsureDirect ein Vertragsagent – Reliance ist der einzige Verkäufer, den er repräsentiert. Dennoch illustriert der Service den Wert Net-gestützter Automation. Ein zufriedener Kunde schrieb:

> *„Während eines nur 15-minütigen Testbesuchs auf der Site ‚verstand‘ das System alle drei Autos meiner Familie. Es begriff sogar, dass mein Sohn Student ist und noch den Führerschein auf Probe hat, und konnte die Nutzungsmuster der drei Autos individuell berücksichtigen. Beispielsweise ergab die Angabe über die gefahrenen Kilometer eines der Autos*

keinen Sinn. Das System war so schlau, sofort noch einmal in Echtzeit nachzufragen, und vermied so eine endlose Kette von E-Mails zur Klärung der Unstimmigkeit: ‚Laut Ihren Angaben fahren Sie 6 000 Kilometer pro Jahr. Die Zahlen, die Sie uns übermittelt haben, lassen aber auf das Doppelte schließen. Bitte erklären Sie.'"

Eine weitere Lektion in Mass Customization à la E-Business. Trotz der traditionellen Vorurteile gegenüber unpersönlichen Maschinen liefert dieser virtuelle Agent einen außerordentlich individuellen Service. Und es schadet nicht gerade, dass die Preise von InsureDirect sehr günstig sind – ein alltägliches Phänomen in einem Bereich mit geringen Gemeinkosten.

Elektronik erhält den Zuschlag

Eine andere spezialisierte Form des digitalen Zwischenhandels stellen die immer zahlreicher werdenden elektronischen Auktionshäuser dar. Der Pionier in dieser Arena war das Unternehmen Onsale (erreichbar unter www.onsale.com), das 1995 von Jerry Kaplan und Alan Fisher gegründet wurde. Beide suchten damals nach neuen Anwendungen für die Software, die sie für den elektronischen Wertpapierhandel des Aktienbrokers Charles Schwab entwickelt hatten.

Wie viele seiner Nachahmer war das Unternehmen mit Sitz in Menlo Park, Kalifornien, ursprünglich auf die Versteigerung gebrauchter Computer und Computerzubehör spezialisiert gewesen. Nach einem verhaltenen Start und einer Ausdehnung ihrer Aktivitäten auf Fitnessgeräte, Elektroartikel und sogar Feinkost führt das digitale Auktionshaus Onsale heute etwa 200 regelmäßige Lieferanten und ein bietendes Publikum von über 400 000 Schnäppchenjägern zusammen. Das Unternehmen nimmt täglich 10 000 Gebote entgegen.

In einer E-Auktion, ebenso wie in einer physischen Auktion, werden die Gegenstände für eine bestimmte Zeitspanne (die zwischen 24 Stunden und 14 Tagen liegt) zur Versteigerung angeboten.

Während dieser Zeit geben die Kaufinteressenten ihre Gebote ab und bei Auktionsschluss geht die Ware an den Meistbietenden. Es gibt allerdings auch Unterschiede zu physischen Versteigerungen – auf den ersten Blick nur Feinheiten, aber bei näherem Hinsehen doch von erheblicher Bedeutung.

- Der entscheidende Vorteil ergibt sich erstens aus einer allgemeinen Eigenschaft des E-Business: der enormen Reichweite des Nets in einem grenzenlosen Markt. Es ist nicht außergewöhnlich, dass für einen Auktionsgegenstand mehrere hundert Gebote abgegeben werden, und selbst kleine, spezialisierte Sites ziehen pro Auktion einige Dutzend Bieter an.
- Zweitens sind sämtliche Vorgänge, vom Bieten bis zur Rechnungserstellung, automatisiert. Die Auktionssoftware, die an die Regeln der jeweiligen Branche angepasst ist, sortiert Gebote aus, die unter dem festgelegten Mindestpreis liegen, und wenn der digitale Hammer gefallen ist, belastet sie automatisch die Kreditkarte des Meistbietenden.
- Drittens werden die mit der Automatisierung verbundenen Einsparungen an Gemeinkosten an die Kunden in Form geringer Provisionen weitergegeben. Der wichtigste Konkurrent von Onsale, das Auktionshaus Ebay aus San Jose (www.ebay.com), erhebt nur eine Listengebühr von 25 Cent und fünf Prozent Provision.

Ebenso wie Onsale hat auch Ebay seine Lektion der Diversifikation gelernt und versteigert alles von Computern bis zu Barbiepuppen. Viele Auktions-Sites wählen allerdings einen anderen Ansatz und fungieren als spezielle Hobby- und Sammlerbörsen. Das Auktionshaus Boyds and Bears hat sich beispielsweise auf Kinderspielzeug spezialisiert, besonders Teddybären. Der Versteigerer Guitar Auction vermittelt Gitarren; Mothers Lode Gold handelt mit Gold und Goldschmuck; und Phoebus Auctions hat sich auf Nachlässe und Antiquitäten verlegt.

Außerdem beherbergt das Web eine ganze Reihe von „Newsgroups“ – Sammlergemeinschaften, auf deren informellen Auktionen eine wachsende Zahl von Waren ihren Besitzer wechselt. Der

Handel läuft hier nach dem Muster des direkten Verkaufs ab, durch das Versenden von E-Mails und ohne einen Vermittler wie Onsale. Das alles liegt zwar nicht gerade im Bereich der Hochfinanz, doch der Gesamtumsatz auf diesen informellen Märkten sollte nicht unterschätzt werden. Und die Allgegenwart dieses Modells sollte Unternehmer nachdenklich stimmen. Es ist schon eine Ironie der Internet-Ära, dass diese futuristische Technologie – das geistige Kind des Big Business – den Tauschhandel wieder auferstehen lässt. Sie begünstigt ein System, das die etablierten Vertriebswege geschickt umgeht und die kapitalistische Tradition unauffällig herausfordert. Es ist eine Herausforderung, der sich wachsame Geschäftsleute mittlerweile zu stellen beginnen. Sie begreifen die Flut der neuen digitalen Auktionshäuser als Chance, die es zu nutzen gilt.

Stuart Feldman, der Direktor von IBMs Institute for Advanced Commerce, beurteilt die Entwicklung folgendermaßen: Die meisten modernen Unternehmen, so Feldman, haben sich in die Sackgasse der fixen Preise manövriert. Die Distanz zum Kunden lässt ihnen das persönliche Verhandeln über Preise als logistischen Alptraum erscheinen und sie sind bislang nicht bereit, ihrem Verkaufspersonal größeren Spielraum zu gewähren. Durch das Internet wird sich ihre Meinung ändern. Es „ermöglicht kostenlose Kommunikation mit unendlicher Geschwindigkeit. Und statt einem Aushilfsverkäufer größere Kompetenz zu übertragen, können Sie Computer so programmieren, dass sie bestimmte Geschäfte abschließen können und andere nicht." Wohin das führt? Wahrscheinlich zu einer Preisflexibilität, die einem unbegrenzten Markt angemessener ist als den festgefahrenen Strukturen des modernen Kapitalismus.

Doch diesem Umstand werden Unternehmen schon sehr bald Rechnung tragen müssen, denn in einer Welt der Preiselastizität werden nur die elastischen überleben. Fixe Preise, so Feldman, „liegen nicht in der Natur des Menschen." Die Online-Auktionshäuser haben dies bereits erkannt und vielleicht sind sie die Vorboten einer Revolution der Preispolitik. Jerry Kaplan, CEO von Onsale, ist davon überzeugt. Seine Prognose: „Eine neue Ära ist angebrochen, in der Unternehmen jedem Kunden für jedes Produkt jeden Tag einen anderen Preis nennen werden."

Eine Übertreibung? Möglicherweise. Doch im Zeitalter der Mass Customization vielleicht nicht. One-to-One-Marketing bedeutet schließlich auch individuelle Preisgestaltung: Der „richtige" Preis ist Bestandteil des Pakets, das den Kunde zufrieden stellt. Darüber hinaus ist Kapitalismus ohne Preiselastizität undenkbar. Diese Tatsache sehen wir jahraus, jahrein und Woche für Woche bestätigt; sei es, dass der Preis für eine Hauptplatine abstürzt, weil ein leistungsfähigeres Modell auf dem Markt erschienen ist, oder dass Avocados aufgrund später Fröste teurer werden. Weder feilschende Kunden noch Preisberichtigungen sind vom Web erfunden worden. Das Web, mit seiner unbegrenzten Reichweite, erhebt sie lediglich zur Norm. Die digitalen Auktionshäuser haben diese Wahrheit akzeptiert und gründen darauf den Erfolg ihrer Unternehmungen.

Die Wiedergeburt des Vertriebs: Von SFA zu ERM

Innerhalb der letzten zehn Jahre ist der Vertrieb in vielen Unternehmen weitgehend automatisiert worden. Damit sollte zum einen der Konkurrenzdruck durch neue virtuelle Zwischenhändler beantwortet werden, vor allem ging es aber um die Begrenzung der steigenden Absatzkosten. Die Automatisierung des Vertriebs, oder SFA (Sales Force Automation), hat sich zu einem der lukrativsten Segmente der Softwarebranche entwickelt. Den Anfang machten simpelste automatische Assistenten – persönliche Kontaktmanager wie ACT oder Goldmine – und anschließend ging es rasch weiter in den Bereich des virtuellen Vertriebs. Heute loggen sich Außendienstmitarbeiter wie selbstverständlich über ihre Laptops ins Internet ein und sie können sämtliche Informationskapazitäten ihres Unternehmens, von Kundendatenbanken bis zu Produktkonfigurationen, in Echtzeit nutzen.

Das Internet hat den Übergang vom Infotainment zum E-Business erstaunlich rasch bewältigt. In ebenso kurzer Zeit machte auch der Technologie-unterstützte Vertrieb einen gewaltigen Satz nach vorn und ließ der einfachen Automation die Optimierung folgen. Deshalb sprechen wir heute an der innovativen Front unserer

Branche von SFO (Sales Force Optimization) – Vertriebsoptimierung. Dieses Konzept wird Unternehmen nachhaltig beeinflussen.

Auf der untersten Stufe der SFA hieß das unmittelbare Ziel Senkung der Kosten. Selbst eine so simple Technologie wie das Kontaktmanagement kann zur Reduktion der Kosten und einem rationalisierten Arbeitsablauf beitragen, indem sie das Papier durch automatische Aufzeichnungen ersetzt. Genau darin bestand der Verdienst der ersten SFA-Generation. Sie hat Unternehmen in aller Welt Geld und Zeit erspart, indem sie Routineaufgaben wirklich zur Routine werden ließ; sie integrierte solche Verfahren wie Akquisition, Terminbestätigung und Auftragsabwicklung in ein elektronisch gesteuertes System. Die automatisierte Kommunikation mit den Kunden erwies sich als verlässlicher und effizienter als das menschliche Gedächtnis. Das Ziel der zweiten Generation, der SFO-Generation, besteht darin, von der Vertriebseffizienz zur Vertriebseffektivität zu gelangen.

Unternehmensberater Jim Dickie, geschäftsführender Gesellschafter der Insight Technology Group, beschreibt diese Entwicklung in unserem Firmenbulletin und analysiert die Auswahl der technologischen Instrumente, die diesen Wandel widerspiegeln.

„Manch ein Unternehmen ist nur darin erfolgreich, seine Mitarbeiter effizienter zu machen. Das heißt aber nichts anderes, als dass der durchschnittliche Vertreter mehr durchschnittliche Verträge abschließt. Heute verlangen Unternehmen aber von ihren durchschnittlichen Vertretern, dass sie überdurchschnittliche Verträge abschließen. Deshalb geben sie ihnen ein technologisches Instrumentarium an die Hand, das diesen Wandel reflektiert. Vor fünf Jahren waren die beliebtesten Anwendungen Kontaktmanager, E-Mails, Textverarbeitungs- und Akquisitionsprogramme. Heute investieren Unternehmen in Chancenmanagent, Konfiguratoren, Marketingenzyklopädien, Datensuchsysteme. Die nächste Anwendungsgeneration automatisiert nicht nur das, was die Menschen tun, damit sie mehr tun können: Sie befähigt die Menschen mehr besser zu tun.“

Wie auch Jim erkannt hat, ist dieser Wandel ein untrügliches Indiz dafür, dass der Vertrieb radikal neu definiert wird. Die Technologiemuffel hatten schon geunkt, dass SFA den Tod, das allmähliche Absterben des Außendienstes bedeuten würde. Was die Vertriebstechnologie dagegen tatsächlich bringt, ist eine allgemeine Wiederbelebung des traditionellen Vertriebs. Grenzen lösen sich auf, und elektronisch vorangetrieben wird eine Fusion von Vertrieb und Marketing einerseits und Funktionen, die nichts mit dem Verkauf zu tun haben, andererseits. So kann das Unternehmen als Ganzes eine einheitliche Vertriebsstrategie verfolgen. Dazu noch einmal Jim:

> *„Vertriebsorganisationen haben mittlerweile erkannt, dass es ein Mindestmaß an Koordination zwischen Marketing, Call-Centern, Vertretern, Direktverkauf und Kundenservice braucht, wenn der Kunde heute erfolgreich zufrieden gestellt werden soll. Darüber hinaus ist ihnen bewusst geworden, dass sie die Funktionen an der Front des Unternehmens mit denen im Hintergrund verbinden müssen – Finanzierung, Distribution und Produktion – wenn sie die Erwartungen des Kunden erfüllen wollen. Im Mittelpunkt der Anstrengungen steht heute nicht mehr die Neuorganisation des Vertriebs, sondern die Optimierung des gesamten Unternehmens.“*

Logisch folgt daraus, dass der Vertrieb (oder Vertrieb und Marketing) nicht mehr als isolierte, unabhängige Funktion betrachtet wird. Alles läuft auf den Vertrieb als integrierte – und integrierende – Funktion hinaus. Der übergeordnete Zweck sämtlicher Technologien, der simplen wie der komplexen, wird darin bestehen, die Effektivität des Unternehmens synergistisch zu unterstützen. In dieser Generation des E-Business lassen wir die SFO hinter uns und erreichen die höchste Ebene, das Management der Beziehungen innerhalb des Unternehmens, das wir ERM (Enterprise Relation Management) nennen. Das Instrumentarium zur Bewältigung dieses letzten Schritts existiert bereits und die Zukunft wird denjenigen Unternehmen – oder Para-Unternehmen – gehören, die als erste diese Tatsache erkennen und entsprechende Maßnahmen ergreifen.

Auch in unserem Unternehmen, Siebel Systems, haben wir die Konsequenzen gezogen und fusionierten im Frühjahr 1998 mit der Firma Scopus Technology, einem erstklassigen Entwickler von Applikationen für Kundendienst und Call-Center. Unter dem gemeinsamen Dach des neu entstandenen Para-Unternehmens können wir heute unseren Kunden Komplettlösungen anbieten, die Kundenservice, Marketing und das Management zahlreicher Vertriebswege integrieren. Wie wir es in der Firmenzeitung *Siebel* formulierten, war der Zusammenschluss sowohl „ein Gewinn für den bestehenden Kundenstamm als auch eine einmalige Chance für zukünftige Kunden, das robusteste ERM-System aus einer Hand in Anspruch zu nehmen, das es auf dem Markt gibt.“

Robustes ERM aus einer Hand – das ist die Realität im E-Business der Zukunft. Und wenn Sie auch nur am Rande mit dem Internethandel zu tun haben, werden Sie sich unabhängig von der Größe Ihres Unternehmens mit dieser Realität auseinander setzen müssen. Der Fall Siebel mag dafür nicht das offensichtlichste Beispiel sein, denn wir waren bereits vor der Fusion mit Scopus ein großes, globales Unternehmen mit einigen hundert Vertriebsmitarbeitern. Doch wenn Sie glauben, Net-gestütztes ERM sei nur etwas für die Riesen der Branche, hören Sie zunächst, welche Erfahrungen Salman Malik bei der Gründung von Firefly gesammelt hat.

Firefly: ERM statt „Sneakernet“

Bevor Salman, der heute als Produktmanager für die Internetanwendungen von Siebel Systems verantwortlich ist, zu uns kam, hatte er zusammen mit einigen anderen das Firefly-Netzwerk aufgebaut. Ziel dieser Unternehmung war die Entwicklung einer Technologie gewesen, mit der sich Zielgruppen im Web lokalisieren und aufbauen ließen (siehe auch Kapitel 8). Salman erinnert sich noch sehr genau an die ersten Jahre in dieser neuen, aber rasant wachsenden Branche und betont, wie schnell SFA durch ERM ersetzt werden muss.

„Es gab eine Zeit, in der bei Firefly nur fünf oder sechs Vertriebsmitarbeiter beschäftigt waren – von insgesamt etwa 35 Angestellten. Damals erkannten wir, dass wir unbedingt eine Software brauchten, um ihre Aktivitäten zu koordinieren. In der Gründungsphase arbeiteten bei Firefly fünf oder sechs reguläre Vertreter und weitere fünf oder sechs leitende Angestellte, die für die Beziehungen zu Kunden und strategischen Partnern zuständig waren. Jede dieser Beziehungen war vielgestaltig – wir entwickelten mit unseren Partnern Technologien, entwarfen gemeinsame Marketingstrategien oder verkauften den Kunden Werbeflächen auf dem Online-Service oder den Softwareprogrammen von Firefly.
Also gab es verschiedene Mitarbeiter, die den Kontakt zu verschiedenen Abteilungen größerer Unternehmen hielten. Daher mussten Vertreter beim Besuch eines Unternehmens manchmal feststellen, dass jemand anders von Firefly schon Wochen zuvor mit den gleichen Leuten gesprochen hatte. Obwohl wir als Team stets eng zusammenarbeiteten, konnten wir nicht immer über die zahlreichen Kontakte zu einem bestimmten Unternehmen auf dem Laufenden sein. Um sie zu koordinieren, brauchten wir dringend eine ERM-Technologie. Dass ich schließlich bei Siebel Systems angefangen habe, lag vor allem an den Erfahrungen, die ich bei Firefly im direkten Umgang mit einem fast universellen betrieblichen Problem sammeln konnte – der Koordination von Beziehungen im Unternehmen."

Und welche Vorteile bietet ERM nun einer solchen neu gegründeten Firma? Es sind im Wesentlichen die gleichen, die man auch in jedem anderen globalen Unternehmen finden würde: höhere Geschwindigkeit, weniger überflüssige Arbeitsabläufe und mehr Effizienz. Und Salman, der leidenschaftliche Beobachter des Nets, sieht täglich, wie diese Vorteile in Unternehmen realisiert werden. Dabei entgeht ihm allerdings nicht, dass viele vernetzte Firmen den offensichtlichen Vorsprung wieder verschenken, den sie durch die Automatisierung von Vertrieb und Marketing gewinnen. Der Ablauf dieser Funktionen wird stark beeinträchtigt, da im Hintergrund der

Unternehmen noch zu viele eher traditionelle Methoden Anwendung finden.

„In den letzten Jahren sind wir schon ein gutes Stück weitergekommen. Wirklich staunen lässt mich aber immer wieder, wie ineffizient viele Online-Unternehmen noch arbeiten. Es gibt zahlreiche Beispiele für scheinbar professionelle Web-Sites, auf denen Sie nur Ihre Kreditkartennummer einzugeben und auf einen Knopf zu drücken brauchen, wenn Sie ein Produkt kaufen möchten. Die Site wird Ihnen dann etwa Folgendes mitteilen: ‚Vielen Dank. Wir werden Ihre Bestellung ausführen.‘ Wahrscheinlich sind Sie sich des Verfahrens nicht recht bewusst, das anschließend im Hintergrund abläuft. Es ist so unprofessionell, wie ein Verfahren nur sein kann.
*In vielen Unternehmen geschieht nämlich Folgendes: Ein Mitarbeiter empfängt eine E-Mail, in der all Ihre Informationen enthalten sind. Dieser Mitarbeiter muss dann die E-Mail ausdrucken, zu einem Großrechner gehen und nochmals eingeben, was Sie für die Bestellannahme eigentlich schon erledigt hatten. So etwas nennen wir ‚Sneakernet‘** und es erfreut sich weiter Verbreitung. Die Fassade mag dem Kunden modern und effizient und Web-gemäß erscheinen, doch im Hintergrund laufen noch immer solche archaischen Prozesse ab. Und natürlich sind auch die Kosten für eine solche Art der Auftragsbearbeitung relativ hoch.*
Erschwerend kommt hinzu, dass nicht nur die Kosten hoch sind, sondern auch der Kundenservice leidet. Wenn Sie mit einem solchen System arbeiten, dann werden Sie mir wahrscheinlich auch nichts über den Status meines Auftrags mitteilen können, ohne dass ich mich mit einem Menschen in Verbindung setzen muss. Eine Architektur wie diese bedeutet, dass Sie einige Basisabläufe automatisiert haben, aber nicht wirklich einen umfassenden Service liefern können. Und mit

---

* to sneak: schleichen

diesen Problemen hat jeder zu kämpfen, der das ERM-Management zu spät in seinem Unternehmen einführt.“

Wer damit aber frühzeitig beginnt, kann natürlich einen entscheidenden Vorsprung erzielen – und ihn kontinuierlich ausbauen. ERM ebnet Unternehmen den Weg, indem es die Effizienz der Belegschaften in beispielloser Weise steigert und die Effektivität bei der Erfüllung der Kundenwünsche dramatisch erhöht.

ERM macht dies nicht nur durch den Einsatz der Technologie möglich – also durch das Tempo des Net-gestützten Informationsaustauschs –, sondern vor allem deshalb, weil es die Kunden selbst am Konfigurationsprozess beteiligt. Auf diese Tatsache haben wir bereits in *Die Informationsrevolution im Vertrieb* hingewiesen. Wir weisen an dieser Stelle noch einmal darauf hin, weil es besonders deutlich macht, in welcher Weise sich die Vertriebslandschaft ändert.

Wenn sowohl Sie als auch die Kunden uneingeschränkten Zugang in Echtzeit zu allen Informationen haben, die für eine Lösung à la Mass Customization erforderlich sind, *dann wird aus der Präsentation die Konfiguration.* Dies gilt unabhängig davon, ob der Kunde direkt über Ihre Web-Site kauft oder mit einem Vertreter spricht, der mit Ihrer EDV über ein Notebook verbunden ist. In beiden Fällen ermöglicht die Interaktivität des Web-gestützten Vertriebs ein unerhörtes Maß an kundengerechter Produkt- und Servicegestaltung. Der Verkaufsprozess nimmt weniger Zeit in Anspruch und zukünftige Interaktionen werden erleichtert:

„Wenn Sie Ihr Angebot erst einmal interaktiv auf den Bedarf potenzieller Kunden zugeschnitten haben, dann liegt bereits die Auswertung zahlreicher Kundenprofile hinter Ihnen und Sie können von den Ergebnissen auch in Zukunft profitieren. Darüber hinaus werden Sie aber auch ein Produkt entwickelt haben, das der Kunde tatsächlich wünscht. Genau genommen werden Sie es gemeinsam mit dem Kunden entwickelt haben – und er wird erkennen, dass bereits zwei Drittel der gesamten Verkaufsabwicklung bewältigt sind, wenn er an der Präsentation aktiv teilnimmt.“

Diese Beschreibung sollte deutlich gemacht haben, dass der Außendienstmitarbeiter nicht plötzlich entbehrlich wird. Viele erliegen diesem Irrtum über Netzwerke im Allgemeinen und über Vertriebsunterstützende Technologien im Besonderen. Wenn wir feststellen, dass die natürliche Entwicklung von SFA über SFO zu ERM verläuft, meinen wir damit nicht, dass im Vertrieb überhaupt keine Vertreter mehr gebraucht werden. Ganz im Gegenteil. Die vertriebsunterstützende Technologie wird für den Verkäufer genau das leisten, was Technologie für fähige Mitarbeiter schon immer getan hat: Sie wird dem Vertreter größere Freiheit geben, so dass er sich auf diejenigen Aktivitäten konzentrieren kann, zu der eine Maschine, so fortschrittlich sie auch sein mag, nicht fähig ist. Alle eher lockeren, assoziativen und unreglementierten Interaktionen, in denen Vertriebsmitarbeiter schon immer unübertroffen waren, werden auch in Zukunft von Menschen durchgeführt werden.

Die Anwort auf die Frage, ob das Web die Mitarbeiter im Vertrieb ersetzen wird, lautet also: Nein – aber Sie werden noch einmal genau überprüfen müssen, was Ihre Angestellten leisten sollen. Wenn Ihre Vertriebler immer noch mit Notizblöcken herumlaufen und Bestellungen aufnehmen, sollten Sie sich Folgendes fragen: Was kostet es mich, wenn ich meine Angestellten weiterhin so arbeiten lasse, und was kostet es dagegen, wenn sie den Kunden zeigen, wie diese ihre Bestellungen selbst aufgeben können – und die Vertreter nur noch das tun, was Menschen ohnehin am besten können?

Der nächste Schritt: Agenten

Im Umkehrschluss folgt daraus, dass wir die Maschinen das tun lassen, was *sie* am besten können – und im Cyberspace bedeutet das: rasche Gewinnung und Verarbeitung von Informationen. Wie so etwas auf eine neue und viel versprechende Weise funktionieren kann, zeigt die Entwicklung der Softwareagenten.

Damit meinen wir nicht die Menschen, die Software verkaufen. Wir meinen Softwareanwendungen, die wie menschliche Agenten funktionieren und sich einen Weg durch „die gewaltigen Mengen an Infomüll" bahnen, die gegenwärtig das Web überhäufen. Sie filtern – und zwar schneller und effizienter, als es ein menschlicher Agent könnte – die nützlichen Daten heraus, die Sie und Ihre Kunden benötigen. Bereits jetzt sind Online-Suchmaschinen weit verbreitet, die eine technologisch primitive Form solcher Agenten darstellen. Doch innerhalb der nächsten fünf Jahre werden wir dieses Stadium hinter uns lassen. Schon heute können wir beobachten, wie Kaufagenten und Vertriebsagenten weiterentwickelt werden und reibungsloser interagieren.

Damit sie uns wirklich von Nutzen sind, werden die virtuellen Agenten wissen müssen, was wir mögen und was nicht; sie müssen die Namen derer erkennen, von denen wir Nachrichten empfangen möchten, und wissen, wen wir lieber ignorieren wollen. Sie werden in der Lage sein, Informationen für uns automatisch zu finden, sie speziell für unsere Bedürfnisse zu filtern und sie werden verlässliche Informationsquellen selbst erschließen können. Sie werden uns im Internet virtuell repräsentieren, nach lohnenden Geschäften suchen, unsere Profile aktualisieren und bestimmte Produkte in Übereinstimmung mit unseren Instruktionen kaufen.

Die entsprechende Technologie existiert bereits heute in vollem Umfang, doch ihre Anwendung verzögert sich durch eine Reihe von Sicherheitsproblemen. Da aber die Sicherheitsmechanismen der nächsten Generation ausgereifter sein werden, ist eine Lösung der Probleme in greifbarer Nähe. Schon bald werden wir unseren Kunden Kaufagenten anbieten können, über die jeder einzelne Kunde allein und persönlich verfügt. Diese neuen Agenten werden vollkommen sicher sein; alles Wissen, das die Agenten durch Profilerstellung oder Interaktion anhäufen, wird ausschließlich dem Kunden selbst zugänglich sein. Die Software, die den Agenten ausmacht und die Daten, die er benutzt, werden dabei auf dem Server des Käufers verschlüsselt abgelegt und können von niemandem außer dem Kunden selbst kopiert oder gelöscht werden.

Der Agent des Verkäufers wird mit dem Agenten des Kunden kommunizieren. Die Aufgabe des Verkäuferagenten wird darin bestehen, Informationen für eine zielgerichtete Suche zu beschaffen, etwa bestimmte Vorlieben oder den Verwendungszweck eines Produkts. Der Agent des Kunden wird dafür verantwortlich sein, genau so viele Informationen preiszugeben, dass eine sinnvolle Suche möglich ist, die Privatsphäre des Kunden aber nicht verletzt wird. Zunächst werden sich die Kunden aber noch selbst darum kümmern müssen: denn im Frühstadium der Agentenentwicklung werden die Käuferagenten für diese Aufgabe noch nicht ausgereift genug sein und zu wenig Informationen gesammelt haben. Die Rolle des Agenten wird also erst einmal darin bestehen, allgemeine Informationen zu sammeln und sie für den Käufer zu organisieren. Daher erwarten wir, dass der menschliche Käufer noch eine Weile am Kaufen und Verkaufen im Web persönlich mitwirken muss. Die Agenten werden erst dann selbstständig agieren können, wenn sie genügend Daten über ihren Besitzer gesammelt haben und in der Lage sind, zwischen geschützten und freigegebenen Daten zu unterscheiden und ihr Wissen an andere Agenten weiterzugeben.

Wenn es so weit ist, werden wir nicht nur Agenten mit Agenten verhandeln lassen. Sie werden auch in unserem Auftrag arbeiten und für uns kaufen und verkaufen, ohne dass wir jede Transaktion einzeln genehmigen müssen. Wir sehen aufregenden Zeiten entgegen und die Evolutionsgeschwindigkeit wird rasant zunehmen. Eine neue Ära „intelligenten" Kaufens dämmert herauf.

Der Standpunkt von MCI-Worldcom

Ein Stück des Weges liegt noch vor uns, doch wir bewegen uns rasch und klug in die richtige Richtung. Ein Insider bestätigt, wie klug wir tatsächlich vorgehen. Die ERM-Technologie hat bereits die Beziehungen seines Unternehmens zu den Kunden grundlegend verändert. Mike Betzer ist Vice President für Informationstechnologie bei MCI-Worldcom. Und obwohl er den größten Teil seiner Karriere bei MCI im Vertriebsmanagement verbrachte, hat er in den letzten Jahren – also etwa während der ersten Generation des Internets – den Übergang von traditionellen Systemen zur Technologie der nächsten Generation sehr genau beobachtet.

Wenn Mike über diese Veränderungen reflektiert – und besonders über die Einführung des technologiegestützten Vertriebs –, gibt er zu, dass er sich wie viele andere IT-Manager anfangs fragte, ob das Potenzial die Investitionen rechtfertigt.

„Eine Zeit lang bewegten wir uns, wie jeder andere, der eine neue Technologie einführt, vor und zurück, machten uns so unsere Gedanken und fragten uns, ob das Ganze nicht nur eine außerordentlich teure Adressiermaschine wäre. Jeder PC oder Laptop kostet pro Stück etwa 10000 US-Dollar und es geht um Gesamtbeträge von 40 oder 50 Millionen. Die Frage ist nur zu berechtigt, ob sich so viel Geld wirklich lohnt. Selbst heute gibt es noch einige wenige, die sagen: ‚Machen wir um die Art der Präsentation und des Verkaufens nicht zuviel Aufhebens? Warum lassen wir die Leute nicht weiterhin über die alten Systeme bestellen?'
Doch die Technologie selbst verändert diese Wahrnehmung. Vor drei Jahren waren noch 60 oder 70 Prozent der gleichen Ansicht; heute, da die Vorteile unübersehbar geworden sind, verschließen vielleicht nur noch zehn Prozent oder weniger ihre Augen vor der Realität. Insgesamt hat sich die Einschätzung durchgesetzt, dass das Client-Server-Prinzip und die Möglichkeiten des Internets unsere Fähigkeit zum Kundendienst gewaltig gesteigert haben."

Wie auch Mike betont, können sich die Kunden heute besser *selbst* helfen. Die Technologie stärkt das Unternehmen, indem sie den Kunden stärkt – indem sie ihn aktiv am Vertriebs- und Marketingprozess teilhaben lässt.

„Mit webgestützten Schnittstellen gehen wir von neuen Voraussetzungen aus: Alles, was der Kunde selbst tun kann, lassen wir ihn selbst erledigen. Dies gilt sowohl für unsere Endverbraucher als auch für unsere Firmenkunden. Unabhängig von dem Volumen Ihrer Aufträge können Sie bei MCI über das Internet Kunde werden, Ihre Rechnungen bezahlen, Produkte auswählen und Ihr Konto managen – all das, womit Sie sonst per Telefon einen Kundendienstmitarbeiter beauftragen, können Sie nun auch von Ihrem PC aus erledigen. Und es ist billiger. Billiger für uns und darum billiger für den Kunden.

Noch sind zugegebenermaßen nicht alle Bedenken ausgeräumt. Ein altes Sprichwort sagt: Wenn Ihre Kunden nicht zu Ihnen persönlich den Kontakt aufnehmen, mit wem nehmen sie ihn dann auf? Deshalb gibt es innerhalb unseres Unternehmens noch einige Unsicherheit bezüglich der Web-Modelle. Ein Teil dieser Zweifel lässt sich natürlich auf die nackten Zahlen zurückführen. Unsere Kunden beginnen, mit uns online zu kommunizieren. Bislang tun sie dies aber nicht in großem Umfang und deshalb befindet sich das Servicemodell zurzeit noch in der Anfangsphase. Allerdings machen wir nach Kräften Werbung dafür und sind zuversichtlich, dass zunehmend mehr Aufträge über das Web hereinkommen werden.

Es ist wie mit dem Online-Banking. Zuerst hatten einige Menschen ernsthafte Bedenken, aber mittlerweile ist der Trend nicht mehr zu ignorieren: Es ist einfacher und billiger, also ist es auch logisch. Darüber hinaus ist der Widerstand der Kunden, die unsere Internet-Produkte benutzen, minimal – ob das nun heißt, dass sie selbst als Host oder ISP fungieren, oder dass sie ein komplettes Netzwerkmanagement anbieten. Die Produkte werden ohnehin über das Net vertrieben und sie zur Verwaltung der eigenen Kundenkonten zu benutzen, zeugt nur von gesundem Menschenverstand.

Dies gilt besonders für unsere größten Kunden. Wir haben erst kürzlich ein Produkt namens Interact auf den Markt gebracht, mit dem unsere Firmenkunden ihre Rechnungen online sehr detailliert verwalten und überprüfen können. Interact hilft ihnen dabei, die Dokumentenflut zu vermeiden, die in den meisten Unternehmen mit der Rechnungserstellung verbunden ist. In den großen Firmen geht es vor allem um die Rechnungserstellung und die Kostenreduktion. Und viele Unternehmen haben mittlerweile erkannt, dass ihre Dateninfrastrukturen nicht in erster Linie einen Kostenfaktor darstellen, sondern eine Chance zur Kostensenkung durch effizienteres Management. Interact und vergleichbare Technologien befähigen ein Unternehmen, seine Nutzungsmuster rasch und genau zu überprüfen. So kann es einen erhöhten

> *Bedarf an Bandbreite vorhersehen und darauf reagieren, bevor in viel beanspruchten Segmenten Probleme entstehen. Auch dies ist ein Beispiel für eine Stärkung der Kunden. Wir können ihnen sagen: ‚Es sieht so aus, als hätten Sie hier ein erhöhtes Verkehrsaufkommen. Wir empfehlen Ihnen, über eine Vergrößerung der Bandbreite nachzudenken.' Doch wenn die Kunden mit einem Produkt wie Interact einen solchen drohenden Engpass selbst orten, können sie noch schneller reagieren. Sie erkennen Trends früher, erstellen genauere Prognosen, ordern zügiger und kontrollieren ihr Wachstum besser, da sie mithilfe des Internets abschätzen können, in welche Richtung sich ihr Unternehmen entwickelt."*

Die Fortschritte sind gewaltig. Wie Mike erklärt, konnte MCI mit seinem größten Kunden eine Art privates Netzwerk *innerhalb* des Internets entwickeln und so die Kosten nochmals senken. Möglich wurde dies durch eine Internet-Anwendung namens Firmenkommunikator.

> *„Nehmen wir einmal das Beispiel Chrysler – einen unserer größten Firmenkunden. Da wir miteinander so viele Geschäfte abwickeln, haben wir eine gemeinsame Web-Seite eingerichtet, über die Chryslers Mitarbeiter mit unseren kommunizieren können. Wir haben die Seite gemeinsam entwickelt und sie enthält alles, was jedes Firmenteam zur Zusammenarbeit mit dem anderen braucht – Bilder, Adressen, Datenbanken, Telefon- und Pagernummern, wo und wie jeder an die Informationen gelangt, die er benötigt. Sie sieht wie jede andere Web-Seite aus, ist aber für diese eine Geschäftsbeziehung reserviert und nur die unmittelbar Beteiligten können auf sie zugreifen.*
> *Das Projekt hat sich binnen kürzester Zeit als enorm erfolgreich erwiesen und wir haben damit begonnen, die Seite für das Internet als Teil der neu entwickelten Produktlinie ‚On Net' zu vermarkten. Sie ist so gestaltet, dass Unternehmen innerhalb eines einzigen Netzwerks nahtlos von der lokalen über die nationale zur globalen Ebene wechseln und wieder*

zur lokalen zurückkehren können – ohne Interventionen. Der Markt für solche Produkte fängt bei Chrysler selbst an. Dort hat man erkannt, um wie viel einfacher der Firmenkommunikator unsere Geschäftsbeziehung gemacht hat und fragt sich nun: Wie können wir diesen Erfolg auf unsere anderen Beziehungen übertragen? Warum richten wir keinen Firmenkommunikator zwischen Chrysler und U.S. Steel ein, oder zwischen Chrysler und Johnson Controls, das die Autositze herstellt. Das ist die logische Erweiterung. Und darum arbeiten wir zurzeit mit Chrysler und Johnson Controls (auch einer unserer Kunden) an der Entwicklung einer Web-Seite, die wir zu Dritt nutzen können.
Genau dies ist einer der faszinierenden Aspekte der Netzwerktechnologie. Sie haben eine großartige Idee und, praktisch noch vor ihrer Umsetzung, bringt sie Sie auf eine neue Idee. Irgendjemand überlegt sich, ‚Wäre es nicht großartig, wenn... ?‘ und im Handumdrehen ist aus diesem ‚wenn‘ ein neues Produkt entstanden. Es ist eine Technologie, die sich selbst verstärkt, sich selbst entwickelt.“

Ein nicht zu unterschätzender Vorteil des Firmenkommunikators von MCI-Worldcom besteht zudem darin, dass er die langfristigen Geschäftsbeziehungen fördert, die jedes Unternehmen anstrebt. Die enge Verflechtung zwischen MCI-Worldcom, Chrysler und Johnson Controls ist tatsächlich ein perfektes Beispiel für ein Para-Unternehmen. Mike ist der Ansicht, dass solche Arrangements ein sehr viel höheres Maß an Sicherheit als traditionelle Modelle bieten und dass sie in gewisser Hinsicht sogar die Konkurrenz minimieren können.

„Jedes Mal, wenn wir gemeinsam mit unseren Hauptkunden ein Projekt dieser Größenordnung durchführen, binden wir sie stärker an uns. Wenn wir ihnen online auch zukünftig erstklassige Dienstleistungen und Produkte bieten können, werden wir – oder streben es zumindest an – zum Standardlieferanten bei allen Systemerweiterungen. Wenn wir es richtig anfangen, wird niemand dazwischenkommen und uns die

> *Aufträge wegnehmen. In dieser Hinsicht reduzieren solche Arrangements die Konkurrenz. Unser Ziel ist es, so gut zu sein, dass kein Konkurrent das Arrangement erschüttern kann. Für uns als Global Players sind das gute Nachrichten, für Kleinunternehmer eher schlechte.“*

Aber wie auch Mike erkannt hat, ist das nur die eine Seite der Medaille. Aus einer anderen Perspektive betrachtet, eröffnet die gleiche Technologie, die MCI-Worldcom einen Vorsprung im Kundenmanagement verschafft, auch den wendigen, jungen Unternehmen gewaltige Chancen.

> *„In einem anderen möglichen Szenario nimmt die Konkurrenz zu, da die Kosten für Firmengründungen immer geringer werden. Es gibt kleine Telefonunternehmen ohne Internet-Backbone und mit äußerst begrenzter Infrastruktur, die es geschafft haben, eine großartige Web-Site ins Net zu stellen und sie auch intelligent zu managen. Auch diese Unternehmen können im Cyberspace Erfolg haben. Phänomene wie Amazon.com werden nicht auf die Buchbranche beschränkt bleiben. Schließlich illustriert die bisherige Entwicklung ja doch eigentlich nur eine der ältesten wirtschaftlichen Binsenweisheiten. Es werden diejenigen Unternehmen gewinnen, die wissen, was der Kunden verlangt und wie sie jeden Kunden individuell zufrieden stellen können. Das müssen nicht zwangsläufig die etablierten Großunternehmen sein, denn gerade sie neigen häufig dazu, sich selbst zu überschätzen und sich dann ausmanövrieren zu lassen. So erging es Barnes & Nobles, und als wir unser Unternehmen vor 20 Jahren gründeten, ereilte AT&T ein ähnliches Schicksal.*
> *Der Einsatz der Internet-Technologie nimmt das Endergebnis nicht vorweg. In einigen Fällen werden die Großunternehmen gewinnen, da sie wie wir einen angemessenen Prozentsatz ihres Kapitals darauf verwenden, den Anschluss nicht zu verlieren. In anderen Fällen werden die Riesen scheitern und junge Unternehmen wie Amazon.com werden das Rennen machen und die Regeln neu festlegen. Wer im Cyberspace*

Erfolg haben will, muss sich auf flexibles Agieren und ein rasantes Tempo einstellen."

Was wird nun aber mit den *Menschen* in dieser Welt der intelligenten Maschinen geschehen? Vor allem mit den Vertriebsmitarbeitern, die seit Generationen das Getriebe der globalen Wirtschaft schmieren? Werden sie im E-Business noch einen Platz haben? Oder werden sie wie die elektrische Schreibmaschine ausrangiert, da die Kunden immer mehr selbst erledigen können und sie nicht brauchen? Mike sieht im Zuge der Technologisierung zwar Probleme auf den traditionellen Vertrieb zukommen, beurteilt die Überlebenschancen des Berufsstandes aber durchaus optimistisch.

„Da die Zahl der vertretbaren Produkte und Dienstleistungen zunimmt, wird sich der traditionelle Vertrieb zwangsläufig verändern müssen. Das Unternehmen Dell ist dafür ein perfektes Beispiel. Dell sagte: ‚Ein PC ist ein PC ist ein PC. Sie können sich ihren Computer selbst zusammenstellen und wir liefern ihn.' Das heißt allerdings nicht, dass der gesamte Vertrieb dem Tod geweiht ist. Wenn Sie wirklich anspruchsvolle Produkte und Dienstleistungen anbieten – jenseits des schlichten Warenverkaufs –, werden Sie Vertreter nötiger denn je brauchen.
Die Spitzenleute in unserer Vertriebsorganisation betreuen beispielsweise Firmenkunden, die uns monatlich Aufträge in Höhe von 100 000 bis 300 000 US-Dollar erteilen. Solche Kunden verlangen stets einen persönlichen Ansprechpartner, der dafür sorgt, dass alles richtig erledigt wird. Wir sagen dazu ‚Einer muss den Kopf hinhalten'. Eine negative Sicht der Dinge, die aber auch ihre positive Seite hat. Denn es gibt einen – mindestens einen – Menschen, an den sich der Kunde persönlich wenden kann, und sehr häufig besteht er sogar darauf, nur mit ihm zu sprechen. Um diesem Anspruch gerecht werden zu können, brauchen Sie Vertreter, die nicht nur technologisch versiert, sondern auch unglaublich effizient und effektiv sind. Es müssen Meister im Umgang mit Kunden und gleichzeitig fähige Manager sein. Im Bereich

der kleinen Aufträge wird vielleicht schon in zehn Jahren alles automatisiert ablaufen. Doch wenn es um große Investitionen geht, brauchen Sie den persönlichen Kontakt, den keine Maschine je wird herstellen können.

Das gleiche Prinzip, betont Mike, gilt auch für die Arena des Marketings. Hier steht vielen Unternehmen eine Goldmine voller kundenbezogener Daten zur Verfügung, die sie aber häufig nicht zu nutzen wissen. Sie verwalten diese Informationen des digitalen Zeitalters, als ob es nur darum ginge, ständig Aufträge entgegenzunehmen. Sie schöpfen die Möglichkeiten nicht voll aus, mit Hilfe solcher Daten eine persönliche Beziehung zum Kunden herzustellen.

„Uns stehen Terabytes von Daten über jeden Konsumenten im Land zur Verfügung. Ich meine nicht nur MCI-Worldcom, sondern die meisten großen Unternehmen. Wir wissen buchstäblich alles über jeden, weil wir die Informationen kaufen. Die Interessen jedes Kunden sind irgendwo in einer Datenbank gespeichert und es braucht nicht viel, sich dieser Daten zu bemächtigen. Wir bei MCI-Worldcom sind darüber hinaus in der Lage, jeden Haushalt des Landes alle drei Monate einmal anzurufen und diese Daten zu ergänzen, zu präzisieren und zu aktualisieren. Die Konsumenten mögen darüber zunehmend besorgt sein, doch die Zeiten, in der die Daten privat waren, gehören der Vergangenheit an. Ob es Ihnen gefällt oder nicht, die Daten sind dort draußen. Die Frage lautet nur noch: Wie nutzen Sie als Unternehmer diese Daten?

Die große Chance liegt darin, jeden Kundenkontakt persönlich zu gestalten, so dass Sie bei einem Telefongespräch mit einem meiner Marketingmitarbeiter nicht Nummer 324 auf seiner Liste sind, sondern ein Individuum. Wenn ich von Ihnen weiß, dass Sie viel mit der Lufthansa fliegen, und wir ein Partner der Lufthansa sind, werde ich Ihre Aufmerksamkeit vielleicht mit einem speziellen Lufthansa-Angebot gewinnen. Und auf einen anderen Kunden werde ich entsprechend sei-

ner Interessen anders eingehen. Doch wenn One-to-One-Marketing mehr als ein Slogan sein soll, müssen wir zumindest versuchen, die Beziehung zum Kunden persönlich zu gestalten.

Vor einiger Zeit rief ich beispielsweise eines meiner Kreditkarteninstitute an, um ein Problem mit einer Rechnung zu klären. Ich bin jede Woche unterwegs und zahle diesem Unternehmen monatlich Tausende von US-Dollars. Und doch hinterließ das Telefongespräch bei mir den Eindruck, dass ich nicht anders als jemand behandelt werde, der regelmäßig seinen Kreditrahmen sprengt. Das Unternehmen hat eine solch große Zahl von Daten über mich – und das ist alles, was es zu bieten imstande ist? Darin besteht das eigentliche Problem mit Daten. Sie können alle nur erdenklichen Daten haben, aber wenn Sie sie nicht an Ihre Angestellten im Kundenservice weitergeben, wenn Sie sie nicht in einen Kontext stellen – mit anderen Worten: wenn Sie die Terabytes nicht in sinnvolle Informationen übersetzen –, vergeuden Sie nur unnötig Speicherplatz. Und statt die Technologie zum Aufbau Ihrer Kundenbeziehungen zu nutzen, beschränken Sie sich auf das Entgegennehmen von Aufträgen und führen höchst unpersönliche Gespräche.

Auf diese Weise werden Sie schließlich Aufträge verlieren, mögen Ihre Kundendateien auch noch so umfangreich sein. Denn wer jeden Kunden gleich behandelt – dessen Tage sind gezählt. Und früher oder später wird sich, unabhängig von der Technologie, der Service durchsetzen."

Die entscheidende Lektion

Service setzt sich durch. Prägnanter lässt sich die Grundlage für den Erfolg im E-Business nicht formulieren. Welche Rolle Softwareagenten und genau genommen sämtliche Technologien auch spielen: Wie schon in der analogen Vergangenheit werden auch in der vernetzten Zukunft *nur die kundenorientierten Organisationen überleben.* Das mag selbstverständlich klingen, ist aber doch die einzige „absolute“ Lektion aus den ersten fünf Jahren des E-Business. Im Web wie in jeder anderen Vertriebsform müssen Sie Ihren Kunden folgen. Nur wer diese Tatsache akzeptiert, hat eine Chance auf Erfolg.

Im Internet ist es glücklicherweise einfacher als im Vertrieb über reale Ladengeschäfte, dieses Gebot zu befolgen. Warum? Weil die Net-Technologie, mehr als jede frühere Technologie in der Geschichte, Ihnen Marketingdaten liefern kann, die präzise, aktuell und unendlich individuell sind. Es werden diejenigen Unternehmen als Sieger aus dem harten Konkurrenzkampf hervorgehen, die diese Daten am effektivsten nutzen.

Um es noch präziser zu sagen: Es werden jene Firmen ihre Marktanteile ausbauen, die sich von ihren Mitbewerbern positiv unterscheiden, weil sie mehr über die Kunden wissen, besseren Service anbieten, die Privatsphäre der Kunden respektieren und das Vertrauen ihrer Kunden gewinnen. Das Wissen über die Kunden und der Service verstehen sich von selbst und wir erwähnen sie hier nur der Vollständigkeit halber. Privatsphäre und Vertrauen sind da schon weniger scharf umrissene Konzepte, doch gerade um sie wird es in der nächsten Generation gehen. Wenn die ersten fünf Jahre die Kunden gelehrt haben, dass das Net ein potenziell vertrauenswürdiges Medium ist, dann werden sie in den kommenden fünf Jahren herausfinden können, wer dieses Vertrauen verdient. Überleben werden nur solche Unternehmen, die den Schutz der Privatsphäre garantieren und ihn durch ihre Geschäftspraktiken kontinuierlich aufrechterhalten. Wenn Sie dieses Versprechen nicht einlösen können, dann sind Sie für das Web nicht bereit.

Dieser letzte Punkt ist mehr als eine Prophezeiung. Er stellt die zentrale Aussage unseres Buches dar und ist gleichzeitig der Schlüssel für den unternehmerischen Erfolg. Dienen Sie dem Kunden und alles andere wird sich finden.

Teil III

VON DER THEORIE ZUR PRAXIS

10. Phase 1: Die digitale Strategie

In den vorausgehenden Kapiteln haben wir Ihnen die Szenarien präsentiert, mit denen Sie im E-Business rechnen müssen. Wir wollten Sie davon überzeugen, dass die entscheidenden Fragen im Online-Handel nicht mehr lauten „ob“ und „warum“, sondern „wann“ und „wie“. Die Frage nach dem „wann“ lässt sich recht einfach beantworten: Starten Sie jetzt. Zögern Sie die Entwicklung einer digitalen Strategie nicht länger hinaus. Andernfalls werden Sie gegenüber Ihrer Konkurrenz ins Hintertreffen geraten, die bereits entsprechende Maßnahmen ergreift.

Die Antwort auf das „Wie“ gestaltet sich etwas komplizierter. In diesem und dem folgenden Kapitel werden wir die praktischen Richtlinien aufstellen, denen Sie folgen müssen, um Ihre Ziele im E-Business zu erreichen. Wir möchten zunächst die weitreichendsten dieser Richtlinien erläutern: die Entscheidungen, die Sie auf der organisatorischen Ebene treffen müssen. Wir empfehlen, auf dieser Ebene grundsätzlich in fünf Schritten vorzugehen. Um im E-Business erfolgreich zu sein, müssen Sie:

- Ihre Vision definieren;
- Ihre internen Ressourcen koordinieren;
- Partnerschaften aufbauen;
- Ihre Daten koordinieren;
- die Effektivität messen.

Einige dieser Punkte werden Sie als traditionelle Geschäftsprinzipien wiedererkennen, die wir auf das Web übertragen haben. Die anderen sind so neu wie das Web selbst. Sehen wir uns diese entscheidenden Schritte nun der Reihe nach an.

Erster Schritt: Definieren Sie Ihre Vision

Diesen ersten unverzichtbaren Schritt haben wir bereits in Kapitel 3 angesprochen. Sie müssen sich darüber im Klaren sein, warum Sie online gehen wollen. Ja, das World Wide Web ist ein aufregender Ort und auch die Chancen, die es für Unternehmer bereithält, sind einzigartig in der Geschichte. Aber daraus folgt nicht, dass diese Chancen für jede Firma gleich aussehen. Und dass es das Web gibt, ist allein noch kein zwingender Grund, den Sprung in den Cyberspace zu wagen.

Manager, deren Unternehmen im Internet erfolglos bleiben, haben oft die erste Lektion nicht beherzigt. Und noch häufiger haben sie zwar darüber nachgedacht, sind aber zu einem fragwürdigen Schluss gekommen: „Nun ja, alle sagen, ich müsse im Internet sein.“ Das reicht nicht. Wenn Net-Experten Sie zum Sprung in den Cyberspace drängen, sollten Sie das zum Anlass nehmen, die Möglichkeiten auszuloten. Das Drängen allein ist kein ausreichender Grund, ihrem Rat zu folgen. Stattdessen sollten Sie die vielen Chancen überprüfen, die Ihnen das Internet bietet. Finden Sie heraus, welche am besten zu Ihrem Unternehmen passen.

Worin bestehen diese Chancen? Zunächst einmal bietet das Web die Möglichkeit – und sie kommt den meisten Managern zuerst in den Sinn –, Produkte und Dienstleistungen direkt an die Kunden zu verkaufen. Der Einsatz des Internets als neuer Vertriebsweg, als jederzeit und von überall her zugängliche Registrierkasse, ist der kleinste gemeinsame Nenner im E-Business. Wenn Sie das beabsichtigen und Ihr Sortiment für den Direktverkauf geeignet ist – großartig. Aber wenn Sie Ihre Vision definieren wollen, sollten Sie es nicht dabei belassen. Denken Sie daran, dass Ihnen das Internet sehr viel mehr Möglichkeiten bietet. Nicht alles, was Ihre geschäftlichen Aktivitäten und Ihre Position am Markt strategisch ausbaut, muss mit der tatsächlichen Lieferung von Waren oder Dienstleistungen zu tun haben. Und häufig vernachlässigen Manager diesen Punkt, wenn sie eine Internet-Strategie planen.

Viele, die den Schritt ins Web erwägen, wollen vor allem erst einmal gesehen werden: „Zuerst die Prospekte. Stellt unsere Unternehmensbroschüre ins Net und Informationen darüber, wie man uns finden kann und wo unsere weltweiten Niederlassungen sind.“ Anschließend gehen sie unmittelbar zum Online-Handel über: „Nun müssen wir den Leuten ermöglichen, unsere Produkte über das Internet zu kaufen.“ Das ist nicht zwangsläufig richtig. Und selbst dort, wo ein solches Vorgehen angebracht ist, gibt es vielleicht bessere Alternativen zum Direktverkauf. Nur weil es das Internet gibt, muss nicht jeder einzelne Hersteller von Dichtungsringen oder Gartenschläuchen seine Produkte direkt über seine eigene Web-Site verkaufen.

Die Optionen gründlich abwägen

Eine individuelle Site in das Web zu stellen, ist nicht für jedes Unternehmen die beste Strategie. Ihre Vision definieren heißt, Ihre Perspektive zu erweitern. Vielleicht schlagen Sie noch einmal in Kapitel 3 bei den Lektionen aus den ersten fünf Jahren nach. Machen Sie sich mit der Fülle von lockenden Optionen vertraut, zwischen denen jeder auswählen muss, der sich im E-Business engagieren will. Mit diesen Informationen werden Sie sich vielleicht tatsächlich für den Direktvertrieb entscheiden und einen Katalog Ihrer Produkte für das Internet entwickeln wollen. Vielleicht aber auch nicht. Vielleicht werden Sie zu dem Entschluss kommen, dass eine Hub-Site die bessere Alternative ist. Oder Sie erkennen, wie Ragú, dass es Ihnen bei Ihrer digitalen Strategie gar nicht so sehr um den Verkauf der Produkte geht – dass der Vorteil für Ihr Unternehmen nicht in den unmittelbaren Umsätzen liegt, sondern in der Chance, die Kunden an Ihr Produkt heranzuführen, sie in Ihre Ladengeschäfte zu lenken oder Ihre Marke aufzubauen. Wir haben diese strategischen Optionen in den vorausgehenden Kapiteln beschrieben. Es wird sich für Sie lohnen, sie mit Ihrem Team zu diskutieren, ehe Sie vorschnell eine Web-Seite einrichten.

Sie werden sich auch überlegen müssen, ob Sie die Internet-Technologie visuell oder non-visuell einsetzen wollen. Sie können mit einer attraktiven Web-Site entweder neue Kunden anziehen oder über das Net Transaktionen zwischen verschiedenen Computern durchführen lassen, wie wir es im Kapitel über „Para-Unternehmen" beschrieben haben. Wenn wir von Web-Sites sprechen, meinen wir gewöhnlich nur eine Anwendungsart im Internet: die Darstellung grafischer, menschlich orientierter Kundenschnittstellen – die todschicken Web-Seiten, die überall im Cyberspace zu finden sind. Doch die anderen Anwendungen des Internets sind eher an Maschinen als an Menschen orientiert – sie ermöglichen den Datenaustausch zwischen Computern – und dieser Bereich ist es, der in naher Zukunft am schnellsten wachsen wird.

Wenn beispielsweise eine Intranet-Site verschiedene Füllfederhalter, Kugelschreiber und anderes Büromaterial auflistet, „spricht" sie genau genommen mit den Computern einer Reihe von Lieferanten und stellt diese Informationen dann im Intranet zur Verfügung. Ein solches Beispiel für Aktivität im Internet hat nichts mit dem Web zu tun. Aber käme diese Option vielleicht dennoch für Ihr Unternehmen in Betracht?

Möglicherweise besteht Ihr Ziel darin, neue Kunden zu gewinnen. Dann sollten Sie darüber nachdenken, wie Sie die Leute auf Ihre Web-Site lenken können. Und Sie werden dafür sorgen müssen, dass sie auf der Site auch verweilen, zu ihr zurückkehren und schließlich zu Wiederholungskäufern werden. Auch im Internet geht es, wie in den anderen Vertriebskanälen, um Wiederholungskäufe. Deshalb werden Sie Ihren Kunden das Nachbestellen so leicht wie möglich machen müssen. Das kann auch bedeuten, dass Sie Ihre Kunden aktiv daran erinnern, wenn die Zeit für eine Nachbestellung gekommen ist – noch bevor diese es selbst erkannt haben.

Was ist für die Kunden wichtig?

Im Hinblick auf Ihre bestehenden Kunden und Partner gilt es wieder, ein ganz anderes Bündel von Fragen zu beantworten. Für neue Kunden kann es wichtig sein, dass Sie ihnen reichlich Marketingbeiwerk – z.B. Presseberichte und Referenzen – präsentieren, um sie vom Wert Ihrer Produkte zu überzeugen. Dagegen wäre der bestehende Kundenstamm vielleicht besser damit bedient, wenn Sie das Geld nicht für solches Marketingbeiwerk, sondern für andere Zwecke verwenden: Verbesserung der Funktionalität, rationellere Abwicklung von Transaktionen, optimiertes Berichtswesen und Bestandsmanagement. Unter Umständen sollten Sie nicht mehr jede Mark für die visuelle Anpreisung Ihrer Produkte ausgeben, wenn Sie mit Kunden kommunizieren, die bereits von deren Qualität überzeugt sind. Vielleicht investieren Sie sinnvoller, indem Sie Ihre

Kunden informieren oder ihnen bei der Verwaltung ihrer Lagerbestände helfen und sie auf diese Weise ermutigen, regelmäßig bei Ihnen zu bestellen.

Als Großunternehmer wollen Sie möglicherweise sogar beide Strategien parallel verfolgen. Dann werden Sie einerseits private Schnittstellen brauchen, um mit solchen Kunden und Partnern zu kommunizieren, die keine Grafiken mehr verlangen, weil sie die Transaktionsregeln schon beherrschen. Und Sie werden andererseits öffentlich zugängliche Schnittstellen für das allgemeine Publikum einrichten müssen. Überlegungen wie diese helfen Ihnen dabei, die richtige Web-Seite für Ihr Unternehmen zu entwickeln. Denken Sie nicht nur darüber nach, wie Sie sich mit möglichst viel Geklingel und Geblinke im Web darstellen können. Wichtiger ist es, welcher Kunde welche Art von Web-Seite zu Gesicht bekommt und welchen Zweck sie erfüllen soll.

Zweiter Schritt: Koordinieren Sie Ihre internen Ressourcen

Angenommen, Sie möchten einen Wolkenkratzer bauen. Würden Sie Ihre Buchhalter zu Überstunden verpflichten und sie Steine schleppen und Gerüste schweißen lassen? Wohl kaum. Stattdessen würden Sie einen Architekten und ein Bauunternehmen beauftragen, damit Ihre Pläne Wirklichkeit werden. Vielleicht würden Sie sogar direkt eine Bauträgergesellschaft aufsuchen und ihr die Verantwortung für das gesamte Projekt übertragen. Dann müssten Sie am Ende des Tages nur noch Ihren Namen am Gebäude anbringen. Das Gleiche gilt für die Entwicklung Ihrer Präsenz im Internet. Dieses Feld ist weit und Sie sind auf die Hilfe professioneller Dienstleister und Softwarefirmen angewiesen. Nur sie können gewährleisten, dass die Internet-Präsenz hinterher auch wirklich Ihren Wünschen entspricht.

Aber noch bevor Sie damit beginnen, müssen Sie Vorbereitungen treffen. Sie müssen diejenigen Mitarbeiter innerhalb Ihres Unternehmens koordinieren, die eine dynamische Verbindung zu diesen externen Experten herstellen sollen. Genau das ist der zweite

Schritt. Bevor Sie mit dem ersten Web-Entwickler, Internet Service Provider oder dem ersten Host-Unternehmen sprechen, müssen Sie Ihre eigene interne Arbeitsgruppe bilden – ein Team, das ausschließlich für das Management Ihrer Online-Präsenz verantwortlich ist.

Diese Arbeitsgruppe muss aus Profis bestehen, die

- sich mit allen Anwendungsbereichen des Internets auskennen,
- kreativ und willens sind, sich mit der Vielzahl verschiedener Internetstrategien auseinander zu setzen, und
- gleichzeitig hohes Ansehen in Ihrem Unternehmen genießen, weil sie ihr Können im bisherigen Geschäft bereits unter Beweis gestellt haben.

Für Ihren Erfolg im Internet sollten solche professionellen Manager verantwortlich sein, die sich durch diese drei Eigenschaften auszeichnen. Vermeiden Sie den häufig begangenen Fehler, Ihre Internet-Strategie in die Hände eines technischen Genies zu legen, das weder etwas von der Branche versteht noch von der Art und Weise, wie Sie Produkte verkaufen.

Welche Profis Sie im Einzelnen auswählen, hängt vom ersten Schritt ab – von Ihrer Entscheidung über das, was Sie im Internet tun wollen. Und diese Entscheidung beeinflusst die Beantwortung einer weiteren Frage – die Frage nach der Zusammenstellung Ihres Internet-Teams. Soll der Internet-Vertrieb ein autonomes Profit Center sein oder soll er als Ergänzung bestehender Profit Center dienen? Für beide Optionen lassen sich gute Argumente finden, doch Ihre digitale Strategie wird nur aufgehen, wenn Sie diese Fragen im Vorfeld klären.

Unter dem Aspekt der Erfolgsermittlung spricht vieles für ein autonomes Modell. Sie können Ihr Internet-Team zwar in erster Linie so einsetzen, dass es Ihre Mitarbeiter in Produktentwicklung oder Marketing unterstützt. Doch wenn das Team ein eigenständiges Profit Center bildet, werden seine Mitglieder ehrgeiziger auf den Erfolg hinarbeiten. Und dieser Erfolg muss nicht in möglichst hohen Online-Umsätzen bestehen. Es kann auch ein Anreiz für die Arbeitsgruppe sein, möglichst viele Kundenanfragen zu motivieren und diese Hinweise dann zur Geschäftsanbahnung an den Vertriebsservice weiterzuleiten. Gerade diese Strategie ist für Sie besonders wichtig, wenn Ihre Produkte oder Dienstleistungen – zum Beispiel Dichtungsringe oder Gartenschläuche – für den direkten Internetvertrieb eher ungeeignet sind.

Dritter Schritt: Bauen Sie Partnerschaften auf

Schritt zwei macht deutlich, dass das Ziel Ihrer digitalen Strategie nicht darin bestehen kann, alle Aufgaben von Externen erledigen zu lassen. Jemand in Ihrem eigenen Unternehmen muss die Fäden in der Hand behalten. Doch auch die andere Seite der Medaille ist zu beachten. Ohne Hilfe von außen können Sie sich nicht im Cyberspace präsentieren. Der Erfolg Ihres Unternehmens hängt in hohem Maße davon ab, ob Sie geeignete Partner finden. Auf diese Tatsache haben wir schon wiederholt im Zusammenhang mit konventionellen Geschäftspartnern hingewiesen – die Sorte Allianzen, die unser Unternehmen beispielsweise mit Compaq und Charles Schwab eingegangen ist. Aber es ist ebenso wichtig, dass Sie sich mit verlässlichen technischen Partnern verbünden; d.h. mit solchen Profis, die Ihnen „den Wolkenkratzer bauen" werden.

Wenn Sie beispielsweise kein Computerproduzent sind, werden Sie auch nicht Ihre eigenen netkompatiblen Rechner bauen. Das liegt auf der Hand. Aber darüber hinaus werden Sie wohl auch nicht das gesamte interne Design übernehmen oder den Server für Ihre Internet-Site selbst betreiben. Hinsichtlich des Service Providers werden Sie Designpartner brauchen, da das Erscheinungsbild Ihrer Web-Site von enormer Bedeutung ist. Sie lassen Architekten Ihre physischen Ladengeschäfte bauen und beauftragen Agenturen mit dem Design Ihrer Fernsehwerbung. Ebenso werden Sie Partnerschaften mit Firmen eingehen, die Ihnen beim Design jeder einzelnen Seite helfen sowie bei der „Navigabilität" von Seite zu Seite.

Sie werden außerdem Technologie- oder Netzwerkpartner brauchen, die Ihnen die unterschiedlichsten Bandbreiten und Zugänge zum Internet bereitstellen. Vielleicht verschaffen Ihnen diese technischen Experten nicht nur den Zugang zum Net, sondern stellen

Ihnen sogar den Raum zur Verfügung, in dem Ihre Applikationen ablaufen können. Dann fungieren sie als sogenannter „Host“* für Ihre Web-Site. Diese „Gastgeber“ erfreuen sich einer wachsenden Beliebtheit, da die Funktionalität einer Web-Site, wie sie auch aussehen mag, durch allzu großen Besucherandrang beeinträchtigt werden könnte. Mit solchen Belastungsspitzen kann man besser dort umgehen, wo die Verkehrsströme an sieben Tagen rund um die Uhr überwacht werden. Darin besteht eine der Hauptaufgaben von Internet Service Providern. Die Kehrseite der Medaille in diesem Fall: Bei einer fremdverwalteten Site kann es manchmal etwas länger dauern, das Design der Seiten zu verändern, als wenn die Applikationen auf Ihrem eigenen, firmeninternen Server ablaufen würden.

Das Konzept der übrigen Firmen, mit denen Sie zusammenarbeiten werden, beruht ohnehin schon auf Kooperation. Diese Firmen produzieren die Softwareapplikationen, die Ihr Unternehmen auf seiner Web-Site ablaufen lässt. Und diese Applikationen werden von Integrationspartnern integriert werden, die häufig in sehr engem Kontakt mit Ihren Designpartnern stehen. Ein Beispiel für eine solche Anwendung wäre ein Diagramm mit Aktienpreisen, das die Entwicklung Ihres Unternehmens während der letzten Quartale veranschaulicht. Ein anderes Beispiel wäre der Produktkonfigurator, mit dessen Hilfe Ihre Kunden spezifische Lösungen online ordern können. Keine dieser Anwendungen für sich genommen macht die Gesamtheit Ihrer Web-Site aus. Doch beide sind wesentliche Bestandteile Ihrer Online-Persönlichkeit und müssen visuell in die Identität Ihres Unternehmens integriert werden.

Das Faszinierende an dieser zweiten Generation des Webs ist, dass Sie nicht mehr zwangsläufig Ihre eigene Software betreiben oder sie gar von einem Host je nach Bedarf kaufen müssen. Wenn Sie möchten, zeigen Sie heute auf die Web-Site eines anderen Unternehmens und das Aussehen dieser Web-Site wird sich der Persönlichkeit Ihrer eigenen Firma anpassen. Die großen Suchmaschinen haben vor einiger Zeit damit begonnen, so etwas für Riesen wie Disney und NBC möglich zu machen.

---

* host: Gastgeber

Diese Unternehmen wollten Suchkapazitäten in ihre Sites integrieren. Und statt ihre eigenen Suchmaschinen zu betreiben, ließen sie sich von den bestehenden Suchdiensten – besonders von Lycos und Excite – gewissermaßen Huckepack nehmen. Wenn jetzt ein Besucher der Disney-Site die dort befindliche „Suchen"-Funktion anklickt, benutzt er in Wirklichkeit eine der großen Suchmaschinen. Da ihr Design aber visuell angepasst wurde, hat der Besucher den Eindruck, als befinde er sich noch immer im Disneyland. Eine Art maßgeschneiderter Hyperlink. Sie können die Kapazitäten einer Firma wie Lycos in Anspruch nehmen, in Ihren eigenen Service integrieren und dann an die Kunden weitergeben. Ein faszinierendes Modell, das Schule machen wird.

Nun haben wir Ihnen die wichtigsten Partner kurz vorgestellt, über die Sie beim Aufbau Ihrer Internet-Präsenz nachdenken sollten. Wie Sie dabei im Einzelnen vorgehen, beschreiben wir im nächsten Kapitel. Doch nehmen wir nun erst einmal an, dass Sie und Ihre Partner diesen Schritt bereits bewältigt haben oder sich gerade mitten in diesem Prozess befinden. Dann sollten Sie als nächstes einen vierten Schritt in Angriff nehmen, bevor Sie sich ins E-Business stürzen. Denken Sie darüber nach, wie Sie all Ihre Daten in einem einzigen Speicher zusammenfassen können.

Vierter Schritt: Koordinieren Sie Ihre Daten

Das Konzept des Internets ist per definitionem distributiv. Das gilt einerseits für die Makroebene des globalen Netzwerkes, denn dort gibt es eine Vielzahl von Backbones und kein wirkliches Zentrum. Es trifft aber auch auf die einzelnen Unternehmen zu. Unter Umständen befinden sich die Applikationen, die Sie für Ihr digitales Unternehmen benötigen, nicht alle am gleichen physischen Ort. Einige Anwendungen werden Sie selbst beherbergen, andere werden bei Ihrem ISP untergebracht sein und manche befinden sich sogar auf einer dritten Internet-Site, wie etwa die „Disneyfizierte" Version von Lycos, die wir oben beschrieben haben. Von noch größerer Bedeutung ist es, dass diese zahlreichen Applikationen, wo immer ihr physischer „Wohnort" sein mag, unterschiedlichen

„Sprachgemeinschaften" angehören können. D. h., dass die Daten auf spezifische Weise dargestellt sind und sie einander nicht interpretieren können. Wenn Sie wollen, dass Ihre Applikationen miteinander kommunizieren, kann Ihnen das einige Probleme bereiten.

Doch die Lösung in Form eines zentralen Speichers ist in greifbarer Nähe. Diese Bezeichnung ist ein wenig irreführend, da das Wort „Speicher" an einen physischen Standort erinnert, so wie ein Lager oder eine Bücherei. Im Cyberspace nimmt dieser Begriff eine etwas subtilere Bedeutung an. Wenn Internet-Experten über einen singulären Speicher sprechen, meinen sie damit nicht einen einzigen Riesenrechner von der Größe Bayerns. Sie meinen vielmehr die Programmierung Ihrer Anwendungen in einer Weise, dass identische Informationen auch identisch dargestellt werden, und zwar an allen Orten, an denen Sie sich im Internet präsentieren. Es ist diese Art der identischen, übereinstimmenden Darstellung, die es Ihnen ermöglicht, unter verschiedenen Aspekten auf Daten zuzugreifen.

Und nur so können Sie darauf vertrauen, dass die Verarbeitung dieser Daten stets gleich abläuft.

Das mag sich vernünftig anhören, ist aber bislang – außer in den fortschrittlichsten Unternehmen – noch kein allgemein gültiges Verfahren. Zum Teil ist dies ein Ergebnis des Streits zwischen Softwareherstellern und ISPs um lizenzierte Anwendungen. Ein anderer Grund dafür ist, dass man sich bis heute noch auf keinen einheitlichen Datenstandard einigen konnte – ein Problem, das wir kurz in Kapitel 2 umrissen hatten. Die weite Verbreitung eines Standards wie XML wird voraussichtlich Abhilfe schaffen. Doch bis es so weit ist, empfehlen wir dringend, dass Sie zumindest innerhalb Ihrer eigenen Datenbanken alle Informationen einheitlich darstellen. Gelingt es Ihnen, werden Sie Ihr System modernisieren können, wenn neue Technologien auf den Markt kommen. Andernfalls werden Sie den Schiedsrichter spielen müssen in einem endlosen Ringkampf zwischen Suchmaschinen, Ihren Service Providern und Ihrem eigenen firmeninternen Team.

Für die absehbare Zukunft ist noch kein Ende dieses Kampfs in Sicht. Vorerst werden einzelne Datenbanken im gesamten Internet auch weiterhin Kundeninformationen getrennt sammeln und speichern, um den Vorsprung durch lizenzierte Produkte zu wahren.

Denken Sie nur einmal daran, wie nützlich der Zugriff auf die Kundendaten von beispielsweise Amazon.com oder Yahoo! für Sie sein könnte. Doch bis dahin wird es noch eine Weile dauern. Und auch wenn es erst einmal so weit ist, werden die Informationen nicht gratis zu haben sein. Damit das E-Business in einem distributiven Cyberspace florieren kann, werden wir auf eine einsprachige Lösung hinarbeiten müssen. Übrigens ist PlanetAll aus genau diesem Grund ein so Erfolg versprechendes Unternehmen. Es bereitet schon heute den Boden dafür, dass sämtliche Informationen einst zusammengefasst werden können.

Fünfter Schritt: Messen Sie die Effektivität

Wenn Sie Ihre Daten erst einmal koordiniert haben und Ihre Web-Site (oder Ihre nicht-grafische Anwendung) eingerichtet ist und läuft, werden Sie die Effektivität Ihrer Maßnahmen messen wollen. Damit meinen wir Effektivität im Vergleich zu Ihren Mitbewerbern. Das mag offensichtlich erscheinen, ist es häufig aber nicht. Wir haben gesehen, wie das Internet viele traditionelle Regeln des Wirtschaftsgeschehens verändert. Eine dieser Veränderungen bezieht sich auf die Definition des „Konkurrenten".

Beispielsweise gibt es zahlreiche Unternehmen, die ein breites Sortiment an CDs für Heimwerker anbieten und für Menschen, die daheim Unterhaltung suchen. So können Sie ein Genealogieprogramm erwerben, das Ihnen bei der Erstellung eines Stammbaums hilft. Sie finden Schreinersoftware, die Ihnen zeigt, wie Sie eine Wandvertäfelung anbringen. Und es gibt Programme, mit denen Sie die Gestaltung Ihres Gartens planen und direkt am Bildschirm die Farben Ihrer Blumenbeete koordinieren können. Diese Anwendungen erfreuten sich eine Zeit lang großer Beliebtheit und dienten als ein gutes Beispiel für Nischenmarketing. Sie waren optisch ansprechend und fast überall erhältlich. Sie wurden von Unternehmen wie Egghead, Office Depot, Target und vielen anderen vertrieben – und all diese Firmen konkurrierten offline miteinander.

Mit der Entstehung des Internethandels stellt sich die Situation anders dar. Wenn Sie an dieser Art Do-it-yourself-Ratgeber interessiert sind, brauchen Sie dank des Internets solche Softwareprodukte nicht mehr in einem Geschäft zu kaufen. Sie können stattdessen die Site einer Baumarktkette aufsuchen und das Programm zur Gartengestaltung kostenlos herunterladen. Und Sie machen dem Besitzer der Site sogar noch eine Freude. Denn er darf damit rechnen, dass Sie in eines seiner Geschäfte kommen und dort die Werkzeuge kaufen, die Sie für die Vollendung des Projekts brauchen.

Sie bezahlen also nicht mehr 40 US-Dollar an den Softwareentwickler. Sie kaufen für 40 US-Dollar eine Harke, eine Schaufel, zehn Sack Erde und einige Pflanzen und geben das Geld dem Baumarktbesitzer, der Sie kostenlos mit dem Gartenprogramm versorgt hat. Für Sie als Verkäufer der CD-ROMs bedeutet das, dass Sie einen neuen Konkurrenten haben. Es ist mittlerweile nicht mehr nur das Magazin Heim & Garten, das seine eigene CD herausbringt und in Konkurrenz zu Ihnen tritt. Auch viele Baumärkte und Gartenartikellieferanten werben um Ihre Kunden, indem sie ihnen kostenlos das geben, was Sie ihnen zuvor verkauft hatten.

Ebenso ist der umgekehrte Fall denkbar. Der Baumarktbesitzer betrachtet vielleicht die kleinen Eisenwarengeschäfte im Umkreis als seine Konkurrenten, die mit ihm um die lokalen Kunden werben. Doch heute ist der Wettbewerb bundesweit. Zu seinen Konkurrenten zählen möglicherweise kleine Familienbetriebe aus weit entfernten Städten wie Twin Forks, Idaho, die mit ihrer Webpräsenz die Großen herausfordern. Oder ein Versandhaus wie Smith and Hawken.

In diesem Zusammenhang ist das Modell, das sich in Form der Warenbestellung per Katalog etabliert hat, tatsächlich von einiger Bedeutung. Die Versandhäuser stellten als Erste die traditionelle Auffassung infrage, dass es ein physisches Ladengeschäft braucht, um Kunden zu gewinnen. Dieses Modell, das noch von Papier und Formularen abhing, war der Vorläufer des Nets. Mit dem Net gelangen wir auf die nächste Stufe nichttraditioneller Konkurrenz, denn es verändert das Wirtschaftsgeschehen außerordentlich schnell und effizient. Deshalb müssen Sie, wenn Sie online gehen, Ihre Branche sehr genau analysieren. Nur so können Sie erkennen, wie Sie der Konkurrenz durch neue Unternehmen am wirkungsvollsten begegnen.

Sie haben sich nun einen Überblick darüber verschafft, wie Sie strategisch vorgehen sollten. Doch bei der Umsetzung Ihrer Strategie kommt es natürlich auch auf die Details an – individuelle Entscheidungen über eine Unzahl einzelner Maßnahmen müssen getroffen werden. Wenn Sie an diesen Entscheidungen persönlich beteiligt sind, mit Ihren Design- und Netzwerkpartnern direkt zusammenarbeiten oder sich auch nur über die relevanten Parameter informieren wollen, dann empfehlen wir Ihnen die Lektüre des folgenden Kapitels. Sollten Sie nicht primär an diesen Bereichen interessiert sein, dann können Sie es überspringen und sich Kapitel 12 widmen. Dort legen wir noch einmal dar, warum der Schritt ins Net für den Erfolg Ihres Unternehmens unverzichtbar ist.

11. Phase 2: Das kleine Einmaleins

Im vorausgehenden Kapitel haben wir die allgemeinen technischen Voraussetzungen erläutert, die für den Aufbau einer Präsenz im E-Business erfüllt sein müssen. In den meisten großen Unternehmen – darunter die meisten Kunden von Siebel – wird es die Aufgabe interner und erfahrener IT-Abteilungen sein, eine solche Strategie in die Tat umzusetzen. Wenn Ihnen diese Art firmeninterner Kapazitäten zur Verfügung steht und Sie davon überzeugt sind, dass Ihre Mitarbeiter die Herausforderungen meistern werden, die wir gerade beschrieben haben, dann können Sie die Details in diesem Kapitel möglicherweise entbehren. Blättern Sie es nur rasch durch oder wenden Sie sich direkt dem zwölften Kapitel zu.

Wenn Ihr Unternehmen dagegen zu den kleineren zählt und Sie planen, mit der Umsetzung Ihrer Internet-Strategie externe Firmen zu beauftragen, dann wird Ihnen dieses Kapitel den Weg von der Theorie zur Praxis weisen. Wir erläutern darin das Einmaleins, das Sie beherrschen müssen, um ein Online-Unternehmen tatsächlich aufbauen zu können. Wir erteilen Ihnen praktische Ratschläge, damit aus Ihrer Web-Site ein produktiver Vertriebs- und Marketingkanal wird und zeigen Ihnen, anhand welcher Kriterien Sie Ihre technologischen Partner auswählen sollten. Wie groß Ihre Firma auch sein mag und unabhängig davon, ob Sie internen oder externen Lösungen den Vorzug geben – gehen Sie in den folgenden fünf konkreten Schritten vor, wenn aus der Online-Präsenz Ihres Unternehmens Realität werden soll.

- Finden Sie einen Internet Service Provider.
- Lassen Sie eine Domain-Adresse registrieren.
- Entwickeln Sie die Web-Site.
- Managen Sie die Web-Site.
- Messen Sie die Effektivität der Site.

Der letzte Schritt wirft eine Frage auf, die Sie sich stellen sollten, noch bevor Sie einen Service Provider finden. Um die Effektivität messen zu können, müssen Sie wissen, was „effektiv“ bedeutet. Fragen Sie sich zunächst, welche Ziele Sie realistischerweise mit einer Web-Site erreichen können. Was soll eine Online-Präsenz für Ihr Unternehmen leisten? Die Anwort lautet vielleicht: Online-Umsätze, Aufbau Ihrer Marken, bessere Kommunikation mit Ihren Kunden oder eine Kombination daraus. Welche Ziele Sie auch verfolgen mögen – sorgen Sie dafür, dass jeder Mitarbeiter Ihres Unternehmens sie verstanden hat, der mit dem Online-Kundenstrom in Kontakt kommen könnte.

Wir legen Ihnen den Rat Bill Kildays ans Herz, dem Präsidenten der Web-Unternehmensberatung Modem-Operandi Interactive (www.m-o.net). „Zu viele Unternehmen fragen“, sagt Bill, „wie sie sich dem Web anpassen können. Stattdessen sollten Sie fragen, wie Sie das Web Ihrem Unternehmen anpassen können, wie es Ihnen bei der Verbesserung Ihrer Verfahren helfen kann, wie es Ihnen dabei helfen kann, Ihre laufenden Geschäfte zu optimieren. Konzentrieren Sie sich auf die aktuelle Kommunikation zwischen Ihnen, Ihren Kunden und Ihren Lieferanten und finden Sie dann heraus, wie das Web Ihnen helfen kann, diese Kommunikation zu verbessern.“

Richten Sie Ihr Augenmerk von Anfang an auf den Kundenstrom. So vermeiden Sie, ihn zu vernachlässigen oder ihn in die falsche Richtung zu lenken, und zudem lässt sich Ihr Budget besser planen. Die Einrichtung einer Web-Site kann wenige hundert US-Dollar kosten, wenn Sie nur eine Online-Reklametafel aufstellen. Eine digitale Strategie kann aber auch Hunderttausende verschlingen, wenn Sie eine integrierte, multifunktionale Handels-Site betreiben. Überlegen Sie sich im Voraus, wie viel Sie in das E-Business investieren wollen und welchen ROI Sie erwarten.

Haben Sie sich darüber erst einmal Klarheit verschafft, dann sind Sie bereit, einen ISP für Ihr Unternehmen zu suchen.

Erster Schritt: Finden Sie einen ISP

Einen Internet Service Provider, oder ISP, aufzuspüren ist einfach. Schauen Sie in den Gelben Seiten unter „Internet“ nach oder laden

Sie sich das ISP-Verzeichnis von Boardwatch Directory Internet Service Providers herunter (www.boardwatch.com/ISP/usisp.htm). Sie werden Tausende finden, von lokalen Kleinunternehmen, die Basisdienste wie Modemzugang und Mailfunktionen anbieten, bis zu UUNET und anderen bundesweiten Giganten, die riesige kommerzielle Sites beherbergen und verwalten können. Sie alle wollen Ihren Auftrag, doch sie sind nicht alle gleichermaßen zuverlässig – und Größe allein ist noch keine Garantie für Qualität. Um in dieser Branche die Spreu vom Weizen zu trennen, müssen Sie die jeweiligen Unternehmen eingehend interviewen und gezielt befragen. Im Einzelnen sollten Sie sich über potenzielle Problemfelder wie Verfügbarkeit der Bandbreite, Sicherheit und Fehlersuche informieren.

Bandbreite

Hier haben die vordringlichen Fragen mit den „Backbones" des Nets zu tun, jenen weit gespannten, rumpfartigen Netzwerken innerhalb des Internets selbst. Noch der kleinste lokale ISP greift über einen oder mehrere dieser Backbones auf das Net zu. Deshalb sollten Sie sich danach erkundigen, welchen Backbone oder welche Backbones der ISP benutzt, über wie viele Hochgeschwindigkeitsleitungen er mit einem Backbone verbunden ist und wie „dick" seine Verbindung zu diesem zentralen Highway ist. T1-Leitungen sind gut, aber T3-Leitungen sind besser. Und wie bei jeder erfolgsentscheidenden Applikation sollten Sie auch hier auf genügend Spielraum achten. Ein technischer Analyst hat folgende praktikable Daumenregel aufgestellt: „Jeder ISP, der Unternehmen unterstützt, sollte mindestens drei T1 oder schnellere Leitungen zu zwei oder mehr verschiedenen Backbones haben."

Fragen Sie auch nach der Leistung des ISP („Wie lange dauert eine durchschnittliche Übertragung?" und „Über welche Bandbreitenkapazität verfügen Sie?") und nach der Leistung der Backbones, mit dem er verbunden ist. Bei Keynote Systems (www.keynote.com) können Sie Leistungstests von Internet Service Providern für etwa 500 US-Dollar käuflich erwerben. Was die Backbones angeht, sollten Sie wissen, dass auch sie nicht alle gleich sind; das Boardwatch Magazine hat die Verlässlichkeit der großen Anbieter verglichen. Die Studie (abrufbar unter www.boardwatch.com/isp/fall1997/measure.html) ergab, dass der leistungsstärkste Backbone der USA von einer relativ kleinen Firma namens Savvis Communication (www.savvis.com) betrieben wird. Dieses Unternehmen hat sich von den überlasteten, öffentlich zugänglichen Leitungen (wie MAE-West und MAE-East) abgekoppelt, um „Privatpartnerschaften" mit anderen kleinen Netzwerken aufzubauen.

Sicherheit

Da Ihr ISP die Daten Ihres Unternehmens weiterleiten wird, werden Sie wissen wollen, wie der ISP Ihre Daten zu schützen gedenkt. Fragen Sie: „Durch welche Sicherheitsmechanismen können Sie gewährleisten, dass nur meine autorisierten Repräsentanten auf meine Daten zugreifen können?" Aus der Anwort sollte ersichtlich sein, wie der Provider Firewalls, Verschlüsselung, Benutzer-IDs, Passwörter und gesicherte Netzwerkkabel einsetzt und ob er so „offensichtliche" Schutzmaßnahmen wie gesicherte Türschlösser und Wachpersonal ergriffen hat. Vergewissern Sie sich, dass der ISP sein Netzwerk nicht nur gegen Hacker von außen, sondern auch gegen die eigenen Mitarbeiter gesichert hat. Nur wenn Sie auf diese Fragen klare Antworten bekommen, werden Sie ruhig schlafen können. Sollten die Antworten also nicht zu Ihrer Zufriedenheit ausfallen – schauen Sie sich nach einem anderen ISP um.

Dies ist besonders wichtig, wenn der Service Provider auch als „Host" für Ihre Web-Site fungiert. Das heißt, dass der „Server"-Computer, der mit dem „Client"-Computer Ihres Unternehmens interagiert, tatsächlich in den Geschäftsräumen Ihres ISPs untergebracht ist. Wenn sich der Server in Ihrem eigenen Unternehmen befindet, können Sie selbst auf ihn aufpassen. Und viele Unternehmen verwahren ihre Server aus genau diesem Grund in der eigenen Firma. Wenn es für Sie bequemer ist, den Server bei jemand anders unterzustellen – fein. Aber bringen Sie auf jeden Fall in Erfahrung, wer dort auf ihn Acht gibt und wie. Gleiches gilt, wenn sich Ihr Server auf einem „Web hoster"-Computer befindet – eine der zurzeit entstehenden Alternativen für die Unterbringung von ISP.

Fehlersuche

Trotz höchster Leistung und aller Bandbreite der Welt treten manchmal Probleme auf. Ein Branchenslogan nennt es beim Namen: „Downtime happens." Kein Service Provider kann Ihnen versprechen, dass Sie niemals unerreichbar sein werden (andernfalls macht er sich selbst etwas vor oder lügt). Sie dürfen aber von ihm verlangen, dass er ein solches Problem offensiv angeht, wenn es entstanden ist. Stellen Sie also folgende Fragen, bevor Sie einen Vertrag unterzeichnen:

- „Ist Ihr Kundenservice an sieben Tagen in der Woche rund um die Uhr besetzt? Kann ich mich um drei Uhr morgens mit einem Problem an Ihre Mitarbeiter wenden? Wie lange werde ich brauchen, um einen von ihnen zu erreichen?
- „Welche alternativen Methoden der Kontaktaufnahme bieten Sie mir? Kann ich Sie per Telefon, E-Mail und Web erreichen?"
- „Wie viel Zeit steht Ihren Servicemitarbeitern durchschnittlich für die Lösung eines Kundenproblems zur Verfügung?"
- „Wie ist Ihr Service strukturiert? Was geschieht zuerst, als Zweites, als Drittes, wenn ein Kunde ein Problem hat? Wie viel Zeit verstreicht zwischen einem ersten Lösungsversuch und einem eventuellen zweiten Anlauf?"

Fragen Sie auch nach Referenzen. Mancher Service Provider rühmt sich, Probleme durchschnittlich innerhalb von nur einer Stunde zu beheben, hat aber keine Kunden, die dergleichen bestätigen könnten. In einem solchen Fall sollten Sie sich nicht den Kopf zerbrechen, sondern nach einem anderen Anbieter Ausschau halten. Das „S" in ISP steht für „Service". Wenn Sie dafür bezahlen, sorgen Sie dafür, dass Sie ihn auch bekommen.

Vertrauen Sie Ihrem Instinkt. Und nehmen Sie sich ein Beispiel an der Firma Gargoyles, die Sonnenbrillen herstellt. Als der Systemanalyst des Unternehmens Dominic Lindauer, vor einigen Jahren nach einem ISP suchte, verglich er sämtliche Angebote, von den nationalen Telekommunikationsriesen bis zu den teilweise erheblich günstigeren lokalen Providern. Einer der Riesen prahlte damit, dass sich sein Server in einem ehemaligen, unterirdischen Raketenabschussbunker befände und selbst nach einem Atomschlag noch funktionieren würde. „Wenn eine Atombombe niedergegangen wäre", sagte Lindauer nachdenklich, „würde ich wahrscheinlich nicht als Erstes unsere Web-Site daraufhin überprüfen, ob neue Aufträge eingegangen sind." Andere offerierten kostenlose Programme oder Servicepakete, die sich zwar recht gut anhörten, für Gargoyles' Aktivitäten aber irrelevant waren. Die preisgünstigsten ISPs boten zum Teil phänomenale Nachlässe. Doch als Lindauer bezüglich ihrer finanziellen Stabilität genauer nachfragte, speisten sie ihn mit „innerer Einstellung" ab, statt ihm präzise Informationen zu geben.

Seine Wahl fiel schließlich auf Epoch Internet. Dieser Anbieter war zwar nicht der billigste, überzeugte aber durch die Bereitschaft, seine Verlässlichkeit zu beweisen. Ein Testanruf beim technischen Kundendienst ergab eine solide Betreuung und Epoch stellte ein „ganzes Heer" von Mitarbeitern zur Verfügung, die Lindauer über Firewalls aufklärten. Darüber hinaus stimmte der Provider einem Serviceabkommen zu, das Gargoyles den Rücktritt vom Vertrag erlaubte, wenn die Internet-Verbindungen für mehr als 48 Stunden unterbrochen sein würden. Es war dieses Maß an Verlässlichkeit – und nicht Klingeln und Blinken – das den Unterschied machte.

Vielleicht wollen Sie es nun aber blinken und klingeln lassen. Für diesen Fall bieten Ihnen Internet Service Provider ein reiches Sortiment an technischen Extras, vom Zugriff per Satellit bis zur Aktenvernichtung. Je nach Budget und Bedarf werden Sie das eine oder andere Extra in Anspruch nehmen. Verwechseln Sie diese Dienstleistungen aber nicht mit grundsätzlicher Verlässlichkeit.

Zweiter Schritt: Lassen Sie eine Domain-Adresse registrieren

Bevor Sie Geschäfte über das Internet abwickeln können, müssen Sie Ihre Firma an zwei Stellen registrieren lassen. Die eine ist das zentrale URL-Register, das während der letzten Jahre gemeinsam vom Network Information Center, Network Solutions Inc. und der National Science Foundation überwacht wurde; für eine Gebühr von 100 US-Dollar können Sie sich bei dieser „InterNIC"-Gesellschaft online unter rs.internic.net/reg eintragen lassen. Darüber hinaus sollten Sie sich um einen Eintrag in den Verzeichnissen oder den Suchmaschinen innerhalb des Webs selbst bemühen. Sie leiten die Anfragen der Benutzer an die geeigneten URL weiter. Diese beiden Registrierungsarten funktionieren symbiotisch; nur eine vornehmen zu lassen, ist praktisch nutzlos.

Inter-NIC-Registrierung

Sie wird auch als URL-Registrierung (für „universal resource locator") oder „Domain-Adressenregistrierung" bezeichnet. Domains sind die Suffixe, die in der URL-Adresse an den Namen einer Firmen-Web-Site angehängt werden. Im E-Business kommt am häufigsten das Suffix „.com" (für „commercial") vor. Andere übliche Domains – sie werden normalerweise als Top-Level-Domains oder TLD bezeichnet – sind: .net („networks"), .edu („educational") und .org („organizations"). Eine vollständige Firmenadresse besteht also aus dem World-Wide-Web-Präfix, dem Firmennamen und dem Suffix. Unser Unternehmen ist zum Beispiel unter www.siebel.com zu finden. Um die Web-Seite unserer Firma zu besuchen, müssen Sie genau diese Adresse eingeben. Wenn Sie eine E-Mail an eine bestimmte Person innerhalb des Unternehmens senden wollen, müssen Sie normalerweise ein @ zwischen den Web-Namen dieser Person und den Firmennamen setzen.

Wenn Sie also eine Domain-Adresse registrieren lassen, bestimmen Sie eigentlich nur den Firmennamen selbst – beziehungsweise den Namen, mit dem Sie sich im World Wide Web darstellen wollen. Das hört sich zunächst einmal recht unkompliziert an. Doch weil InterNIC die Domain-Adressen in der Reihenfolge der Anträge vergibt, ist Ihr Firmenname unter Umständen schon besetzt und Sie müssen sich eine logische oder eingängige Alternative überlegen. Sie können jeden Namen benutzen, der noch nicht vergeben ist. Denken Sie auch daran, dass jedes Jahr fast eine Million neue Namen hinzukommen und Sie etwa einen Monat lang nicht offiziell registriert sein werden. Berücksichtigen Sie weiterhin, dass die Kontrolle, die Network Solutions de facto über die Domain-Adressen ausübt, mittlerweile von Konkurrenten infrage gestellt wird. Analysten gehen davon aus, dass durch neu entstehende Protokolle bald ein hitziger Konkurrenzkampf um Registrierungsrechte ausbrechen wird. Verschärfend wirkt dabei die Entwicklung eines verbesserten Systems zur Namengebung, das neue, generische Domain-Namen (sogenannte gTLD) wie .firm, .arts. und .shop vorsieht.

Registrierung bei Suchmaschinen

Sie können zwar selbst entscheiden, ob Sie sich bei einer oder mehreren Suchmaschinen registrieren lassen, sollten diese Chance aber unbedingt wahrnehmen. Wenn Sie sich bei Yahoo!, Excite, Alta Vista oder einer anderen Suchmaschine um einen Eintrag bewerben, fügen Sie eine Beschreibung Ihres Unternehmens bei und einige Schlüsselbegriffe, um die Identifikation Ihrer geschäftlichen Aktivitäten zu erleichtern. Die Suchmaschine benutzt diese Schlüsselbegriffe einerseits, um sich ein Bild von dem zu machen, was Sie tun, und andererseits, um Benutzer, die übereinstimmende Suchbegriffe eingeben, zu der Web-Site Ihrer Firma zu lenken. Ohne dieses Weiterleiten von Benutzern zu Ihrer Site treiben Sie einfach nur ziellos im Cyberspace herum.

Zumindest soll es so funktionieren. In Wirklichkeit sind Yahoo! und andere Verzeichnisse häufig noch mehr im Verzug als InterNIC. Das heißt, dass Ihr Antrag auf Weiterleitung verspätet bearbeitet wird oder manchmal sogar verloren geht. Bill Kilday von Modem-Operandi nennt den Registrierungsprozess der Suchmaschinen einen „geheimnisvollen Abgrund“: „Es kann sechs Monate dauern, bis Sie in die Liste aufgenommen sind, vielleicht geschieht es aber auch nie. Deshalb bekommen die gebührenfreien Anbieter nun Konkurrenz von Suchmaschinen, die Gebühren erheben. Wenn Sie sich bei einem dieser neuen Mitbewerber, Goto.com, registrieren lassen, müssen Sie für den Eintrag in die Liste bezahlen – genau genommen müssen Sie dafür bieten. Sie bieten für eine bessere Plazierung, so dass, wenn die Suchbegriffe übereinstimmen, Sie nicht als Nummer 304 von insgesamt 305 Firmen aufgeführt werden.“

Goto.com ist nicht das einzige Beispiel. AltaVista verfolgt eine sehr ähnliche Strategie und hat vor kurzem einen Suchprozess mit der Bezeichnung „Real Name“ eingeführt. In Zusammenarbeit mit Centraal Corporation unterhält AltaVista heute eine Datenbank mit einer halben Million von Schlüsselbegriffen und Phrasen, die ein Unternehmen für 40 US-Dollar im Jahr mit seiner Site verknüpfen lassen kann. AltaVista zieht die Site aus dem Morast aller möglichen Übereinstimmungen und platziert sie, zusammen mit anderen Real-Name-Treffern, an der Spitze der Suchergebnisse. Wer beispielsweise am neuen Käfer interessiert ist, „findet unverzüglich eine Volkswagen-Site und muss sich nicht erst durch endlose Seiten mit entomologischen Referenzen hindurcharbeiten“. Dieses Verfahren stellt eine kostengünstige Möglichkeit dar, sich von der Masse abzuheben und ist eine willkommene Erleichterung für den von der Datenflut gebeutelten Internet-Surfer.

Dritter Schritt: Wählen Sie einen Web-Entwickler aus

Im dritten Schritt wählen Sie eine Person oder ein Unternehmen aus, die Ihre Web-Site tatsächlich „konstruieren“ und ins Web stellen kann. Einige große Unternehmen können dies intern leisten, doch die meisten kleinen und mittleren Firmen werden einen solchen Auftrag an Externe vergeben müssen. Schauen Sie auch hier wieder in den Gelben Seiten oder im Web selbst nach. Suchen Sie unter „Internet Solutions“ oder „Web Site Development“.

Jemand, der Ihre Web-Seite entwickelt, heißt für gewöhnlich Web-Designer. Doch jeder, der schon einmal an einer kunstvoll gestalteten aber schwerfälligen Site verzweifelt ist, wird Ihnen sagen können, dass „schön anzuschauen“ nicht gleichbedeutend ist mit „effektiv“. Eine gute Web-Site ist beides. Aber um beides zu bekommen, müssen Sie nach Unternehmen suchen, die Komplettpakete anbieten und nicht nur die bunten Farben und Schnörkel, für die Web-Designer berühmt sind.

„Ein Web-Designer muss drei Voraussetzungen erfüllen“, sagt Marketingchef Ted Finch von Holt Rinehart und Winston. „Ein gutes Auge, technisches Verständnis und Marketingerfahrung. Das gute Auge sorgt für ein geschmackvolles Erscheinungsbild – schwer zu definieren, aber leicht zu erkennen, wenn es gelungen ist. Technisches Verständnis bedeutet, dass die Person eine Vision in ihre physische Entsprechung übersetzen kann – und technische Korrekturen vornimmt, die Ihnen auf dem Weg dahin erforderlich scheinen. Die dritte Voraussetzung, Marketingerfahrung, ist absolut unentbehrlich. Wenn das übergeordnete Ziel der Site die Umsatzsteigerung Ihres Unternehmens ist, sollte sie von jemandem entwikkelt werden, der diese Tatsache zu würdigen weiß.“

Der gleichen Überzeugung ist auch Bill Kilday, der mit zahlreichen Unternehmen bei der Entwicklung von Web-Sites zusammengearbeitet hat. „Designer und Technologen verfügen über völlig unterschiedliche Fähigkeiten“, sagt er. „Sie brauchen beide, werden Sie aber nicht zwangsläufig in einer Person vereint finden. Sie müssen die Künstler mit denen zusammenbringen, die wissen, welche Hard- und Software Sie brauchen. Ob Sie die Aufgabe firmenintern lösen, sie von Ihrem ISP erledigen lassen oder ein externes Unternehmen damit beauftragen – dieses Zusammenkommen unterschiedlicher Fähigkeiten ist von entscheidender Bedeutung. Ein Web-Entwickler kümmert sich um Design und Technologie.“

Die Aufgaben des Entwicklers

Inwieweit ein guter Entwickler Ihnen mit Rat und Tat zur Seite stehen kann, hängt davon ab, wie hoch Ihr Budget ist, wie ausgefeilt Ihre Site sein soll und was Sie mit ihr bezwecken. Er oder sie sollte zumindest in der Lage sein, Ihnen bei der attraktiven Darstellung folgender Informationen zu helfen:

- Name und Logo Ihres Unternehmens;
- eine Beschreibung dessen, was Sie tun und wie es dazu kam, d.h. Ihr geschäftliches Modell, Ihre Unternehmensziele und eine kurze Firmengeschichte;

- eine Vorstellung des leitenden Managements, am besten mit Fotos für die persönliche Note;
- eine Liste mit Ihren Produkten und Dienstleistungen mit den entsprechenden Preisen, wenn Sie sie online verkaufen wollen;
- Kontaktinformationen für Kunden und Geschäftspartner, einschließlich einer Ein-Klick-Funktion für den Versand von E-Mails an Sie;
- Belege für Ihren Erfolg, einschließlich Referenzen, Pressemitteilungen oder Zeitungsartikeln;
- einen Überblick über den Inhalt der Site und/oder ein Stichwortverzeichnis, zusammen mit leicht zu bedienenden Links von einer Seite zur nächsten;
- eine hervorgehobene Bekanntmachung über Ihre Maßnahmen zum Schutz der Privatsphäre, damit Ihre Kunden sicher sein können, dass Sie ihre persönlichen Informationen nicht preisgeben.

Wenn Sie eine komplett ausgestattete kommerzielle Site planen, werden Sie auf weitere Elemente Wert legen: Empfehlungen zu Hardware- und Softwareoptionen (einschließlich der Möglichkeit, einen „Einkaufswagen“ zu benutzen), Informationen zur Unterscheidung zwischen Ihren „privaten“ und „öffentlichen“ Web-Seiten und Instruktionen für die Einleitung der nötigen Auftrags- und Rechnungsprozeduren zwischen Ihnen, Ihren Lieferanten und den beteiligten Kreditkarteninstituten. Mag sie auch noch so viel klingeln und blinken – eine gute kommerzielle Web-Site erfüllt ihre Funktion nur dann reibungslos, wenn diese unverzichtbaren Bestandteile von Beginn an korrekt integriert werden. Um sicherzugehen, dass dies geschieht, sollten Sie einen guten Entwickler beauftragen.

Viele Sites enthalten außerdem eine FAQ-Schaltfläche („frequently asked questions“ oder „häufig gestellte Fragen“). Sorgfältig gestaltet, kann sie durchaus nützlich sein. Problematisch wird es aber, wenn sie nicht richtig durchdacht sind. Wenn Sie eine FAQ-Option in Betracht ziehen, sollten Sie zunächst klären, welche Fragen in Ihrer Branche tatsächlich häufig gestellt werden. Fragen Sie Leute, die sich damit auskennen – die Mitarbeiter Ihres Kundendienstes und Ihres Call Centers –, und diskutieren Sie ihren Input mit Ihrem Web-Entwickler. Wahrscheinlich werden Sie entdecken, dass es weniger FAQs gibt, als Sie dachten, und dass sich die meisten allgemein formulieren lassen. „In welchen Farben sind Ihre Produkte erhältlich?“ könnte eine FAQ sein, „Kann ich Modell 24 in Dunkelrot haben?“ dagegen nicht.

Bei der Zusammenarbeit mit einem Web-Entwickler sollten Sie auch Direktverbindungen oder Links zur Sprache bringen. Dieser Teil des Gesamtdesigns einer Seite erlaubt es Ihren Kunden nicht nur, innerhalb Ihrer Web-Site von Seite zu Seite zu navigieren, sondern auch, von Ihrer Web-Site direkt zu verwandten Sites zu wechseln – beispielsweise zu denen Ihrer Geschäftspartner. Auch hier müssen Technologie und Design ineinander greifen.

Referenzen kritisch beurteilen

Und schließlich sollten Sie sich bei der Auswahl eines Web-Entwicklers genauso von Ihrem gesunden Menschenverstand leiten lassen, wie bei der Auswahl eines ISP, eines Web-Hosts oder irgendeines anderen Geschäftspartners. Stellen Sie Ihre Fragen ganz direkt, verlangen Sie klare Antworten und sehen Sie sich die Referenzen an. Die Referenzen der Web-Entwickler sind ihre bisherigen Arbeiten; die Sites, die sie für andere Firmenkunden entworfen haben. Sie geben Ihren Kunden Referenzen. Verlangen Sie das Gleiche von jeder Entwicklungsfirma, die Sie in Betracht ziehen.

Fragen Sie nach der URL einer besonders gelungenen Site und verbringen Sie dort einige Zeit. Fällt der Besuch erfreulich, informativ und interaktiv aus, dann könnte dieser Entwickler in die engere Wahl mit einbezogen werden. Kommt Ihnen seine Vorführ-Site langsam, verwirrend oder irgendwie unattraktiv vor, sollten Sie nach einem anderen suchen. Das Aussehen und die Atmosphäre einer Web-Site sind die elektronische Empfangshalle eines Unternehmens. Wenn Sie sich dort unwohl fühlen, wird es Ihren Kunden nicht anders ergehen.

Und lassen Sie sich nicht von kosmetischen Maßnahmen blenden, die zu Lasten der Benutzerfreundlichkeit gehen. Da sich dies zunächst widersprüchlich anhören mag, gehen wir näher darauf ein.

Das Design einer Web-Seite befindet sich stets irgendwo zwischen zwei hypothetischen Extremen. In der Nähe des einen Extrems ist sie nützlich, aber langweilig. In der Nähe des anderen Extrems ist sie ein visueller Genuss, funktioniert aber nicht richtig.

Vermeiden Sie beide Extreme. Versuchen Sie, ein Gleichgewicht herzustellen. Ein solches haben wir auf der Web-Seite gefunden, die von der Designfirma Web Mania! für den Versandhandel The Apple Cart aus Oklahoma produziert wurde. Diese Online-Firma ist das geistige Kind einer Mathematikdozentin, die 1996 beschloss, ein eigenes Geschäft zu eröffnen. Nachdem sie ein Jahr lang einen kleinen Laden betrieben hatte, ging sie mit ihm ins Internet, um „nicht den Anschluss an diese neue Entwicklung zu verlieren“. Seitdem verkauft sie so erfolgreich ihre Produkte mit dem Apfelmotiv, dass sie über den Bau eines neuen Warenlagers nachdenkt.

Auf „Blendwerk“ verzichten

Die Site von Apple Cart ist schlicht und übersichtlich. Die Frontseite enthält eine Beschreibung der Firma, eine Tafel mit den Kreditkarten, die akzeptiert werden, Instruktionen für das Versenden von E-Mails an Apple Cart, die Erinnerung daran, ein elektronisches Eselsohr oder „Bookmark“ der Seite anzulegen, Links zu kurzen Hinweisen zur Geschichte und zur Sicherheitspolitik der Firma, einige Werbebanner, einen Hinweis auf einen Web-Design-Preis und eine unaufdringliche Schaltfläche „das Geschäft betreten“. Im Inneren des virtuellen Ladens finden die Kunden Farbfotos von den Produkten des Unternehmens und Bestellinstruktionen. Das Logo in Form eines Apfels ist hervorgehoben, aber es blinkt nicht und dreht sich auch nicht um die eigene Achse – es ist einfach da. Kurz, das Design macht das Kauferlebnis angenehmer, statt sich durch Erfindungsreichtum in den Vordergrund zu spielen.

Ihre Site sollte dem Auge schmeicheln. Aber wenn Sie Ihr gesamtes F&E-Budget für visuelle Blinker und Fanfaren ausgeben, riskieren Sie den Erfolg der gesamten Site. Und zwar nicht deshalb, weil Ihre geschäftliche Botschaft in dem farbenfrohen Kaleidoskop untergeht, das Ihr Web-Designer für so attraktiv gehalten hat (obwohl auch das geschehen kann). Der Grund liegt darin, dass aufwendige Grafiken sehr viel mehr Bandbreitenkapazität verbrauchen. Sie herunterzuladen dauert unendlich viel länger als das Herunterladen von Text. Betrachten Sie die „Drei-Sekunden-Regel" als Ergänzung zur Drei-Klick-Regel: Wenn Ihre Kunden nach drei Sekunden noch nichts zu sehen bekommen, verlieren sie möglicherweise die Geduld und erliegen einer Klickitis-Attacke. Das wirksamste Gegenmittel ist Attraktivität, nicht Auffälligkeit.

Man wird Sie auch vom Gegenteil überzeugen wollen. Das Internet, wie die Computerbranche, wimmelt nur so von Technophilen. Sie glauben, dass Programme, die geschrieben werden können, um Himmels willen auch geschrieben werden sollten. Und dass, wenn eine Seite in 20 Farben gestaltet werden kann, die Farbe in Strömen fließen soll. Diese Leute finden Sie an jeder Straßenecke im Silicon Valley und vielleicht wollen Sie sogar welche von ihnen einstellen. Auch wir haben das getan. Sie können äußerst produktive Mitarbeiter sein und faszinierende Freunde. Sie dürfen sie nur nicht darum bitten, Ihre Web-Site zu gestalten.

Vierter Schritt: Managen Sie die Site

Ist Ihre Web-Site erst einmal eingerichtet, dann muss sie auch gemanagt werden. Dazu gehört, dass Sie Menschen zum Besuch der Site veranlassen – eine Frage der Werbung. Sie müssen außerdem die Site überwachen und dafür sorgen, dass sie stets aktuell ist, reibungslos funktioniert und die richtigen Kunden in gewünschter Zahl anzieht. Viele Unternehmen übertragen diese Aufgaben einem „Webmaster".

Mag man bei diesem Begriff* auch an Kerker und Drachen denken, so hat die Zauberkunst des Webmasters doch weniger mit Magie als mit Geschäftstüchtigkeit zu tun. Er muss über die gleiche Kombination aus technischen und künstlerischen Fähigkeiten verfügen wie die Web-Entwickler und tatsächlich arbeiten viele Entwickler gleichzeitig als Webmaster. Doch während die Entwickler

* Webmaster lässt sich auch mit „Gebieter der Spinnweben" übersetzen

von Web-Sites ein fertiges Produkt liefern, stellt sich die Aufgabe der Webmaster als laufender Prozess dar und besteht per definitionem in kontinuierlicher Überwachung. Zudem werden Webmaster, auch wenn sie eigentlich selbstständig sind, zunehmend für Tätigkeiten innerhalb der Unternehmen angeheuert, wo sie entweder eigenverantwortlich oder als Mitglied einer IT-Abteilung arbeiten.

Der „typische" Webmaster von heute ist, laut einer Untersuchung des Marktforschungsunternehmens CustomerSat.com, ein männlicher Autodidakt Mitte dreißig. Verantwortlich für eine Site, deren Inhalt etwa 100 Megabytes beansprucht, verdient er knapp 50000 US-Dollar pro Jahr, leitet ein Team von drei bis vier Mitarbeitern und verfügt über ein Budget von 100000 US-Dollar oder mehr. Diese durchschnittlichen Werte ergeben sich aus den Angaben von Firmen, die unterschiedlich stark in ihre Online-Präsenz investieren. Einige geben weniger als 10000 US-Dollar für ihre Site aus, während andere Budgets von einer Million US-Dollar und mehr veranschlagen. Und die Etats steigen. Zwischen 1996 und 1998 stieg der Anteil der Firmen, die über 100000 US-Dollar für ihre Site ausgaben, von knapp 19 Prozent auf fast 31 Prozent. Webmaster sind für zunehmend größere IT-Budgets verantwortlich.

Zudem steht ihnen ein wachsendes Sortiment an Web-Tools, oder Dienstprogrammen, zur Verfügung. Es reicht von einfachen Konstruktions- oder „Kreations"-Applikationen wie HomeSite über Designprogramme wie FrontPage und Fusion über Verkehrsanalyseanwendungen wie WebTrends bis zu umfassender Managementsoftware wie Vignette. Diese Programme machen den elektronischen Handel komplexer und eröffnen ihm neue Möglichkeiten. Ein guter Webmaster sollte über die aktuellen Entwicklungen in diesem Bereich stets bestens informiert sein. Der Webmaster ist längst nicht mehr das Wunderkind im Batikhemd, das in seinem Kämmerchen mit „irgendwie abgefahrenen" Farben seine Designfantasien auslebt. Nichts gegen Farben. Doch der Webmaster eines Unternehmens ist heute buchstäblich von Kopf bis Fuß auf Business eingestellt.

Das bedeutet, dass er sich neuen Technologien und Markttrends gleichermaßen widmen muss. Viele Unternehmen haben diese Anforderung in ihre Stellenbeschreibungen bereits aufgenommen.

Inoffiziell wird vielleicht ein Webmaster gesucht, doch der offizielle Titel lautet „Online-Marketingmanager". Ob als Ergänzung zur IT-Abteilung oder nicht, der Webmaster kann durchaus direkt dem Leiter des Marketings unterstellt und in erster Linie für die Optimierung dieser Funktion verantwortlich sein. Auch hier gilt: Technologie ist wichtig, aber nur ein Mittel zum Zweck. Es geht vor allem um die Kommunikation mit Ihren Kunden und die Sicherung Ihrer Märkte.

Denken Sie bei der Suche nach einem qualifizierten Webmaster, ob Sie ihn nun fest anstellen oder als Externen beauftragen wollen, darüber nach, welche allgemeinen Pflichten er erfüllen soll. Dazu gehört zunächst die regelmäßige Aktualisierung der Homepage Ihres Unternehmens, so dass sie stets die neuesten Pressemitteilungen, Zeitungsartikel und Promotionaktionen reflektiert. Vielleicht werden Sie von Ihrem Webmaster erwarten, dass er selbst Promotionsaktionen entwickelt und umsetzt, um so verstärkt Besucher auf Ihre Site zu lenken. Er oder sie sollte für die Pflege aller Datenbanken verantwortlich sein, zu denen Ihre Kunden oder Geschäftspartner Online-Zugang haben. Und mit Sicherheit sollte er peinlich genau die großen Suchmaschinen im Web kontrollieren und dafür sorgen, dass Sie in deren Stichwortdatenbanken richtig erfasst sind und die Kunden an Ihre Firma weitergeleitet werden.

Je nach Branche können Sie von einem Webmaster durchaus die Übernahme weiterer Aufgaben erwarten: die Pflege von Marketingkontakten, das Erteilen von Aufträgen an Forschungsinstitute, die Analyse von Konkurrenzprodukten und die Beantwortung von Kundenanfragen. Welche spezifischen Anforderungen Sie auch an Ihren Webmaster stellen, vergessen Sie nicht die hohe Bedeutung der Marketingfunktion. Beachten Sie, welche Akzente die folgende Stellenbeschreibung für einen Online-Marketingmanager setzt, die als Inserat in einer Handelszeitung erschien:

„Der ideale Kandidat verfügt über Branchenerfahrung und kennt die strategische Bedeutung einer effektiven Marketing-Web-Site. Er/sie beherrscht HTML, Java und andere gängige Programmiersprachen, beweist ausgezeichneten grafischen Geschmack und ist in der Lage, dem Firmenimage entspre-

chende Entwürfe selbst zu gestalten und die Entwürfe anderer zu beurteilen. Darüber hinaus ist diese Person serviceorientiert und unterstützt die Marketingabteilung bei der Umsetzung ihrer Online-Strategie. Sie trägt Verantwortung für die Vermarktung, Entwicklung und Optimierung der Web-Site (...). Für den Betreuer der Site verstehen sich Loyalität und Teamarbeit von selbst.

„Betreuer" der Site – diese Bezeichnung ist mittlerweile ebenso geläufig wie „Besitzer" der Site. Beide illustrieren die Bedeutung, die der Funktion des Webmasters zukommt. Als das wichtigste Tor Ihres Unternehmens zum virtuellen Markt muss Ihre Web-Site mit akribischem Arbeitseifer verwaltet werden. Dafür Sorge zu tragen, ist die Aufgabe des Firmen-Webmasters.

Fünfter Schritt: Messen Sie die Effektivität

Da in viele Web-Sites hohe Summen investiert werden, liegt es auf der Hand, auch ihre Rentabilität zu messen. Die einfachste Methode besteht darin, die nüchternen Zahlen zu ermitteln, von der Menge der umgesetzten US-Dollars (oder der eingesparten) bis zum Umfang des Besucherstroms. Viele Unternehmen, die sich dieser Messmethode bedienen, haben herausgefunden, dass die Rentabilität einer effektiv verwalteten Web-Site geradezu phänomenal hoch sein kann.

Solche Erfolge lassen sich vor allem auf Einsparungen bei den betrieblichen Aufwendung zurückführen. Im Jahre 1997 konnte das Unternehmen Cisco dank seiner Site die Kosten für technische Instandhaltung, Marketing und Vertrieb um 363 Millionen US-Dollar senken, wobei die meisten dieser Einsparungen eine Folge der Automatisierung des Kundendienstes waren. Nicht schlecht für eine Startinvestition von 50 Millionen US-Dollar und einem jährlichen Web-Site-Budget von nur 10 Millionen US-Dollar. Andere Großunternehmen konnten vergleichbare ROI verbuchen, vor allem durch den Aufbau von Firmen-Intranets. Bei einer statistischen Erhebung fand International Data Corporation heraus, dass von sieben Marktführern im E-Business – darunter Lockheed Martin, Deere & Company und Booz, Allen & Hamilton – immerhin sechs Unternehmen ROI von 1000 Prozent oder mehr aufwiesen.

Natürlich sind solche Renditen von hohen Startinvestitionen abhängig und das Gleiche gilt für die Zahl der Besucher einer Site. Die oben erwähnte Untersuchung von CustomerSat.com ergab eine direkte Korrelation zwischen Site-Budget und täglichem Verkehrsaufkommen. Von den Organisationen, die weniger als 10000 US-Dollar für ihre Site ausgaben, sahen 60 Prozent hundert oder weniger Besucher pro Tag. Wer dagegen zwischen 50000 US-Dollar und 100000 US-Dollar investierte, empfing täglich zwischen hundert und tausend Besucher. Und die Hand voll Unternehmen, die für ihre Site eine Million US-Dollar oder mehr aufbrachten, erreichten ein Verhältnis von einem investierten US-Dollar pro täglichem Besucher. Da Sie bereits ein durchschnittlicher 01 80-Anruf sehr viel mehr als das kosten kann, hat es den Anschein, als würden Sie desto mehr sparen, je mehr Sie investieren.

Doch Geld ist nur eines der Kriterien für den Erfolg einer Site. Ihre Site kann trotz geringer Rückflüsse durchaus erfolgreich sein, solange sie den Zweck erfüllt, für den sie entwickelt wurde. Dieser Zweck besteht vielleicht darin, den Wiedererkennungswert Ihrer Marken zu erhöhen, das Vertrauen der Kunden in Ihr Unternehmen zu stärken oder Ihre physischen Ladengeschäfte mit Hilfe des Internets zu unterstützen. Das Ziel, das Sie mit Ihrer Site verfolgen, bestimmt, wie Sie ihren Erfolg messen.

Beispielsweise leitete Ticketmaster vor kurzem gerichtliche Schritte gegen seinen Geschäftspartner Microsoft ein, weil dieser Käufer von Flugtickets an eine Site von Ticketmaster weitergeleitet hatte. Das Motiv für den Prozess war weniger absurd, als man glauben möchte: Ticketmaster sah nämlich den wesentlichen Zweck seiner Site darin, Werbefläche zu verkaufen. Microsoft aber leitete die Surfer direkt zu einer Seite für den Ticketkauf innerhalb der Site und so umgingen die Kunden sämtliche Reklametafeln, die sich auf dem „korrekten“ Weg hinein befanden. Auf diese Weise büßte Ticketmaster jedes Mal Werbewirkung ein, wenn ein Ticket verkauft wurde. Das Beispiel macht deutlich, dass der Ertrag davon abhängt, in welchem Umfang er zur Deckung Ihrer Investitionen beiträgt – wie Sie das in Ihrem Unternehmen auch immer definieren mögen.

Den Weg des Kunden auf der Site verfolgen

Ein Element einer solchen Investitionsbewertung besteht darin, die Verkehrsströme auf Ihrer Site zu verfolgen. Dazu reicht es nicht aus, einen Kundenzähler zu installieren. Ein Kundenzähler gibt Ihnen lediglich Auskunft darüber, wie viele Menschen den Weg in Ihre elektronische Eingangshalle gefunden haben. Diese Information hilft aber nur wenig bei der Planung einer Kundenstrategie, eines Sortiments oder bei der Gestaltung der Web-Site selbst. Ebenso wichtig ist es, herauszufinden, was die Besucher tun, wenn sie erst einmal „drin“ sind.

Ted Finch, der Marketingchef des Schulbuchverlags Holt, Rinehart and Winston (www.hrw.com), empfiehlt ein System auf der Basis eines „Planogramms“. Mit diesem Modell aus dem Bereich des Merchandising regulieren Manager die Kundenströme innerhalb der Ladengeschäfte. Finch erklärt:

> *„Ein Planogramm ist die grundrissartige Darstellung einer Etage und alle Gänge und Regale lassen sich darin einzeln verschieben. In Kaufhäusern wie WalMart oder Toys R Us wird der Gewinn pro Quadratmeter Ladenfläche erzielt. Es geht nun darum, die Umsätze zu maximieren, die jeder einzelne Gang, jedes Regal in diesem Gang und jede Zone dieses Regals erbringt. Das geschieht, indem man das Verkehrsaufkommen auf all diesen Ebenen misst und dann die Gänge und Regale so anordnet, dass der Gesamtertrag steigt. Höherer Gewinn ist ein direktes Ergebnis optimaler Kundenführung.*
>
> *In einem realen Ladengeschäft benutzt man die physischen Strukturen, um den Kundenstrom zu beeinflussen. Bei Toys R Us sind die Gänge so angelegt, dass Sie an den Impulsartikeln vorübergehen müssen (die in Sichthöhe der Kinder platziert sind), auch wenn Sie nur eben ein Paket Windeln kaufen möchten. Wenn das Lager von WalMart vor Gartenmöbeln*

überquillt, werden diese Produkte in den Gängen angeboten, durch die viele Kunden gehen.
Die gleichen Prinzipien der Kundenführung finden bei der Gestaltung einer Web-Site Anwendung. Heutzutage kann jeder Server mit Statistiksoftware ermitteln, in welcher Reihenfolge Ihre Besucher die Seiten anklicken. So ergibt sich ein sehr präzises Bild darüber, wie die Kunden auf Ihrer Site navigieren. Wenn Ihre Kunden nicht dorthin gehen, wo sie hingehen sollen, ergreifen Sie die gleichen Maßnahmen wie WalMart oder Toys R Us: Sie verändern den Grundriß Ihrer Site, bis die Kunden die gewünschten Wege zurücklegen.“

Um diese Veränderungen vorzunehmen, müssen Sie kein Programmier-As sein. Es gibt einige sehr benutzerfreundliche und intuitive Programme zur Gestaltung von Web-Seiten, die ebenso einfach zu verwenden sind wie das Planogramm der Merchandiser.

„Viele benutzen Adobe PageMill“, sagt Finch. „Andere bevorzugen Anwendungen wie NetObjects Fusion. Dieses Programm stellt Ihre gesamte Site als Diagramm mit mehreren Ebenen dar: Die Schaltflächen der Startseite befinden sich ganz oben und darunter die Links zu anderen Seiten. So können Sie aus der Vogelperspektive einen Blick auf die Grundrisse der Etagen und die Besucherströme werfen. Einzelne Elemente lassen sich durch Drag and Drop problemlos neu platzieren. Und Sie können so lange kombinieren und verschieben, bis die Site genau die Anforderungen reflektiert, die Sie an sie stellen.“

„Die Sie an sie stellen.“ – darauf kommt es an und da diese Anforderungen von Firma zu Firma variieren, manchmal sogar von Tag zu Tag, sollte sich der elektronische Grundriss ebenfalls den Gegebenheiten kontinuierlich anpassen. Wenn Sie beispielsweise eine Promotionaktion für ein neues Produkt durchführen, sollten Sie diese Informationen nicht auf der dritten Ebene in einer Produktliste verstecken: Weisen Sie die Kunden schon auf der Startseite auf die Sonderaktion hin. Oder Sie beabsichtigen mit Ihrer Site, die Kunden in Ihre Einzelhandelsgeschäfte zu lenken. Wenn aber niemand auf das Verzeichnis Ihrer Filialen klickt, sollten Sie über Veränderungen des Designs nachdenken. Vielleicht ist die Schaltfläche zu leicht zu übersehen. Oder sie braucht einen treffenderen oder eingängigeren Titel. Vielleicht müssen Sie den Link auf jeder Seite platzieren.

Für welche Veränderungen Sie sich auch entscheiden, die Kunden zum Besuch Ihrer Home Page zu veranlassen, ist nur der erste Schritt. Wenn Sie die Besucher durch die „Verkaufsräume" Ihres virtuellen Unternehmens führen wollen, sollten Sie ihre Bewegungsmuster identifizieren. Und machen Sie es ihnen leicht, dorthin zu gehen, wo sie hingehen sollen.

Ein letztes Wort: Vergessen Sie den Kunden nicht

Wir haben darauf hingewiesen, dass Ihre Web-Site genau so gestaltet sein muss, dass Sie Ihren Anforderungen entspricht. Dies bedeutet aber eigentlich – oder sollte es zumindest –, dass sie den Anforderungen Ihrer Kunden entsprechen muss. Sorgen Sie dafür, dass Ihre Vorstellungen von der Site mit denen Ihrer Kunden übereinstimmen. Denn es sind Ihre Kunden (und Ihre Geschäftspartner), die sie benutzen werden. Und wenn sie mit Ihrer Site nichts anfangen können, werden sie nicht wiederkommen und Ihnen auch keine Aufträge erteilen. Deshalb sollten Sie im Zuge der laufenden Erfolgsmessung Ihre Kunden zu Feedback ermutigen. Diese Rückmeldungen werden Ihnen zeigen, wie Sie die Site verbessern können.

Nehmen Sie sich ein Beispiel an dem Unternehmen Millipore Corporation, das jährlich 600 Millionen US-Dollar mit Reinigungsmitteln umsetzt. Vor einigen Jahren ergab sich bei einer Online-Umfrage zur Web-Site der Firma Folgendes: Die Kunden des Unternehmens waren gar nicht so sehr darauf erpicht, online bezahlen zu können; sie wollten viel lieber wissen, in welchem Stadium der Abwicklung sich ihre Aufträge befanden. Deshalb wies Millipore seine Systemanalysten an, eine solche Funktion zu installieren. Heute können die Kunden auf der Site eine Auftragsnummer eingeben und das System präsentiert den Status des Auftrags. Die erforderlichen Informationen bezieht es aus einer Datei, die alle drei Stunden aktualisiert wird. Tom Anderson, der Leiter der Firmenkommunikation, erläutert die Philosophie des Unternehmens mit einfachen Worten: „Wir fragen unsere Kunden, was sie wollen, und dann geben wir es ihnen."

Ein anderer Experte für Web-Marketing schätzt die Bedeutung des Kundeninputs ähnlich hoch ein:

> *„Erfolgreicher Kundendienst bedeutet immer, Ihre Produkte, Ihr Unternehmen und Ihre Methoden im Kundendienst mit den Augen des Kunden zu betrachten. Der Kunde interessiert sich nicht dafür, ob Ihr Unternehmen nach Produktlinien, Sparten oder politischen Einflussbereichen organisiert ist. Der Kunde möchte, dass seine Fragen beantwortet oder seine Probleme gelöst werden.*
> *Die wichtigste Aufgabe für den Entwickler eines Web-Kundendienstes besteht darin, herauszufinden, was der Kunde sehen will, fragen will und sich vom Besuch der Site verspricht. Es kann der Mühe durchaus wert sein, ihn direkt danach zu fragen: ‚Welche Funktionen würden es Ihnen erleichtern, mit uns Geschäfte über unsere Web-Site abzuwickeln?'"*

Es ist der Mühe nicht nur wert. Es ist unbedingt notwendig. Die besten heutigen Web-Sites, ob öffentlich oder privat, sind deshalb so effektiv, weil sie auf den Input der Kunden reagieren. Im Grunde eine Erkenntnis, die für alles wirtschaftliche Handeln gilt. Warum nicht auch für das Online-Marketing?

Eine Web-Site zu gestalten und ins Internet zu stellen ist ein komplexer Prozess – so komplex, dass sich die Besitzer der Site nach Abschluss dieses Prozesses manchmal zurücklehnen und sagen: „Puh, ein Glück, dass das vorbei ist." Eine verständliche Reaktion, die sich aber fatal auswirken kann. Indem Sie die Web-Site entwickeln und ins Net stellen, vollziehen Sie den Schritt in das E-Business. Dort auf Dauer erfolgreich zu sein, ist ein Prozess, der niemals endet.

12. Am Scheideweg

Der Online-Handel im Internet ist gerade einmal sieben Jahre alt. Und doch hat er sich innerhalb dieser kurzen Zeit von einigen elektronischen Schaufensterauslagen zu einer massiven Infrastruktur entwickelt, die heute den gesamten Globus umspannt. Die Fähigkeit des Webs zur Rationalisierung und Intensivierung kommerzieller Unternehmungen ist einzigartig in der Geschichte der Menschheit. Sieben Jahre – und mittlerweile verdoppelt sich die Zahl der kommerziellen Web-Sites alle zwei Monate. Der Einkauf über das Net ist eine willkommene Option für die Hälfte aller Computerbesitzer und ein einziger Marktführer, Cisco Systems, prognostiziert für das nächste Jahr Umsätze in Höhe von vier Milliarden US-Dollar. In den ersten sieben Jahren des E-Business haben wir gewaltige Fortschritte erzielt.

Gleichwohl repräsentieren diese fünf Jahre nur die erste Generation. Sie war zweifellos spannend und produktiv, doch unbedeutend im Vergleich zu dem, was spätere Generationen leisten werden. Der Chef von Amazon.com, Jeff Bezos, hat völlig Recht mit seiner Feststellung, dass wir uns noch in der Spielgeldphase des E-Business befinden. Die nächste Generation wird einfach atemberaubend sein. Wir werden das riesige Potenzial des Internets zu nutzen verstehen und uns Schritt für Schritt einer vollkommen vernetzten Welt nähern. Das Internet wird den Planeten verwandeln und schon heute lässt sich der Beginn dieses Wandels erkennen.

Sieben Jahre – und bereits jetzt kommen jede Woche neue Softwarelösungen für das E-Business auf den Markt, mit denen sich binnen weniger Tage virtuelle Firmen gründen lassen. Die Kapitalinvestitionen in die Infrastruktur des E-Business erreichen schwindelnde Höhen und immer mehr Unternehmen suchen ihr Heil in kommerziellen Applikationen. Immer mehr Unternehmen werden mit dem Ziel gegründet, am Erfolg im E-Business teilzuhaben, und immer mehr Firmen scheitern, während sich die virtuelle Landschaft täglich vor unseren Augen wandelt.

Wie geht die Entwicklung weiter?

Wir stehen heute am Scheideweg. In drei Jahren, am Ende der ersten Dekade des E-Business, werden wir das Jahr 1998 vielleicht für den entscheidenden Moment halten, in dem dieses neue kommerzielle Paradigma „abgehoben" hat. In jenem Jahr erreichte die Infrastruktur ihren kritischen Punkt und lieferte

1. verbesserten Zugang zum Net,
2. höhere Sicherheit und
3. rationelle elektronische Zahlungssysteme.

In der Folge stieg das Potenzial des E-Business in nahezu jeder Hinsicht. Das investierte Risikokapital für Internet-Firmen erreichte einen historischen Höchststand und stieg unaufhaltsam weiter. Die IT-Budgets der Unternehmen für Intranet/Extranet-Projekte brachen alle Rekorde und mit kommerziellen Web-Sites wurden die ersten nennenswerten Gewinne erzielt. Im Jahre 1998 erlebten wir den ersten „Sprung" in der exponentiellen Kurve des E-Business.

Zu welchen Höhen wird sich diese Kurve innerhalb der nächsten fünf Jahre aufschwingen? In unserem Buch haben wir auf diese Frage einige vorläufige Antworten gegeben. Wir haben dargelegt, wie die Regeln des Cyberspace das Wirtschaftsgeschehen bereits transformiert haben und wie die revolutionäre Kraft der Vernetzung globale Unternehmungen, Mass Customization und Kundenservice bereichert hat. Wir haben das enorme Potenzial der „Para-Unternehmen" beschrieben und einen Blick in die nahe Zukunft geworfen, in der Softwareagenten eine einzigartige Explosion „intelligenten" Handelns auslösen werden. Doch mit welcher langfristigen Entwicklung müssen wir rechnen? Wie wird das E-Business in ein oder zwei Jahrzehnten aussehen?

Je langfristiger die Prognosen, desto weiter gehen sie auseinander. Eines aber scheint festzustehen. Die Tage sind gezählt, an denen die meisten Produkte über Webkataloge online ge- und verkauft werden. In nicht allzu ferner Zukunft wird der größte Teil aller geschäftlichen Online-Transaktionen automatisiert sein und über das

Medium Internet ablaufen. Der Weg vom „Hier“ zum „Dort“ wird allerdings ein steiniger sein. Er wird viele Menschen reich machen, nicht wenige werden aber auch auf der Strecke bleiben. Und diese Opfer sind es, die das Gesicht der Volkswirtschaften verändern werden.

Schätzungen gehen beispielsweise davon aus, dass das Internet wenigstens 15 Prozent des normalen Handels an sich ziehen wird (ohne die bereits etablierten elektronischen Transaktionen wie Online-Banking oder Bankautomaten). Wenn es so weit ist, werden konventionelle lokale Einzelhändler im Konkurrenzkampf massenhaft scheitern, da ihre Gemeinkosten zu hoch und ihre Sortimente zu klein sind. Und dies werden nur die ersten Wehen einer neuen Weltwirtschaft sein. In 20 oder 30 Jahren werden die wirtschaftlichen Prinzipien (nach denen wir uns seit Tausenden von Jahren richten) möglicherweise eine grundlegende Neuordnung erfahren. Das Internet wird zunehmend in der Lage sein, elektronische Verbindungen in Echtzeit zwischen jedem Menschen und jedem Unternehmen zu unterstützen. Tausende, vielleicht Millionen, werden dabei ihren Arbeitsplatz verlieren – auch wenn sich den „Überlebenden“ großartige Chancen eröffnen.

Hat das E-Business erst seine kritische Masse erreicht, entsteht ein einziger, universeller „Wirtschaftsmotor“. Er wird die globalen Transaktionen vorantreiben und vor Effizienz surrend die elektronische Landschaft durchdringen. Neue Unternehmen werden sich nicht mehr um vereinbarte Standards sorgen müssen und können sich darauf konzentrieren, den Kunden gerecht zu werden; das heißt, ihre Lebensqualität zu steigern. An Chancen wird es nicht mangeln. An Risiken ebenso wenig. Und alles wird vernetzt sein – mehr denn je.

Wie halten Sie Schritt?

Wie werden Unternehmen in dieser vollkommen vernetzten Welt überleben? Und wie können Sie dafür sorgen, dass Sie mit Ihrem Unternehmen den Anschluss nicht verlieren und auch in dieser Zukunft erfolgreich sind?

Erster Vorschlag

Machen Sie sich zunächst mit der Technologie vertraut. In diesem Buch haben wir Ihnen einen Überblick über die technologischen Optionen gegeben, die keinem Akteur im digitalen Universum fremd sein sollten. Nutzen Sie unser Buch als Ausgangsbasis für weitere Erkundigungen. Auch wenn Ihre Firma zu klein für eine eigene IT-Abteilung ist, sollten Sie die Profilierung Ihrer IT-Funktion zur geschäftlichen Priorität erheben.

In spätestens zehn Jahren wird sich durch das Feld der Konkurrenten ein tiefer Graben ziehen und die technologische Elite von allen anderen trennen. Diese Trennung lässt sich bereits heute innerhalb der Belegschaften erkennen und sie erklärt auch, warum die erfolgreichsten Unternehmen der Welt aus den Hightechbranchen stammen. Um im 21. Jahrhundert mitreden zu können, müssen Sie die Sprache des digitalen Handels sicher beherrschen.

Das bedeutet nicht, dass jeder Mitarbeiter vom Geschäftsführer abwärts in der Lage sein muss, Fachchinesisch zu reden wie ein Eingeborener aus dem Silicon Valley. Es bedeutet aber sehr wohl, dass das Management der Informationssysteme Ihres Unternehmens vom gesamten Vorstand als erfolgsentscheidend anerkannt wird. Und es heißt auch, einem der Vorstandsmitglieder die Verantwortung dafür zu übertragen, dass die Firma mit den Entwicklungen in diesem innovativen Bereich Schritt hält.

Zweiter Vorschlag

Haben Sie Geduld. Der Weg zur vollkommen vernetzten Zukunft mag Ihnen bisweilen endlos vorkommen: Die Verwirklichung geschäftlicher Ziele leidet unter unzureichenden Bandbreiten oder der Aufbau eines wirklich sicheren Firewalls erscheint als hoffnungslose Aufgabe. Doch wir kommen diesen Zielen jeden Tag ein Stück näher. Und haben wir sie schließlich erreicht, wird uns eine Fülle von Möglichkeiten offen stehen. Die Infrastruktur – das immense Kabelnetz des Internets – entwickelt sich allmählich und wird wie beim Fernsehen in den frühen fünfziger Jahren nach und nach ausgebaut werden. Langsam, aber unaufhaltsam, wird es uns mehr Bandbreite liefern, mehr Leistung, mehr Verlässlichkeit, mehr Sicherheit, mehr Privatsphäre – und die weit reichendsten wirtschaftlichen Chancen der gesamten Geschichte.

Dritter Vorschlag

Vergessen Sie auf keinen Fall Ihre Kunden. Denken Sie an Bill Kildays kluge Bemerkung über die Entwicklung einer Web-Site: Erfolg haben werden jene, die nicht fragen: „Wie kann ich mit dem World Wide Web ein Vermögen verdienen?“, sondern: „Wie kann mir das Web dabei helfen, meinen Kunden zu dienen?“. Wie unsere technologisierte Zukunft auch immer aussehen mag, Sie werden alle Hebel in Bewegung setzen müssen, damit Ihre Kunden erfolgreich bleiben. Wenn Sie diese Verpflichtung aus den Augen verlieren, ist auch eine T3-Leitung nur ein stumpfes Schwert. Kommen Sie ihr aber nach, können Sie jede Technologie zu Ihrem Vorteil nutzen.

Alternativen gibt es nicht

Es war eine aufregende Zeit, diese fünf Jahre der ersten Generation, doch die kommenden fünf Jahre versprechen, noch besser zu werden. Ob Sie bereits online sind oder sich noch in der Planungsphase befinden, wir hoffen, dass dieses Buch Ihnen einen Einblick in die überwältigenden Möglichkeiten gewährt hat, die uns an einem nicht allzu fernen Horizont erwarten. Das E-Business fährt mit der Geschwindigkeit eines ICE diesem Horizont entgegen. Ob Sie nun glauben, für die Reise gerüstet zu sein oder nicht – dieser Zug steuert direkt auf die Zukunft der Wirtschaft zu.

Sich auf das Internet einzulassen, ist entscheidend für den Erfolg einer jeden Firma. Unternehmensberater Jim Dickie fasst es prägnant zusammen: „Es ist nicht einfach, es nicht billig und es gibt keine Alternative.“ Eine ernüchternde Lektion, aber auch eine aufregende. Wenn Sie bereit sind, sie zu beherzigen – willkommen an Bord.

Danksagung

Wir danken den nachstehend aufgeführten Printmedien, den Quellen des World Wide Webs sowie den folgenden Einzelpersonen, die sich für Interviews zur Verfügung gestellt haben:

Warren Adams, Präsident und Mitgründer von PlanetAll; Mike Betzer, Vizepräsident für Informationstechnologie bei MCI-Worldcom; Ted Finch, Vizepräsident für Marketing bei Holt, Rinehart und Winston; Bill Kilday, Präsident von Modem-Operandi Interactive; Joseph Lassiter, Professor für Management an der Harvard Business School; Daniel Leemon, Chief Strategy Officer der Charles Schwab Corporation; Salman Malik, Produktmanager für Internet-Applikationen bei Siebel Systems; Eric Schmidt, Chairman und CEO bei Cisco Systems; und John White, ehemaliger Chief Information Officer bei Compaq.

Quellenverzeichnis

Einleitung

13 *Nehmen Sie folgende Statistiken zur Kenntnis* Wenn nicht anders angegeben, sind die Internetstatistiken in dieser Einleitung entnommen aus: „Internet Facts“ vom 4. Mai 1998, unter *parallaxweb.com*; „Industry Statistics“ der CommerceNet Research Library unter *commerce.net*; und Wylie Wong, „Commerce Study Outlines Internet Potenzial“ in *Computer Reseller News* vom 4. Mai 1998: 103-5.

14 *Musste das E-Business im Jahre 1995 noch mit einem Minimum* Kathleen Murphy, „Venture Funds Put $1.8B into Net in 1997“, in *Internet World* vom 3. Februar 1998.

16 *Als Beispiel mag* Kevin Kelly „New Rules for the New Economy: Twelve Dependable Principles for Thriving in a Turbulent World“, in *Wired* vom September 1997: 141-3, 186-97.

16 *Eric Schmidt* Der Chairman von Novell wurde von Tad Tuleja am 29. August 1998 interviewt.

18 *„Net-Rausch“* Siehe Cliff Barney, „Bewildered New World“ in Upside vom November 1997: 108-15, 178-9.

22 *„Internots“* Siehe Bruno Giussani, „Trying to Get Executive 'Internots' to Use the Net as a Business Tool“ in *Cyber Times* vom 15. Juli 1997 unter *www.nytimes.com.*

1. Der virtuelle Marktplatz

26 *Noch vor zwei Jahren* Mike Betzer wurde von Tad Tuleja am 1. Oktober 1998 interviewt.

27 *John White* Der ehemalige Manager von Compaq wurde von Tad Tuleja am 2. September 1998 interviewt.

28 *Cliff Barney stimmt in diese Lobeshymnen ein* Siehe Cliff Barney, „Bewildered New World“ in Upside vom November 1997: 108.

30 *Diversifikationsvorteile* B. Joseph Pine II, *Mass Customization: The New Frontier in Business Competition* (Boston: Harvard Business School Press, 1993), 48.

30 *der neue „Marktplatz“* Der Begriff „marketspace“ wurde geprägt von den Professoren der Harvard Business School, Jeffrey F. Rayport und John J. Sviokla, in ihrem Artikel „Managing in the Marketplace“ in *Harvard Business Review* vom November/Dezember 1994: 141-50.

31 *„Wasserkühlereffekt"* Siehe Evan I. Schwartz, *Webonomics: Nine Essential Principles for Growing Your Business on the World Wide Web* (New York, Broadway Books, 1997), 15.

32 *1998 an einem Runden Tisch* Nelson Wang, „Ad Executives Still See Missing Pieces on Web" in *Internet World* vom 18. Mai 1998: 16.

34 *„technologisches Einkaufszentrum"* Zu frühen Fehleinschätzungen bezüglich des Einzelhandels siehe Donna L. Hoffman und Thomas P. Nowack, „Commercializing the Information Superhighway: Are We in for a Smooth Ride?" *in Owen Manager* 15/2 (1994).

35 *Barron´s* Siehe „Internet Facts" unter *www. parallaxweb.com*

36 *„Wissensarbeiter"* Peter Drucker, *Post-Capitalist Society* (New York, Harper Business, 1993): 83-96.

37 *„Wenn es so einfach wäre"* McMahon wird zitiert in Paul Korzeniowski, „E-commerce on the Net a Wealth of Opportunity" in *Computer Reseller News* vom 1. Dezember 1997: 83.

39 *AmeriTrade* Siehe Sharon Machlis, „Web Businesses Spend Big on Ads" in *Computerworld* vom 9. Februar 1998: 2.

39 *„In Deiner Nische musst Du der Gewinner sein."* Walowski wird zitiert von James Oliver Cury, „Marketing Might", Austin/San Antonio *Computer Currents* vom Mai 1998: 15.

39 *„Das ist es, wofür URL steht."* Siehe Eric Schmidt, „New Face of the Network", in *Computer Reseller News* vom 1. Dezember 1997: 154.

39 *ging Eric näher auf dieses Thema ein* In seinem Gespräch mit Tad Tuleja am 29. August 1998.

2. Probleme und Perspektiven

43 *Suchmaschinen nur die Oberfläche des Webs unter die Lupe nehmen* Thomas E. Weber, „Web's Vastness Foils Even Best Search Engines" in *Wall Street Journal* vom 3. April 1998: B1.

48 *Gleichwohl ist dieser Entwicklungssprung unausweichlich Todd* Spangler, „Promising Satellite Services Emerge as Alternative to Earthbound Lines" in *Internet World* vom 9. März 1998: 45.

50 *„Letztendlich bestehen sie ja doch nur aus Sand"* Nicholas Negroponte, *Being Digital* (New York, Alfred A. Knopf, 1995), 23.

50 *Die Daumenregel lautet* Diese Kommentare Eric Schmidts stammen aus seinem Gespräch mit Tad Tuleja vom 29. August 1998.

51 *in einer Rede vor Industriekapitänen* Eric Schmidt, „The Evolution of Networking" in *Computer Reseller News* vom 1. Dezember 1997: 154-56.

53 *„Cookies"* Zu den Bedenken Olivos und anderer bezüglich Cookies siehe Chip Bayers, „The Promise of One to One: A Love Story" in *Wired* vom Mai 1998: 184.

54 *Bronti Kelly* seine Geschichte ist entnommen aus Will Rodger, „Lives Online: Cyberspace´s Identity Crisis“ in *Interactive Week* vom 1. Dezember 1997: 52-53.

56 *Wenn ein Hacker ins Pentagon kommt* Zu alarmierenden Sicherheitsdefiziten im Pentagon siehe Mike Brunker, „Hackers penetrate Pentagon network“ in MSNBC News vom 21. April 1998. Nur online abrufbar unter *www.msnbc.com/news.*

60 *„einvernehmlicher Dialog“* Barry Smith wird zitiert in Will Rodger, „In Reversal, FBI Drops Encryption Demands“ in *Interactive Week* vom 23. März 1998: 6.

66 *„dramatische Zunahme“* Cyndy Ainsworth wird zitiert in Sharon Machlis, „More Put Credit Cards Online“ in *Computerworld* vom 16. März 1998: 6.

67 *unsortierter Informationen* John Whites Kommentar stammt aus seinem Gepräch mit Tad Tuleja am 2. September 1998.

70 *„unausgegoren und ekelhaft“* Siehe Test Center Analysis über die Überprüfung der Netzwerksicherheit in *InfoWorld* vom 16. März 1998: 54.

70 *Was externe Firmen angeht* Siehe Todd Spangler, „IBM Launches New Array of Security Consulting Services“ in *Internet World* vom 6. April 1998: 26; und Joel Scambray, „Outsourcing Your Security Problems“ in InfoWorld vom 16. März 1998: 62.

70 *„Information ist Macht“* Deborah Radcliff, „Is Your ISP Secure?“ in *InfoWorld* vom 2. März 1998: 97.

3. Lektionen aus der ersten Generation

76 *Werbemix* Für eine gute Zusammenfassung dieser Optionen siehe Bruce Judson, *Net Marketing* (New York: Wolff New Media, 1996), 91-119.

79 *Der Vertrag mit Preview* Informationen über diesen und die anderen erwähnten Verträge stammen aus Bill Roberts, „Intuit to Pay $30M to Put Content on AOL´s Online Service, Web Site“ in *Internet World* vom 23. Februar 1998: 4.

81 *„positiven Einfluss auf die Kaufabsicht“* Die Studie von Millward Brown Interactive ist abrufbar unter *www.tenagra-awards-list@awards.tenagra.com.*

81 *„Klickitis“* Der Begriff wurde geprägt von Chuck Martin in *The Digital Estate: Strategies for Competing, Surviving, and Thriving in an Internetworked World* (New York, McGraw-Hill, 1997), 64.

82 *„gehaltvolle Präsentation“* Siehe Clifford Geertz, „Thick Description: Toward an Interpretative Theory of Culture“ in *The Interpretation of Cultures* (New York, Basic Books, 1997), 7.

84 *Die effektivsten Web-Sites* Evan I. Schwartz, *Webononmics: Nine Essential Principles for Growing Your Business on the World Wide Web* (New York, Broadway Books, 1997), 25.

85 *Logos* Für ein Profil des Unternehmens siehe Bruno Giussani, „With Net, Italian Translation Company Reshapes Itself for the Information Age" in *New York Times* im Web vom 15. April 1997.

86 *Starwave* Für ein Profil siehe James Oliver Cury, „Making Money Online", Austin/San Antonio *Computer Currents*, Mai 1998: 18-18; und Schwartz, *Webonomics*, 36.

90 *die Drei-Klick-Regel* Eine von Chuck Martins 100 Regeln der Business „Netiquette". Siehe *Digital Estate*, 197.

91 *„'Nette Web-Site, aber'"* Siehe Schwartz, *Webonomics*, 48.

91 *Daniel Leemon* Die Kommentare des Managers von Schwab stammen aus einem Interview, das Pat House mit ihm am 24. August 1998 führte.

93 *„virtuelle Integration"* Siehe u.a. Matt Krantz, „New Alliances Lining Up 'Virtually', Not Vertically" in *Investor's Business Daily* vom 20. April 1998: A8.

94 *Keith Krach* Seine Kommentare sind Mell Duvalls Artikel über Ariba entnommen, „Partnerships Boost E-Com Effort" in *Interactive Week* vom 30. März 1998: 14.

94 *Classifieds2000* Für einen Artikel über dieses Unternehmen, einschließlich der Kommentare Karim El-Fishawys, siehe Susan Dumett, „It's Classified and Online" in Microsofts *Internet Magazine* vom 6.-12. April 1998.

95 *„Loslegen und Lernen"* Martin, Digital Estate, 13-16.

96 *Russ Gillam* Seine Kommentare sind John Evan Frooks Profil der Disney-Site entnommen, „Disney Tempts Web Visitors to Buy" in *InternetWeek* vom 23. März 1998.

100 *Pete Solvik* Der Chief Information Officer von Cisco wurde im Januar 1998 von Ronald McElhaney interviewt.

101 *John Chambers* Siehe seine programmatische Rede von 1997 auf der Comdex-Konferenz, unter dem Titel „Preparing for an Evolution" abgedruckt in *Computer Reseller News* vom 1. Dezember 1997: 148.

4. Privates „Infotainment" wird globalem Unternehmertum weichen

105 *„Der Schund der Zukunft"* Die Attacke Postmans wird zitiert in Don Tapscott, *The Digital Economy* (New York, McGraw-Hill, 1996), 73.

106 *„offensichtliche" Adressen erweisen sich als Überraschung* Die Beispiele sind entnommen aus Bruce Judson, *Net Marketing* (New York, Wolff New Media, 1996), 42-43.

106 *PETA* Der Fall stammt aus Matt Ritchel, „You Can't Always Judge a Domain by Its Name" in *New York Times* vom 28. Mai 1998.

108 *„Wir bleiben am Ball"* Siehe „Europe's Internet Growth", eine Forrester-Studie von Joe Sawyer, Emily Nagle Green und Sarah Gerber, Band 1, Nr. 1 vom April 1998, abrufbar unter *www.forrester.com.*

110 *PlanetAll* Warren Adams, der Präsident des Unternehmens, wurde im August 1998 von Salman Malik und Tad Tuleja interviewt.

121 *Entertainment muss sich lohnen* Siehe „Internet Games", eine Forrester-Studie von Seema Chowdhury, William M. Bluestein und Kara S. Davis, Band 1, Nr. 1 vom April 1997, abrufbar unter *www.forrester.com.*

123 *Regeln und keine Regeln* Professor Joe Lassiter wurde am 2. September 1998 von Salman Malik und Tad Tuleja interviewt.

5. Die Internet-Pioniere werden ihre Branchen neu definieren

128 *Tickets und mehr* Die Informationen über Preview Travel, einschließlich der Zitate des Präsidenten und CEOs, Ken Orton, sind entnommen aus James Oliver Curys exzellenenten Profil in „Making Money Online", Austin/San Antonio *Computer Currents*, Mai 1998: 15.

132 *die besten 200 Sites* die von Net Marketing ausgewählten Sites lassen sich abrufen unter *www.netb2b.com.*

133 *Was Dell aus der Masse* Dells Erfolg und die Kommentare des Managers Bill Morris sind ausführlich dargestellt in Cury, „Making Money Online", 15-16.

134 *Amazon hat diesen Bereich* Professor Joe Lassiters Kommentare in diesem Kapitel stammen aus seinem Interview mit Salman Malik und Tad Tuleja vom 2. September 1998.

6. Es wird mehr Marktmodelle geben – nicht weniger

139 *Eric Schmidt* Seine Kommentare in diesem Kapitel entstammen dem Interview mit Tad Tuleja vom 29. August 1998.

143 *Erics Einschätzung teilt auch* John Whites Kommentare stammen aus dem Interview mit Tad Tuleja vom 2. September 1998.

149 *Ira Motor Group* Informationen über dieses Unternehmen, einschließlich der Kommentare von Bob Staretz, sind entnommen aus John Fontana, „Dealer Cuts Costs with Web Kiosks" in *InternetWeek* vom 2. März 1998, online unter pubs.cmpnet.com/internetwk.

150 *Charles Schwab* Daniel Leemons Kommentare stammen aus einem Interview mit Pat House, das am 24. August 1998 geführt wurde.

153 *logistische „Webs"* Siehe dazu, einschließlich der Kommentare von James Skinner, Neil Gross, „Leapfrogging a Few Links" in *Business Week* vom 22. Juni 1998: 140-42.

7. Die Online-Firma auf dem Weg zum Para-Unternehmen

155 *das Business-to-Business-Geschäft* Der Marketingdirektor wird zitiert in Mel Duvall, „Businesses Buy Into E-Commerce" in *Interactive Week* vom 2. Februar 1998: 33.

156 *„kommerzielle Gemeinschaften"* Die Zitate stammen aus Sharon McDonnell, „Big Growth Seen in Business-to-Business Sites" in *New York Times* im Web vom 8. März 1997.

156 *so ein Internet-Berater* Maxine Martell, President von Martell Consulting, zitiert nach oben angeführter Quelle.

161 *Vice President der GartnerGroup* Die Reporter Neil Gross und Ira Sager sprachen mit Vinnie Mirchandani für ihren Artikel „Caution Signs along the Road" in *Business Week* vom 22. Juni 1998: 168.

163 *Effizientere Projektplanung bei MCI-Worldcom* Mike Betzers Kommentare stammen aus dem Interview mit Tad Tuleja vom 1. Oktober 1998.

165 *Die Titanic läuft vom Stapel* Die Informationen über Titanic, einschließlich der Zitate, stammen von John Madden, „Keeping Titanic Afloat" in *PC Week* vom 6. April 1998: 27.

169 *Allein die Einsparungen aus diesem ersten Schritt* Eine Schätzung des Analysten Steven Ball von Forrester Research, zitiert nach Carol Sliwa, „'Net Used to Extend EDI´s Reach" in *Computerworld* vom 23. Februar 1998: 1.

171 *Das Beispiel Compaq* John Whitemans Kommentare stammen aus dem Interview mit Tad Tuleja vom 2. September 1998.

175 *dass im Jahre 2003* Die Prognose ist zitiert nach Andy Reinhardt, „Log On, Link Up, Save Big" in *Business Week* vom 22. Juni 1998: 138.

175 *Ein Logistiker denkt logisch* Für den Artikel über Genstar siehe Natalie Engler, „The Second Coming of Electronic Commerce" in *Computerworld Emmerce* vom 15. Dezember 1997: 14-15.

176 *One-Stop-Shopping* Für den Artikel über L.A. siehe Reinhardt, „Log On", 132.

177 *„Zeit ist Geld"* ebenda, 134-35.

177 *Virtuelle Konferenzen* Siehe Anne Zeiger, „Marketing Firm Makes Rooms for Clients" in InternetWeek vom 2. Februar 1998 unter *http://pubs.cmpnet.com/internetwk/case/study0202-3.*

178 *Wenn es perfekt sein soll* Pete Solviks Kommentare in diesem Abschnitt stammen aus einem Interview mit Ronald McElhaney, das im Januar 1998 geführt wurde.

182 *Der CEO des Unternehmens* John Chambers programmatische Rede von 1997 vor der Comdex-Konferenz erschien unter dem Titel „Preparing for an Evolution“ in *Computer Reseller News* vom 1. Dezember 1997: 146.

8. Der individuelle Kunde als Zielgruppe

187 *Das Wissen über Interessengruppen* Siehe Chuck Don Peppers und Martha Rogers, *Enterprise One to One: Tools for Competing in the Interactive Age* (New York, Doubleday, 1997), 231.

189 *DoubleClick* Siehe Chuck Martin, *The Digital Estate: Strategies for Competing, Surviving, and Thriving in an Internetworked World* (New York, McGraw-Hill, 1997), 119-23.

191 *Die Profile werden ständig aktualisiert* Pressemitteilung aus dem Jahre 1997 anläßlich der Verleihung des Annual Tenagra Awards for Internet Marketing Excellence, als e-Mail versendet an *www.tenagra-awards-lists@awards.tenagra.com.*

192 *„Je mehr Kunden ein Unternehmen“* Stanley M. Davis, Future Perfect (Reading, MA, Addison-Wesley, 1987), 157.

193 *Diversifikationsvorteile* B. Joseph Pine II, Mass Customization: *The New Frontier in Business Competition* (Boston: Harvard Business School Press, 1993), 48-49.

193 *Toyota lädt beispielsweise* Zu Toyota und den anderen hier erwähnten Beispielen siehe ebenda, 36-42, 175-76.

194 *„Ein-Personen-Märkte“* Siehe Peppers und Rogers, *Enterprise One to One.*

195 *Individueller Zuschnitt für Endverbraucher und Firmenkunden* John White wurde am 29. August 1998 von Tad Tuleja interviewt.

198 *Kundenprofile einmal anders* Eric Schmidt wurde am 29. August 1998 von Tad Tuleja interviewt.

203 *Schlussbemerkung: Das Unternehmen Schwab* Daniel Leemon wurde am 24. August 1998 von Pat House interviewt.

9. Vertrieb und Marketing in der veränderten Wirtschaftslandschaft

206 *Virtuelle Zwischenhändler* Für Informationen zu diesem Thema und besonders zu Realbid siehe Kevin Jones, „Vortex Businesses Find Vitality on the Net“ in *Interactive Week* vom 23. März 1998: 60.

208 *Reliance* Siehe zu diesem Beispiel, einschließlich des Kundenberichtes, Bob Dorf, „The One-to-One Insurance Policy" in *Inside 1to1* vom 16. April 1998, online abrufbar unter *PeppersAndRogers@1to1.com.*

209 *Elektronik erhält den Zuschlag* Für den Trend zu elektronischen Auktionshäusern siehe Howard Millman, „Online Auctions Are Changing the Face of Retail Landscape" in *InfoWorld* vom 9. März 1998: 77; und Saul Hansell, „Hackers' Bazaar" in New York Times vom 2. April 1998: D1.

213 *Manch ein Unternehmen* Diese Kommentare von Jim Dickie stammen aus seinem Artikel „The Death of Sales Force Automation" in *Siebel Magazine*, Band 2, Nr. 1, S. 48.

215 *„ein Gewinn für den bestehenden Kundenstamm"* siehe Pat House, „Siebel Systems Successfully Completes Merger with Scopus Technology" in *Siebel Magazine*, Band 2, Nr. 1, S. 9.

215 *Firefly: ERM statt „Sneakernet"* Salman Maliks Kommentare stammen aus einem Interview mit Tad Tuleja vom 11. September 1998.

218 *Wenn Sie Ihr Angebot* Thomas M. Siebel und Michael S. Malone, *Virtual Selling* (New York, Free Press, 1996), 198.

219 *„die gewaltigen Mengen an Infomüll"* Siehe Howard Millman, „Agents at Your Service" in *InfoWorld* vom 16. Februar 1998: 77.

221 *Der Standpunkt von MCI-Worldcom* Mike Betzers Kommentare stammen aus dem Interview, das Tad Tuleja am 1. Oktober mit ihm führte.

11. Phase 2: Das kleine Einmaleins

247 *Bill Kilday* Alle folgenden Kommentare in diesem Kapitel stammen aus einem Interview, das Tad Tuleja am 24. Juni 1998 mit ihm führte.

247 *Schritt Eins: Finden Sie einen ISP* Die folgenden Betrachtungen beziehen sich auf den exzellenten Artikel von James Michael Stewart „Is Your ISP a Good Fit?" in Austin/San Antonio *Computer Currents* vom Juni 1998: 15-20. Seine Rubrik erscheint monatlich online unter *www.currents.net/austin.*

248 *Boardwatch Magazine Studie* Siehe auch Randy Barrett, „Peering into the Future: Private Exchanges Win" in *Interactive Week* vom 8. Februar 1998: 8.

250 *Gargoyles* Siehe Joe Mullich, „Sunglass Maker Says Epoch Delivers Clear View of Web Technology" in *InternetWeek* vom 15. Dezember 1997. Unter *http://pubs.cmpnet.com/internetwk/case/study1215-3.htm.*

253 *verbessertes System zur Namengebung* Siehe Bridget Mintz Testa, „Domain Name Update" in *Current Technology* vom April 1998: 31-32.

254 *SuchProzess „Real Name"* Siehe Elizabeth Gardner, „Deal Allows Companies to Buy Top Spot in Search Results" in *Internet World* vom 18. Mai 1998: 54.

255 *Ted Finch* Seine Kommentare in diesem Kapitel stammen aus einem Interview, das Tad Tuleja mit ihm am 1. Juni 1998 führte.

259 *Vierter Schritt: Managen Sie die Site* Die Informationen über Webmaster in diesem Kapitel stammen aus Charles Babcock, „The World Wide Web Gets Down to Business“ in *Interactive Week* vom 2. März 1998: 20-22.

260 *CustomerSat.com-Studie* ebenda.

262 *Solche Erfolge* Schätzung nach John Chambers, CEO von Cisco, zitiert in Andy Reinhardt, „Log On, Link Up, Save Big“ in *Business Week* vom 22. Juni 1998: 134.

262 *International Data Corporation* Die Erhebung ist zitiert nach Mark Halper, „So, Does Your Web Site Pay?“ in Forbes ASAP vom 25. August 1997. Unter *www.forbes.com/asap/9/0825/117.htm.*

263 *Ticketmaster* ebenda.

266 *Millipore Corporation* Zu Millipore siehe Carla Catalano, „For a Pleasing Commerce Site ... Look, Listen, Ask and Respond“ in *Computerworld Emmerce* vom 8. März 1998: 6.

267 *Erfolgreicher Kundendienst bedeutet immer* Aus Jim Sterne, *Customer Service on the Internet: Building Relationships, Increasing Loyalty, Staying Competitive* (New York, John Wiley & Sons, 1996).

Literaturhinweise

Busch, F.: Der Internet-Guide fürs Büro, Landsberg 1998

Busch, F.: Der Internet-Guide Wissen und Weiterbildung, Landsberg 1997

Hepp, M.: Das Internet-Bewerbungsbuch, Landsberg 1996

Hünerberg, R./Heise, G./Mann, A.: Handbuch Online-Marketing, Landsberg 1996

Jasper, D.: So verdienen Sie Geld im Internet, Landsberg 1998

Norton, B./Smith, C.: Perfekt im Internet-Business, Landsberg 1998

Rohner, K.: Der Internet-Guide für Manager, Landsberg 1997

Rohner, K.: Starten Sie jetzt erfolgreich in das Online-Zeitalter, Landsberg 1998

Schott, B./Brinschwitz, T./Nowara, F.: Kunden gewinnen im Internet, Landsberg 1997

Stichwortverzeichnis